Entretanto . . .

Iyanla Vanzant

Entretanto . . .

Descubra su propio yo y el amor que ansía

Traducción en español por Luz Hernandez

Simon & Schuster
Libros en Español

SIMON & SCHUSTER
LIBROS EN ESPAÑOL
Rockefeller Center
1230 Avenue of the Americas
New York, NY 10020

10 9 8 7

Datos de catalogación de la Biblioteca
del Congreso: puede solicitarse
información.
ISBN 0-684-87092-4
ISBN: 978-0-684-97092-2

Agradecimientos

¡Oh, Dios, qué maravilloso sois! Me habéis traído desde muy, muy lejos. ¡Os estoy muy agradecida por ello! También estoy agradecida por los ángeles visibles e *invisibles* que Vos me enviáis para guiarme, protegerme, animarme y apoyarme. Con mi más sincera gratitud, me gustaría expresar mi reconocimiento a mis ángeles visibles:

A mis hijos por nacimiento: Damon, Gemmia y Nisa.

A sus hijos: Asole', Oluwalomoju, Adesola, Niamoja Adilah Afi.

A los hijos que he adquirido: J. Alexander Morgan, Maia, Lumumba, Atiba, Coujoe, Kobie, Gamba y Nwandu Bandele.

A mi padrino, Awo Osunkunle Erindele.

A mis mayores, que me soportaron durante más de treinta años: Omi Relekun, Osun Tolewa, Babatunde, Chief y Barbara Bey, Stephanie Weaver y Oseye Mchowi.

A mi mentor, el Dr. David Phillips.

A su mujer, la señora Peggy Phillips.

A los maestros que me ayudaron a renacer: Ken Kizer, Rene Kizer y Dujuna Wuton.

A mis compañeras en la oración: Dra. Barbara Lewis King y la reverenda Linda Beatty-Stephens.

A los queridos amigos que me han proporcionado excelentes modelos de relaciones: Joia Jefferson y Rashid Nuri, Stan y Tulani Kinard, Freddie y Marge Battle, Reverendo Cochise y Vivianna Brown, Natu y Fatimah Ali, Susan y Kephra Burns, Stanley y Chemin Bernard, Ralph y Jeanne Blum.

A mi extraordinaria agente, Denise Stinson.

A mi editora celestial, Dawn Marie Daniels (¡realmente te has ganado tu halo con este libro!).

A mis compañeros escritores y maestros: Neale Donald Walsh, Paul Ferrini, John Randolph Price, Eva Bell Werber, Foundation for Inner Peace, Marianne Williamson, Wayne Dyer, Tom Johnson; Alexis Davis de Ketcum Public Relations, Michelle Buckley y Kimberly Graham de Mahogany Cards, Hallmark, Inc., y Valencia Scott de 7-Up por ofrecerme información actualizada sobre las relaciones.

Los ángeles invisibles a los cuales quisiera expresar mi reconocimiento son Esu, portador de las bendiciones; Obatala, quien me dice qué hacer con ellas; Sango, quien se asegura de que hago lo que me dicen; Yemoja y Osun, quienes me han enseñado a potenciar todas las bendiciones; Oya, quien me ayuda a transformar lo que no es una bendición en bendición, y el maestro Joel Goldsmith, cuyo trabajo es una bendición para mí.

También quisiera dar las gracias humildemente a mi propio Yo por estar dispuesto a abrirse paso a través del miedo, la negación, la confusión y el enfado necesarios que sentí para entender por qué tenía que escribir este libro.

Este libro está dedicado con todo mi amor a

la Dra. Betty Shabazz,
quien enseñó al mundo
a vivir en el entretanto y a hacer algo muy
valioso con él;

Coleen Goldberg,
quien rezó incesantemente por mí y pasó
los últimos días de su vida viajando para
asistir a mi boda;

la Reverenda Fernette Nichols,
quien pronunció el sermón que hizo nacer
este libro,

y a mi marido,
Ifayemi Adeyemi Bandele,
quien me ayudó a comprender que el entretanto
¡tiene sus recompensas!

Índice

Empieza el viaje

Llegará un momento en tu vida en el que lo único que podrás hacer es amar. Habrás hecho todo lo que es posible hacer, probado todo lo que es posible probar, herido todo lo que es posible herir, renunciado tantas veces que el amor será el único camino que te permitirá entrar o salir. Ese día llegará con toda seguridad. Tan seguro como que ahora lees esta página. Entre tanto, encontrarás unas pocas cosas que puedes hacer a fin de prepararte para el día más feliz de tu vida: el día en que experimentes el verdadero amor.

El sótano

El primer piso

El segundo piso

Entre el segundo y el tercer piso

El tercer piso

La buhardilla

Introducción

¿Qué haces en el entretanto? En algún lugar de tu mente sabes que, a la larga, la relación en la que te encuentras ahora será todo lo que quieres. O que todo lo que quieres en una relación aparecerá algún día. Sin embargo, la pregunta sigue siendo: ¿qué haces en el entretanto? Hay algo extraño en el amor. Te encontrará en las circunstancias más impensables, en los momentos más improbables. El amor caerá sobre ti, te rodeará con sus brazos y transformará toda tu existencia. Lamentablemente, la mayoría no reconoceremos la experiencia o no comprenderemos su efecto cuando tenga lugar. Es como cuando haces terapia. No dejas de hablar, de buscar, de preguntarte qué ocurre contigo y en ti, y permaneces en la más completa ignorancia del hecho de que recibes una bendición. Tal vez sea porque el amor raramente surge en los lugares que esperamos o no tiene la apariencia que esperamos.

Él era mi consejero de amor. Alto, esbelto, muy tranquilo, casi tímido. Yo era baja, robusta, y casi podría decir que bulliciosa. Siempre hacía, decía o experimentaba cosas para atraer la atención: por lo general se trataba de una atención negativa. Él tenía diecisiete años. Yo, trece. Él era monitor en un campamento de verano, y yo una trabajadora contratada para la temporada estival que no había recibido su paga. Un fallo mecánico había suprimido mi nombre del registro de la nómina de pagos. A él le encomendaron la tarea de asegurarse de que yo recibiera mi paga.

Al parecer nadie sabía qué ocurría, excepto él. Por lo que a mí se refería, él lo sabía todo. Me acompañó a lo largo de un proceso que tardó dos semanas en aclararse. Mientras íbamos de despacho en despacho, de supervisor en supervisor, se mostraba paciente, siempre receptivo. Yo estaba enfadada y tenía mucho que decir. Él me consolaba, ¡y no poco consuelo necesitaba yo! Mi consejero de amor me aseguraba una y otra vez que todo se resolvería sin problemas. Creí en lo que me decía porque eso me daba la oportunidad de estar en su compañía. Al final, esa creencia y su persistencia dieron resultado. Me entregaron tres pagas del Summer Youth Corps de 45 dólares cada una. Para mí fue un momento excitante. Para él fue un logro. Él sólo hacía su trabajo. Yo sólo estaba enamorada. Él tenía veinticinco jóvenes trabajadores más en los que pensar. Yo no podía pensar en nada más que en él. Ahora que ya tenía mis pagas, me di cuenta de que había un pequeño problema que era preciso resolver. Este joven, de quien estaba locamente enamorada, salía con una de mis mejores amigas. Era el principio de mi *entretanto*.

Pasé treinta años de mi vida enamorada de este hombre. Le llamo «consejero» porque me ayudó a buscarme, cuestionarme y curarme a mí misma. Me enseñó muchas lecciones sobre la vida y el amor. Cuando nos conocimos, otras personas me convencieron de que lo que yo sentía no era amor. Decían que era un encaprichamiento. Como se trataba de personas mayores que yo y, según creía, más sabias, les hice caso. Pensé que era mejor ignorar mis sentimientos. Atravesé esa fase de mi vida con la creencia de que no sabía nada del amor: al fin y al cabo, sólo era una niña. Concluí que nunca estaríamos juntos, que nunca podríamos estarlo. Era demasiado mayor para mí. Seguí con mi vida, sintiéndome herida y enfadada por lo que me habían dicho y por lo que creí haber perdido. Al final, llegué a la conclusión de que no era *suficientemente buena* para ser amada por él o por cualquier otro. Durante este conmovedor proceso de conclusión, también tomé algunas decisiones.

Decidí que el amor no volvería a herirme nunca más. Aunque no estaba muy segura de qué es lo que me había herido del amor, sabía que no quería volver a experimentarlo tal como lo había hecho a los trece años. También decidí que ningún hombre me haría lo que mi padre le había hecho a mi madre. Lo que le hizo no era asunto mío, pero yo lo convertí en mi asunto al observarlo, juzgarlo e intentar deducir lo que nadie parecía ser capaz de decirme. ¿Quién sabe la verdad del amor, del hecho de amarse o de las relaciones? ¿Acaso estaba yo realmente equivocada sobre lo que sentía, veía y creía y sobre las conclusiones a las que había llegado a partir de los modelos de relaciones que había visto? ¡Buenas preguntas! Pero, en el *entretanto,* tenía que descifrar las respuestas.

Cuando tenía dieciséis años, creí que había encontrado el verdadero amor. Pero en lugar de eso, me quedé embarazada y sola para criar al niño. A los diecinueve, *sabía* sencillamente que había encontrado el amor, así que me casé. ¡Otra equivocación! A los veintiuno, el amor me llamó por teléfono, tuve unas tres citas con él, y se mudó conmigo. Aquí fue cuando mi *entretanto* se volvió verdaderamente espantoso. Durante este proceso, las cosas se hicieron mucho más claras. Tuve claro que todo lo que había creído sobre el amor no tenía nada que ver con él. Descubrí que no era capaz de reconocer el amor porque en realidad no lo había visto nunca. Oh, sí, tenía una imagen en la mente de cómo debería ser, pero esa imagen se había roto hacía mucho tiempo. También descubrí que el amor es algo más que un buen sentimiento. Es más que ser meramente necesitado o que tus necesidades se vean satisfechas. En la experiencia de mi entretanto de treinta años, llegué a descubrir que el amor es la experiencia interna y personal de un bienestar total que no se correspondía con ninguna imagen que hubiera visto nunca antes.

Cuando estaba con mi consejero de amor, me sentía como si pudiera volar, ¡y ni siquiera me importaba que la gente que estaba en el suelo pudiera verme las bragas mientras volaba! El error consistía en creer que él me hacía volar. Tras muchos aterrizajes de emergencia, comprendí que volar era algo que conseguía yo misma y en mí misma, cuando era capaz de relajarme. ¡Eso es, relajarse! Relajar todos los miedos, las heridas, las decisiones enojosas, los juicios y las conclusiones. Relajar las exigencias, las expectativas y las fantasías. Descubrí que el amor es estar lo bastante sosegado para sentir todo lo que ocurre dentro de ti y después aprender a reconocer y aceptar tus sentimientos.

En presencia de mi consejero de amor, me sentía bien. Por desgracia, creí que *él* me hacía sentir bien. Entre tanto, pasé quince años de mi vida con la intención de encontrar a alguien que consiguiese lo mismo que él había conseguido: hacer que mi vida y yo estuviésemos bien. Cuando comprobé que me sentía bien siendo sencillamente yo misma, las cosas empezaron a mejorar de forma considerable. El entretanto se hizo mucho más fácil. Fue entonces cuando él volvió a aparecer en mi vida.

La diferencia de edad entre nosotros se había acortado milagrosamente y ambos creímos que estábamos preparados para el amor, y el uno para el otro. Creímos que como nos necesitábamos y nos queríamos, todo saldría bien. ¡Eso es lo que pensábamos! En realidad, todavía estábamos demasiado confundidos, demasiado necesitados y demasiado asustados de no ser lo suficientemente buenos el uno para el otro. Todos nuestros «demasiados» estaban rematados por una gran cantidad de bagajes con los que ambos cargábamos: el de la infancia, el de la imagen..., cualquiera que se te ocurra, lo teníamos. Pasamos cinco años juntos que fueron la representación de nuestras cuestiones no resueltas: cólera, sentimiento de culpabilidad, vergüenza, miedos y fantasías amorosas. Al final, todo esto cayó sobre nuestras respectivas cabezas. ¡Estábamos juntos en el entretanto!

Esto es lo que suele ocurrir en el entretanto. ¡Las cosas te caen encima y se rompen! En el entretanto, tendrás una experiencia o una serie de experiencias: experiencias estremecedoras que te parten el corazón y que están destinadas a eliminar tus falsas necesidades. Es un proceso divinamente concebido para ayudarte a limpiar tu basura. Limpiar nuestra basura es un trabajo muy duro. Es como hacer la limpieza anual, cuando tienes que apartar todos los muebles, arreglar todo el desorden, tirar cosas y poner la casa entera en forma. Es posible que, en el entretanto, parezca que limpiar, ordenar y eliminar sean actos de deshonestidad, infidelidad, traición y abandono. ¡No es así! Toda la basura a la que te agarras es lo que te impide tener una experiencia sincera y verdadera del amor.

Cuando finalmente nos separamos, yo me sentía herida. Tenía miedo. Me había pasado la mayor parte de mi vida rezando en silencio para que ese hombre me amase. Cuando finalmente me dijo que así era, no se parecía en nada a lo que yo había esperado. El entretanto es así: consigues lo que quieres, ¡sólo para descubrir que no es como habías creído que sería! Ahora estás atascado: ¡o al menos crees que lo estás! Yo no sólo estaba atascada, sino también desilusionada por el fracaso de mi relación amorosa, ¡y era culpa mía! Me pasé los diez años siguientes intentando comprender en qué me había equivocado. ¿Por qué no podía amarme? ¿Qué tenía yo de malo? Si te pareces en algo a mí, éstas son sólo dos de las muchas preguntas que te harás en el *entretanto*.

A medida que pase el tiempo, encontrarás las respuestas. Si crees que cada respuesta es la correcta, incorporarás algunas conductas y creencias nuevas a tu vida. Cuando cada una de ellas deje de ser enteramente satisfactoria, encontrarás nuevas creencias, parámetros y condiciones que asignarás al hecho de amar y ser amado. ¡A esto yo lo llamo *histeria del entretanto*! ¡Lo cierto es que probablemente sientas cólera! ¡Lo cierto es que probablemente sientas miedo! Lo cierto es que hasta que no aprendas a enfrentarte a la verdad, no encontrarás nunca el amor que tan desesperadamente anhelas. La verdad es que el amor está enterrado en tu alma, y ninguna relación con nadie es capaz de desenterrarlo o activarlo en tu vida. Esta es la verdad que tardé diez años en descubrir.

Durante mis múltiples experiencias en el entretanto, he tenido lo que en su momento creí que eran desastrosas relaciones disfuncionales. Ahora soy consciente de que cada una de esas experiencias me enseñó algo más sobre mí misma. Mira, el entretanto tiene sus fases y sus niveles. Aprendes un poco y lo utilizas, pero siempre te quedan cosas por aprender. Comprendes una cosa y la pones en práctica, pero al cabo de un tiempo descubres que lo que practicas ya no funciona. Esto es lo más maravilloso del entretanto. No te permite estancarte. Te fuerza a crecer y crecer más y más. Sin embargo, para crecer debes trabajar. El trabajo que estamos llamados a hacer en nosotros mismos, a fin de experimentar el amor, es lo que convierte al entretanto en un desafío.

En ninguna situación aprendemos tanto sobre nosotros mismos y sobre la vida como en las relaciones. Al menos esto es lo que me ha sucedido a mí. Aprendí a estarles muy agradecida a mis maestros/amantes/cónyuges por las lecciones que me enseñaron sobre el miedo, la cólera y la necesidad, que a menudo se camuflaban como si fuesen amor. Una vez que aprendí mis lecciones, mi vida tomó un rumbo completamente distinto. Ya no necesitaba hacer cosas para probarme que era digna de ser amada. Ya no temía pedir lo que quería por miedo a no recibirlo. Ya no me enfadaba cuando las cosas no salían como yo quería. Lo más importante era que ya no estaba enojada por lo que no podía tener y no tenía en una relación. Aprendí a ocuparme de mis propios asuntos, como el de amarme a mí misma y sentirme estimulada por mí misma. Aprendí a volar sola.

Las relaciones no están contenidas. Lo que te ocurre ahora en nombre del amor, por el amor, aparecerá en las demás áreas de tu vida. Es imposible apagar los canales del cerebro o del corazón como si fuesen canales de televisión, en los que el programa de la cadena 2 no tiene nada que ver con el de la cadena 10. Los distintos canales de nuestra vida están entrelazados y son interdependientes. Al menos en mi caso así es. La misma confusión que tenía respecto al hecho de amarme a mí misma y amarle a *él* apareció en mi carrera. Afectó a mis relaciones con mis hijos, y a todas mis relaciones con los hombres. Igual que lo tuve a él y lo perdí, también tuve trabajos que perdí. De la misma manera en que el tiempo que pasábamos juntos era decepcionante e insatisfactorio, mi trabajo resultaba igual de decepcionante. Gasté 47.000 dólares para estudiar derecho, sólo para descubrir que no soportaba ejercer de abogada.

La interferencia que había en mi cadena de las relaciones creaba otras interferencias en el resto de las cadenas de mi vida. Incluso en la distancia, mi consejero de amor me enseñaba lecciones sobre mí misma, y yo tenía que aprender a aplicar esas lecciones a todos los aspectos de mi vida.

Tuve que trabajar muy duro para tomar conciencia de mí misma y para aceptarme tal como soy. ¡Admito que no me resultó nada fácil! Fue doloroso y me produjo mucho temor. Es necesario tener una buena disposición para hacer el desagradable trabajo de reflexionar, evaluar y desaprender lo aprendido. Tuve que escudriñar y rechazar muchas de mis ideas y creencias sobre mí misma y sobre el amor. En otras palabras, tuve que cambiar el cuadro. Era como hacer la limpieza de la casa, identificar las cosas que estaban polvorientas o rotas y tirar todo lo que ya no necesitaba. ¡¡¡¿Qué diablos es esto?!!! Había impuesto tantas condiciones al hecho de amar y ser amada... Era como revisar los cajones y los armarios de mi mente. Tuve que tirar cosas que tenían un valor sentimental pero que ya no me resultaban útiles. Tuve que admitir que algunas cosas ya no me venían bien y nunca más lo harían. Como ocurre con la colada, había dejado que las viejas heridas y los viejos miedos se acumulasen y el montón era abrumador. Lenta y metódicamente, tuve que limpiar mi corazón a fin de programarme para el verdadero amor. Entre tanto, tuve que trabajar laboriosamente en el desorden: un enorme desorden.

Tuve que empezar por el sótano, donde se almacenaban todas las cosas desde mi infancia. Esto significó sacarle brillo a mi propia imagen, que había sido enterrada bajo muchos conceptos erróneos que me habían transmitido mis padres. En cuanto vislumbré una breve imagen de mi verdadero *Yo*, me trasladé al primer piso, abrí las cortinas y dejé que la luz de la verdad desenmascarase mis miedos y mis fantasías y mostrase lo que de verdad eran: distorsiones y sombras del pasado. Cuando vi la verdad, tuve que responsabilizarme de haber permitido que la casa llegase a ese extremo de dejadez y enfrentarme al hecho de que yo era la única que podía arreglar el desorden. Había llegado el momento de arremangarme y hacer verdaderamente ese tosco trabajo. Créeme, necesité mucho valor para subir al segundo piso, donde, con gran cuidado, había ocultado mi visión de la apariencia que quería que las cosas tuvieran. Con un poco de fe y mucha confianza, por fin estuve lista para deshacerme de las viejas y desvaídas cortinas, alfombras, muebles, y de reconocer todos los costosos errores que había cometido. Al mirar a mi alrededor, sentí que había perdido una gran cantidad de tiempo y energía, pero conocía la verdad. La verdad es que lo hacemos lo mejor que podemos hasta que somos más fuertes, más sabios y estamos más dispuestos y preparados para hacerlo mejor. ¡Pues, hombre, yo ya estaba preparada!

Me permití ser creativa y utilizar nuevos estilos y colores, tejí un nuevo patrón de vida que me permitió salir del modelo familiar desfasado y me llevó al tercer piso. Era un lugar con una luz y unos colores impresionantes, un lugar que casi no había visitado anteriormente; imagino que estaba demasiado asustada, demasiado confundida, o un poco de ambas cosas. Al final, mi visión había sido reconstruida, el trabajo duro daba sus recompensas y yo sabía que estaba, exactamente, en el lugar en el que debía estar, en paz. Me sentía tan orgullosa de mí misma que invité a algunos amigos para compartir con ellos lo que había aprendido y el lugar en el cual iba a vivir a partir de ese momento. A algunos de ellos no les gustó mi nueva casa. Era demasiado diferente ¡Toda la porquería había desaparecido! Yo era demasiado distinta, insistía en la verdad, ¡vivía sin miedo! Querían marcharse. ¡Por mí, estupendo! Limpié el pequeño desorden que habían creado y creí con todo mi corazón que, si mantenía la casa limpia, aquellos que acudiesen a ella con amor, se quedarían. De hecho, convertí la buhardilla de mi casa en un santuario para el amor. Escogía con sumo cuidado todo lo que hacía y decía. Cuando por fin acabé de alisar el cubrecama y de ahuecar las almohadas, me di la vuelta y allí estaba mi amor. Un poco más viejo, mucho más sabio; mi consejero de amor y yo estábamos preparados para acomodarnos juntos.

No dejé de rezar para que no lloviera. No llovió, pero el día no podía ser más frío. Yo no sentía frío. Aquel precioso día de mayo, el calor que emanaba de mi interior me calentó desde dentro. Fue el día de mi boda con mi consejero de amor. Las personas que me dijeron que nunca funcionaría, estaban allí. Las que habían rezado conmigo para que funcionase, estaban allí. ¡Algunas estaban allí porque no podían creerlo! Otras estaban allí porque sabían que estaba bien. Mientras, yo sentía calor y estaba resplandeciente, como suele ocurrirles a las novias. Hemos necesitado treinta años y tres matrimonios, entre los dos, pero ambos somos más sabios y más fuertes, y tenemos las cosas más claras. Más exactamente, estamos enamorados de nosotros mismos y el uno del otro. Sabíamos que era el momento adecuado. Sabíamos que la imagen estaba ya clara y que el entretanto había sido una parte absolutamente necesaria de nuestra relación. Ahora podemos pasar el resto de nuestra vida juntos y recordar lo que olvidamos en primer lugar. Este es el propósito que el entretanto debe cumplir: ayudarte a descubrir lo que conoces y lo que desconoces sobre el amor.

En este libro vamos a hacer la limpieza de tu casa, el lugar en el que guardas todos los *conceptos erróneos* que tienes sobre el amor. Vamos a desinfectar y sanear tu corazón a fin de prepararte para que consigas lo que dices que quieres. Examinaremos el amor y su apariencia cuando está activado en nuestra vida, y también qué sentimos cuando lo descubrimos, cómo transforma nuestra humanidad en divinidad y cómo nos catapulta hacia experiencias gratificadoras y satisfactorias en todos los ámbitos de la vida. Examinaremos el amor que ha fracasado, el amor que se ha perdido, el amor que está enmascarado y todas las cosas que se disfrazan de amor. Espero hacer todo esto desde una perspectiva práctica y funcional que tenga en consideración las situaciones y las personas que han desempeñado un papel muy significativo en el desarrollo de nuestras creencias sobre el amor. Lo más importante es que examinaremos y exploraremos las cosas que en ocasiones hacemos a fin de encontrar el amor, conservarlo y experimentarlo. Situaremos nuestra búsqueda del amor en un marco de referencia que yo llamo «el entretanto».

1
El amor tiene mucho que ver con el entretanto

Ella no estaba buscándole. Él no estaba buscándola. De hecho, los dos tenían algún tipo de *vínculo* con otras personas. No obstante, en el mismo instante en que se vieron, determinadas partes de su cuerpo empezaron a estremecerse y sus ojos comenzaron a chispear. El entretanto estaba cociéndose. Cruzaron la sala sin darse cuenta de que ambos hacían lo mismo. Él habló primero. No, lo hizo *ella*. Le preguntó algo absurdo que él y esas partes estremecidas de su cuerpo estaban más que dispuestos a contestar. Él evadió a su *pareja*. Ella evadió a la suya. Necesitaban tiempo para hablar. Lo hicieron, y se rieron, algo que aparentemente no solían hacer demasiado con sus respectivas *parejas*. Se intercambiaron los números de teléfono de sus trabajos. Aunque ambos lo sabían, actuaban como si no lo supiesen. De mala gana, los dos se reunieron con sus *parejas* y juntos entraron en el hirviente cazo en el que se cocía el guiso del entretanto.

Cuando no te sientes feliz en el lugar en el que te encuentras y no estás convencido de si quieres marcharte o no, estás en el entretanto. Es un estado de limbo. Aunque estás listo para soltarte, te resistes por miedo a caerte, a herirte y herir a otras personas. Mientras, rezas para que sea tu pareja quien te abandone antes y evitar, de este modo, el sentimiento de culpabilidad.

Tu pareja deja caer indirectas y te hace saber que ha llegado el momento de dejarlo estar. ¡Y tú lo niegas! ¿Por qué? No lo sabes, pero puedo decirte que el entretanto está cargado de *no lo sé y no puedo hacerlo*. *No sé por qué no puedo irme*. *No sé por qué debería seguir*. *No sé adónde voy*. *No sé cómo voy a llegar hasta allí, sea donde sea*. La ambivalencia, la confusión, la desgana y la parálisis son, todas ellas, características del entretanto. Si conocieses las respuestas a esas preguntas, te sentirías bien. Entre tanto, te sientes de muchas maneras, ¡pero «bien» no es probable que sea una de ellas!

La vida sería mucho más sencilla si, cuando en una relación, en cualquier relación, tropezamos con un obstáculo, nos detuviésemos, le prestásemos atención y avanzásemos con delicadeza. La verdad es que, en la mayoría de los casos, sería posible hacer sencillamente eso. ¡La realidad es que no lo hacemos! Seguimos moviéndonos. Permitimos que los pequeños insultos se conviertan en rabiosos ataques de cólera, que las pequeñas discusiones se conviertan en iracundas luchas encarnizadas, que los rasguños acaben siendo profundas heridas, y no nos detenemos. En muchos casos, continuamos causándonos dolor. Cuando se trata de una relación íntima y amorosa, el intento de avanzar sin prestar atención al dolor sólo complica las cosas todavía más y envenena la relación.

¿Cómo puedo seguir con la relación sin que me hieran? ¿Cómo puedo irme sin herir? No es posible responder a estas preguntas si sientes dolor. Lo que sí es posible es hacer el esfuerzo para descubrir la verdad sobre el amor, porque es lo único que puede ayudarte a pasar por esa experiencia. Entre tanto, si comunicándonos de un modo consciente y sincero, somos capaces de conservar el amor por nosotros mismos y por los demás, la ruptura, el obstáculo o la dilación en una relación se convierten en un proceso curativo. Cuando no lo conseguimos, adoptamos el *comportamiento del entretanto*: nos herimos, luchamos, no admitimos la verdad y avanzamos en medio de la confusión. La confusión engendra más confusión.

Volvamos a nuestros amantes del entretanto. Dos semanas más tarde, ella le llamó al trabajo. Él ya la había llamado dos veces, pero había colgado al escuchar su contestador. En el entretanto, ambos intentaron convencerse a sí mismos de que no deberían llamarse, pero necesitaban verse desesperadamente. Él la invitó a tomar una copa. Ella fijó la fecha, la hora y el lugar. Él apareció con una rosa, una única rosa de color rosa. Nada más ver la flor y verlo a él, esas partes estremecidas de su cuerpo empezaron a latir fuertemente. Su pareja se volvió borrosa, y no sabía qué hacer. Él sí. Dijo todas las palabras adecuadas, con el tono de voz más adecuado y en el momento adecuado, lo cual le produjo el correspondiente estremecimiento en las correspondientes partes de su cuerpo. Ella le habló de su pareja. Él le habló de la suya. Bueno, no exactamente. Aunque existía *alguien,* el alguien de él sabía cuál era el trato. Fue entonces cuando ella se dio cuenta de que se dirigía de cabeza a un problema. Rápidamente dio algunas excusas y se llevó esas partes estremecidas de su cuerpo a casa. Mientras, él se tomó dos copas más e intentó decidir qué iba a hacer y cómo iba a hacerlo.

Hablemos del amor en el entretanto

En la vida todo está relacionado con el amor. El amor es el verdadero y único significado de la vida. Estar vivo significa que se es inquilino de la casa del amor y se es responsable ante él y sus reglas. Ni la vida ni el amor nos obligan a renunciar a nuestra dignidad, nuestro valor personal, nuestros objetivos profesionales, nuestros programas televisivos favoritos o nuestro buen sentido común. Por alguna razón, esto no siempre lo comprendemos. Creemos que es necesario renunciar a una cosa a fin de conseguir otra. En especial lo creemos cuando se trata del amor. No comprendemos que la expresión más elevada del amor es la experiencia y la consecución de algo más: más de lo que somos, de lo que hacemos, de lo que creemos y de lo que tenemos. El amor tiene la capacidad de reunirnos a todos bajo un mismo techo, en un mismo momento, en una sola experiencia. El amor es una experiencia de unidad, una unión entre la mente y el corazón. Por desgracia, creemos que sólo es posible establecer esta unión con los demás si renunciamos a algo. Intentamos crear esta unión con otros antes de crearla en nosotros mismos. Esto resulta absolutamente imposible. No podremos *conseguir* el amor que proviene del exterior hasta que *seamos* amor en nuestro interior. Entre tanto, hacemos muchas cosas en nombre del amor, por el amor.

Vivimos en el *entretanto* mientras aprendemos sobre el amor. Actuamos con torpeza, nos comprometemos en extrañas alianzas y establecemos reglas sobre la marcha, en nombre de lo que *creemos* que es el amor o de lo que debería ser. Observamos y escuchamos a los demás y creemos que ellos saben todo lo que hay que saber sobre el amor y las relaciones. La verdad es que ellos, igual que todos nosotros, aprenden por el método de tanteo. En el mejor de los casos, escogemos a quién amar y cómo hacerlo. En el peor, descubrimos que es del todo imposible hacer lo suficiente y lo suficientemente rápido, para suficiente gente, en suficientes situaciones, para recibir el amor, la admiración o la aceptación que parecemos necesitar. Entre tanto, mientras aprendemos la verdad sobre el amor, podemos hacer un estropicio considerable con la mayoría de las cosas. Pero el *mayor* estropicio lo hacemos en lo que denominamos nuestras relaciones amorosas.

¡Ya volvían otra vez! Ambos sabían que debían dejar rápida pero delicadamente la relación que tenían. Pero ninguno de los dos tenía el valor, la fuerza o la presencia de ánimo para hacerlo. Él no se marchó porque su pareja se había portado muy bien con él. En los tres años largos que habían estado juntos, habían pasado por muchas cosas: ¡por mucha histeria sobre si debían continuar juntos o no! Al final permanecieron juntos porque no tenían ningún otro sitio adonde ir. Ella se quedó con su pareja para evitar enfrentarse al miedo que le producía estar sola. Ya había pasado por eso muchas veces en el pasado. No era una posibilidad muy prometedora para esperar con ilusión y ciertamente no iba a someterse a ella de forma voluntaria. Mientras tanto, se aferraba a la esperanza de que, de algún modo, su pareja desaparecería milagrosamente o se convertiría en el amor de sus sueños, es decir, que vivirían felices para siempre jamás. Así es como se convenció a sí misma, una y otra vez, de que debía continuar con la relación. Mientras tanto, buscaba encontrar algo más en otra parte, aunque no sabía muy bien qué es lo que buscaba.

El amor es lo único que necesitamos. El amor es nuestra paz. El amor es nuestra alegría, nuestra salud y nuestra riqueza. El amor es nuestra identidad. Iniciamos una relación porque buscamos el amor, sin darnos cuenta de que debemos llevar el amor con nosotros. Debemos contribuir a la relación con un fuerte sentido de nuestro yo y de nuestro propósito. Debemos aportar un sentido de nuestro propio valor. Debemos aportar entusiasmo con respecto a nosotros mismos, nuestra vida y la visión que tenemos de esos dos elementos esenciales.

Debemos demostrar respeto por la riqueza y la abundancia. Después de haberlas conseguido en cierta medida cuando estamos solos, debemos iniciar nuestras relaciones dispuestos a *compartir lo que tenemos*, en lugar de temer que alguien nos lo quite. Compartir con alegría y entusiasmo. Valor, propósito y visión. De eso trata el amor. Cuando aportamos estas cosas a una relación, el amor se vuelve un gran multiplicador que intensifica la experiencia de la vida. Cuando estas cosas no están en su lugar apropiado, la búsqueda del amor establece las experiencias que necesitamos para descubrir lo que es verdad acerca del amor y lo que no lo es. Este proceso de descubrimiento se llama «el entretanto».

Iniciamos nuestras relaciones en búsqueda del amor, con la esperanza de que alguien nos ame o nos acepte amorosamente. Esto tiene sentido si consideramos que todos nacemos para expresar y recibir amor. En algunas situaciones desgraciadas, es posible que nuestro deseo de recibir amor y aceptación sea tan grande que haremos cualquier cosa para conseguirlo. Romperemos las reglas del amor. Descuidaremos la casa del amor. Nos olvidaremos de determinar las fronteras del amor. Permitiremos que la gente entre, se mude, se quede y viva en nuestra vida de maneras que nada tienen que ver con el amor. Incluso cuando tenemos fronteras o criterios que definen con claridad qué cosas haremos en nombre del amor y cómo las haremos, nunca parece haber suficiente amor para llenar el vacío que todos hemos sentido, en un momento u otro, en nuestro corazón. Cuando creemos que no tenemos suficiente amor en nuestra vida, entramos en el *entretanto*. Lo que no conseguimos comprender es que nosotros somos el amor que buscamos. Sin embargo, hasta que no nos reconozcamos a nosotros mismos como amor y seamos capaces de vivir en armonía con nuestra verdadera identidad, el vacío se hará más profundo, más extenso y más doloroso.

¡Sencillamente no lo comprendieron! Él llamó varias veces durante las siguientes semanas. Al principio, ella se negó a devolverle las llamadas. Luchaba para librarse de su pareja. Él ya se había librado de la suya, ¡aunque había olvidado decirle que ella se había sentido perturbada! «¡Seguro que lo sabe!», pensó. «¡*Tiene que saberlo!*» En el entretanto, la gente a menudo olvida decir lo que en realidad quiere decir, o lo que expresa no significa lo que quiere decir porque supone que tú ya lo sabes. Él no supuso que se la encontraría por la calle, pero así fue. En el mismo instante en que se vieron, el estremecimiento empezó: la mente de él, el corazón de ella y otras partes de sus cuerpos. Hablaron. En realidad, ella habló primero. Él respondió y mencionó las llamadas telefónicas que le había hecho. Ella, como a menudo ocurre en el entretanto, se sintió culpable y aceptó llamarlo más tarde. Lo hizo y se pusieron de acuerdo para verse.

¡Cuando estás en el entretanto quieres una vía de escape! Quieres hacer algo distinto a todo lo relacionado con el entretanto. Ellos querían hacer algo sobre esas partes de sus cuerpos que se estremecían. Querían unirse el uno al otro. Creyeron que se trataba de amor. ¡Tenía que ser amor! Si no lo era, ¿por qué no dejaba de aparecer, estremecerlos y ofrecerles la excusa perfecta para romper con sus respectivas parejas? El entretanto no tiene que ver con romper vínculos. Tiene que ver con la creación sincera y amorosa de vínculos. Sin embargo, mientras tanto, esas partes que se estremecen en el cuerpo no tienen el menor conocimiento de esta pequeña porción de información. Él hizo la proposición. Ella aceptó. En extremos opuestos de la ciudad, sus respectivas parejas estaban hartas de excusas y listas para ofrecer otro tipo de estremecimiento a esas partes del cuerpo.

En el entretanto, ¡guárdate tus necesidades para ti mismo!

La gente no puede satisfacer tus necesidades. Tal vez quiera hacerlo, quizá lo intente. Es posible que trate de convencerte de que es capaz de hacerlo, pero no puede. Lo que la gente puede hacer es que la necesidad parezca menos urgente. Nos distraemos unos a otros y por eso nos olvidamos, temporalmente, de lo que necesitamos. Nos ayudamos unos a otros a reemplazar una necesidad apremiante por algo distinto. Entre tanto, la necesidad no desaparece. Se disipa. En pocas palabras, la gente necesita amor. Dios es amor. A quien realmente necesitamos es a Dios, pero eso resulta demasiado esotérico para que la mayoría sepamos manejarlo. ¡También da un poco de miedo!

Decir que necesitamos a Dios evoca algunas imágenes bastante terroríficas para muchos de nosotros, en especial las de todas las cosas a las que creemos que deberemos renunciar para acercarnos a Dios. En lugar de ello, decimos que necesitamos el amor de otra persona porque este es el tipo de amor que la mayoría nos creemos capaces de manejar, en un nivel u otro. También creemos que necesitamos una casa, un coche, unos cuantos niños y un trabajo para poder alimentarlos. Por supuesto, todas estas cosas son importantes, incluso esenciales para nuestro bienestar, pero lo que en realidad necesitamos para mantenernos y vivir, es amor. También pensamos que la gente y las cosas aportan más amor a nuestra vida. ¿Lo hacen? En cierto modo sí. Lo que en realidad hacen es ofrecernos la oportunidad de compartir el amor que somos y el amor que tenemos en nuestro interior, que es el amor de Dios.

No siempre somos conscientes de qué modo nuestras necesidades nos llevan a rincones oscuros. Por mucho que intentemos estar alerta, ser fuertes y positivos, cuando se trata de cuestiones amorosas, muchos de nosotros acabamos siempre donde no queremos estar: solos en el entretanto, en búsqueda de una relación.

A lo largo de los años, he escuchado historias terribles sobre tejemanejes a los que la gente llama «amor». En ocasiones me ha asombrado que seamos capaces de creer que algo tan divino como el amor pueda tener una apariencia tan ridícula. En otras, me he quedado consternada por las vilezas que la gente hace en nombre del amor. Al final, tuve que detenerme. Para abofetearme a mí misma. Para darme cuenta: ¡aquí hay un patrón! Los participantes son distintos. Los hechos son diferentes, pero en alguna parte, en todos ellos existe una similitud. Cuando los hombres y las mujeres intentan satisfacer sus necesidades, tienden a hacer lo mismo. Decidí confeccionar una lista. Anoté las cosas más comunes que solemos hacer cuando buscamos el amor o una relación en la que queremos ser amados. Inevitablemente, será imposible que estas cosas satisfagan nuestras necesidades. Nos llevarán a una experiencia infernal del entretanto:

1. Todas las señales te indican que esta no es la persona, pero tú ignoras las alarmas internas y te adentras en una fantasía amorosa.

2. Como te da miedo la soledad o crees que no puedes conseguir lo que deseas en una relación, aceptas al primero que se te pone delante, únicamente para que te deje, te derrote, te engañe o te deje preñada, y después te deje, te derrote y te engañe.

3. Confundes la amistad y la amabilidad con el amor romántico.

4. Si alguien es amable contigo y eso no te suele suceder, no sabes cómo decirle que no cuando te das cuenta de que no es la persona que quieres.

5. Te quedas atrapado en el lote de promesas.

6. Impones tus deseos de una relación a otra persona o le lanzas un ultimátum. Como él o ella no sabe decir que no, te acompaña... durante un tiempo.

7. Como la otra persona expresa un interés por ti, tú respondes sin pensar realmente si eso es lo que tú quieres o si esa es la persona que quieres.

8. Permites que la fe ciega, que te conduce al *amor ciego*, te lleve a una relación insana.

9. Escoges creer que lo que tu pareja ha hecho a otra persona no te lo hará a ti.

10. Confundes la compatibilidad sexual con el amor.

11. Permaneces en una relación aunque te sientas desgraciado, e intentas arreglar las cosas aunque tu pareja no demuestre el menor interés por solucionar la dificultad.

12. No expresas lo que realmente sientes porque tienes miedo de herir los sentimientos de tu pareja.

13. Decides creer las mentiras de tu pareja aun cuando sabes la verdad. Actúas como si no supieras qué es lo que ocurre cuando sí lo sabes.

El amor no es algo que te lo dé todo

¿Qué puedes hacer cuando una relación no marcha como tú quisieras? ¿Cuando las cosas no funcionan como tú quieres que funcionen? ¿Cómo aprendes a tomar lo que tienes y hacer que funcione de un modo que pueda beneficiarte? Mientras hago estas preguntas, me acuerdo de una historia que oí sobre una mujer llamada Luanne Bellarts, que nació con parálisis cerebral. Debido a esta enfermedad, sólo tenía pleno control sobre un dedo de un pie. Educada por unos padres muy religiosos, aprendió mucho sobre la verdad, la confianza, la paciencia, la fe y el amor en relación con sus capacidades. Estoy convencida de que la mayoría de nosotros consideraríamos este tipo de limitación física como una derrota monumental e insuperable. Sin embargo, Luanne aprendió a escribir en el teclado de un ordenador utilizando su dedo gordo del pie. Así fue como escribió la historia de su vida, *Bird with a Broken Wing* [Pájaro con un ala rota]. Este libro fue su testimonio del poder de la fe y en él describió con elocuencia cómo convertir un problema en un triunfo, una tragedia en una victoria. Escribió sobre el *entre-tanto*, sobre cómo aceptar lo que eres y lo que tienes, y el trabajo que puedes realizar a fin de que sea beneficioso para ti.

La historia de Luanne no trata sobre las relaciones; sin embargo, trata de los principios. Verdad, confianza, paciencia, respeto y fe son la piedra angular de los principios de todas las relaciones de la vida. Son también todas las cosas que recibimos en presencia del amor incondicional. Tras haber aprendido tantas cosas sobre las relaciones familiares, la amistad y, todavía más importante, sobre sí misma, Luanne documentó cómo desarrollar y alimentar todas las relaciones mediante el empleo cuidadoso de los principios amorosos. Lo que aprendió mientras permanecía acostada boca arriba, sentada en una silla de ruedas y dependiendo por completo de los demás es, exactamente, aquello con lo que nosotros, seres con un cuerpo capaz, tropezamos, lo que nos confunde, nos hace caer y somos incapaces de reconocer sobre las relaciones. Aunque Luanne nunca experimentó una relación íntima y amorosa con un hombre, del modo en el que creemos que debería ser, hizo con un dedo y con un pie lo que nosotros pasamos toda nuestra vida intentando conseguir. Descubrió el amor. El amor por sí misma. El amor por los demás y de los demás. El amor de Dios. Entendió la *apariencia* que debía tener el amor y la que no debía tener. Comprendió cómo debía de *sentirse* el amor y cómo debía de sentirse la falta de amor. Descubrió cómo encontrar el amor, cómo alimentarlo y hacer que perdure en uno mismo, por uno mismo, en la vida interior. Cuando tenía treinta y seis años, Luanne murió de cáncer. Mientras tanto, durante el transcurso de su vida, vivió en y por el amor con una enorme dignidad. Encontrar el amor y mantener nuestra dignidad es algo que a menudo luchamos por conseguir en nuestras relaciones. La experiencia de ese forcejeo se llama «el entretanto».

¡Cualquier cosa a la que te resistas persistirá! ¡Nuestros amantes del entretanto fueron descubiertos! ¡Ahora tanto ellos como sus respectivas parejas estaban todos en el entretanto! Ahora tenían todas las cosas que habían ignorado, negado, evitado y a las que se habían resistido mirándoles cara a cara. Se trataba de un argumento clásico del entretanto: ser descubierto, mentir, oponer resistencia. Él fue descubierto porque mintió. Le dijo a su pareja que la amaba sin estar seguro. Le dijo que no quería marcharse cuando quería hacerlo. Le dijo que estaba seguro cuando no lo estaba. Para disimular su sentimiento de culpabilidad por haber mentido, una vez que fue descubierto, ¡le dijo a su pareja que no tenía derecho a cuestionarlo! La gente que es descubierta en una mentira del entretanto normalmente responde con beligerancia y santurronería. Le recordó a su pareja que era un adulto ¡y que tenía todo el derecho a hacer lo que quisiera y con quien quisiera! Esta es otra característica de las personas que están en el entretanto: actúan de forma ruin.

A ella la descubrieron porque se sentía culpable y se resistía. Se resistía a estar sola. Se resistía a decir la verdad. ¡Se resistía a hacer cualquier cosa que la hiciese sentirse culpable! ¡La culpa es como una enorme luz roja de neón que sobresale en medio de tu frente! Sabes que está ahí, ¡pero intentas actuar como si no existiera! En el entretanto, cuando tratas de parecer inocente, inevitablemente dices algo para probar tu culpabilidad. Ella le dijo a su pareja que lo había hecho porque en el pasado él también lo había hecho. Intentaba deshacerse de su basura echándosela a él encima. En el entretanto, toda la inmundicia de la que creías que podrías librarte te mira de frente. La pregunta es: «*¿Qué vas a hacer al respecto?*».

En el entretanto, una de las cosas que hacemos es volvernos lo suficientemente temerarios como para hacer y decir las cosas que jamás haríamos o diríamos en circunstancias normales. No es que no debamos decirlas o hacerlas, es que escogemos no hacerlo. Cuando las cosas resultan menos tolerables en una relación, creemos que esconder, evitar, negar y resistir son las conductas más apropiadas. Creemos que de este modo evitamos causarle sufrimiento y dolor a alguien que amamos. ¡La verdad es que somos nosotros los que sufrimos! ¡Nos atragantamos con nuestras palabras! ¡Ahogamos nuestros sentimientos! ¡Retorcemos nuestra verdad! Nos golpeamos la cabeza contra un muro y nos fastidiamos a nosotros mismos: «¡¡¡¿Por qué?!!! ¡¡¿Por qué?!! ¡¿Por qué no puedo aclararme en el tema del amor?!». Meterse con uno mismo es la cumbre del comportamiento del entretanto, y es precisamente ese comportamiento el que te hará decir algo que en realidad no quieres decir o hacer algo que en realidad no quieres hacer, igual que hicieron ellos.

Ya estés en medio de un divorcio, una separación, un rompimiento o una discusión acalorada, lo más amoroso que puedes hacer por ti es evitar la tentación de culpar a la otra persona de lo que tú sientes. ¡Eres tú! ¡Tú! ¡Ya sé que es una pastilla que resulta muy amarga de tragar! Lo sé porque yo misma he tragado muchas dosis. Más tarde o más temprano deberás aceptar el hecho de que en una relación, la única persona con la que tratas eres tú. Tu pareja no hace otra cosa que revelarte tus propias cuestiones no resueltas. ¡Tu miedo! ¡Tu cólera! ¡Tus pautas! ¡Tu locura! Mientras insistas en señalar con tu dedo hacia fuera, hacia los demás, continuarás desperdiciando la oportunidad divina de limpiar tu inmundicia. Aquí tenemos un aviso del entretanto: amamos en los demás lo que amamos en nosotros mismos. Despreciamos en los demás lo que no podemos ver en nosotros mismos. A menudo, cuando una relación se avinagra nos volvemos ciegos o inmunes o resistentes a nuestra propia inmundicia mediante un admirable intento de descargarla sobre la otra persona. La gente se resistirá a que vacíes tus cuestiones no resueltas en su regazo, porque con demasiada frecuencia también son las suyas: las cuestiones que no es capaz de ver. La gente se resiste, y o bien pelea, o huye. ¡Ahora presta atención a lo que voy a decir! Aunque parezca una locura, la persona que se queda para pelear contigo (esto no significa ninguna clase de maltrato físico) es, por regla general, la que realmente te quiere. Te quiere y está dispuesta a pelearse contigo y con tus cuestiones no resueltas a fin de facilitar la curación recíproca.

Lamentablemente, cuando en una relación te peleas, si no tienes claro cuál es tu objetivo o te resistes a conocer la verdad, sufrirás. Por otra parte, si la persona con la que te peleas arroja la toalla y huye, también te sentirás herido. No te será posible curarte. Tus cuestiones no resueltas se aposentarán durante un tiempo, pero con toda probabilidad volverán a aflorar en otra relación. En el entretanto, mientras te resistes, no tienes las cosas claras o sientes miedo, ten presente, por favor, que pelearse es algo normal y muy común. Mostrarse mezquino con los demás es algo esperado. No creas nunca que lo que hagas durante una situación de las que se producen en el entretanto es la verdad sobre ti. ¡No lo es! La única verdad en este tema es que si estás dispuesto a pasar por este proceso de peleas y comportamiento mezquino, sufrir algunas heridas ¡y descubrir *que tiene que existir un camino mejor!*, acabarás por cambiar tus pautas y alcanzarás un estado de conciencia que te permitirá curarte.

¿Dónde estoy?

Es importante afirmar clara y enfáticamente que el entretanto no es un mal lugar en el que estar. Tampoco deberías suponer que si te encuentras en él, tú o cualquier otra persona ha hecho algo equivocado. El entretanto no es una señal que indique que te has vuelto a meter en un lío o que alguien te ha hecho fracasar de nuevo. Lo que sí es, y siempre será, un catalizador para una conciencia más profunda del amor por ti mismo y por los demás. Es una revisión terapéutica de tus creencias, nociones, ideas y percepciones de lo que significa el amor. Cuando estamos solos, sin un vínculo amoroso, tenemos una idea bastante clara de cuáles son nuestros sentimientos y dónde nos encontramos en lo que se refiere al amor. Sin embargo, cuando tenemos una relación y atravesamos una experiencia del entretanto, a menudo la imagen está menos enfocada.

En lo que se refiere a las relaciones, la mayoría no sabemos dónde estamos la mayor parte del tiempo. Esto sucede porque nuestras ideas y creencias cambian según nuestras experiencias. Respondemos con el intento de descifrar qué hacer y cómo hacerlo. No cesamos de preguntarnos: «¿Por qué? ¿Por qué no salió bien? ¿Cuándo? ¿Cuándo acertaré? ¿Quién? ¿Con quién acabaré? ¿Cómo? ¿Cómo sabré que *ésa* es *la persona*?». Éstas son preguntas muy corrientes que surgen durante el entretanto. Independientemente de las apariencias de tu relación, si te haces estas preguntas, atraviesas una experiencia del entretanto. Sin embargo, en ocasiones nos resistimos a indagar en nosotros mismos. ¡No importa! Puedes estar bastante seguro de que te encuentras en el entretanto si:

- Sabes en qué fallaron tus ex amantes, pero la ceguera te impide ver tus propias debilidades.
- Lloras sin razón aparente y no quieres que nadie sepa que lo haces.
- Te han despedido o te han dejado.
- Te has separado o divorciado recientemente.
- Te han robado o engañado hace poco, te han condenado a una pena de prisión o acabas de salir de la cárcel.
- Has tenido seis citas con cinco personas diferentes en los últimos nueve meses.
- No has tenido ninguna cita en los últimos nueve meses.
- Estás casado o compartes el dentífrico con otra persona y sigues buscando pareja.
- No estás casado, pero has estado compartiendo el dentífrico y el espacio del armario y todavía no estás convencido de que esto es lo que quieres.
- No estás casado, no compartes el dentífrico con nadie y has renunciado a buscar pareja.
- Tu madre no deja de preguntarte cuándo vas a tener hijos.
- Tu madre no deja de preguntarte cuándo fue la última vez que viste a tus hijos.
- Te has olvidado de cómo se hacen los niños.

Aunque existen cientos de argumentos distintos, éstas son situaciones cotidianas corrientes que indican que pasas por una experiencia del entretanto. También es más que probable que si vives en una de estas situaciones, experimentes una gran confusión interna mientras intentas decidir cuál es el siguiente paso que debes dar.

El conflicto interno y la confusión de la experiencia del entretanto son el resultado directo de tu fracaso en llevar a cabo una de las cuatro cosas siguientes, por ti y por tus relaciones:

1. No lograste clarificar ni expresar con exactitud lo que querías, necesitabas o esperabas de ti y de los demás.

2. No fuiste capaz de explicar la verdad absoluta, inédita y microscópica a ti mismo, a la otra persona, sobre ti mismo, sobre la otra persona, en relación a lo que querías, necesitabas y esperabas de cualquier relación.
3. Dejaste de pedir lo que querías y aceptaste lo que te ofrecieron aun cuando eras totalmente consciente de que no tenía nada que ver con lo que tenías en mente.
4. Avanzaste en una relación en un estado de conciencia temeroso.

Ahora estás en el entretanto, que es la oportunidad que te brinda la vida de aclararte, de reconocer la realidad, de curarte y prepararte a fin de dar y recibir lo que todos queremos: un amor puro, sincero e incondicional.

Necesita tiempo

No existe una duración determinada o un período prescrito del tiempo que puedes permanecer en el entretanto. No es una cuestión de: «¡Si hago esto saldré más rápidamente de él!». O: «¡Si lo hago así, nunca más volveré a pasar por esto!». Siempre eres tu propia experiencia. Lo que te ocurre, te ocurre debido a ti. Permanecerás en el entretanto todo el tiempo que necesites hasta que tu trabajo interior esté en orden. También permanecerás allí todo el tiempo necesario no sólo para que tú estés listo, sino para que la otra persona también lo esté. En otras palabras, quizá tú estés preparado, pero tu compañera divina tal vez no lo esté. Es posible que hayas superado tus inseguridades, pero tu pareja perfecta puede que no se haya curado todavía por completo. Quizás hayas perdonado todo lo que tenías que perdonar, pero la persona a la que esperas tal vez ni siquiera haya empezado a hacer su trabajo de perdón y liberación. Por consiguiente, permanecerás en el entretanto hasta que la persona divina para la que te preparas esté también preparada y lista para ti. ¡No te desanimes! ¡Se trata de algo positivo! El entretanto es *protector* además de *preparatorio*.

La paciencia es el elixir que cura la melancolía del entretanto. El reto, te guste o no, consiste en aprender a ser paciente contigo mismo mientras desarrollas la paciencia. No te irrites por sentir enfado o disgusto o por sentirte mal. Cuando te encuentras en el entretanto, tiendes a atosigarte por lo que deberías o no deberías sentir o hacer. En el entretanto, siente lo que sientes y permite que pase. No juzgues tus sentimientos ni te juzgues a ti por tenerlos. No etiquetes tus sentimientos como buenos o malos, adecuados o inadecuados. Baja los brazos y date permiso para capear las olas de la marea emocional que, con toda seguridad, saldrá a la superficie de vez en cuando. Una vez que hayas tenido bastante con el sentimiento de malestar o una vez que seas capaz de comprender la cuestión central en la que se apoya la emoción, ésta desaparecerá. Cada vez que una emoción sale a la superficie es un signo seguro de que te abres paso a través de ella a fin de poderla liberar. Si te resistes al sentimiento, se enfrentará a ti, sacará los dientes y las garras y los utilizará para luchar contra ti: ¡luchará para defender su vida! En el entretanto, cuando los viejos sentimientos y las viejas pautas se enfrentan a ti para defender su supervivencia, lo más amoroso que puedes hacer es ser paciente contigo y con lo que sientes.

La preparación paciente para amar y ser amado incondicionalmente no significa que tengas que sentarte a esperar sin hacer nada. Significa que incluso cuando te encuentras en el entretanto y esperas la relación divina, puedes tener, y tendrás, experiencias del entretanto, relaciones que serán valiosas y significativas. No creas que lo que haces en el entretanto, incluso cuando significa tener relaciones de corta duración, es una pérdida inútil de tiempo. Cada relación es la que necesitas en ese momento. Todo lo que haces en cada una de las relaciones que tienes, te prepara y te acerca a la gran experiencia del amor total e incondicional por ti y por los demás. Muchas experiencias y relaciones del entretanto están diseñadas para conseguir precisamente eso, para acercarte, y no para llevarte al final del proceso. Tu trabajo consiste en evitar la tentación y la trampa de pensar que cada relación tiene que ser la relación eterna por los siglos de los siglos. Amén. Recuerda que siempre te estás preparando para algo mejor o se te está protegiendo de algo peor. Cuando la razón divina para la unión del entretanto se haya visto satisfecha o cuando la estación divina para la experiencia del entretanto llegue a su fin, avanzarás exactamente hacia el lugar en el que necesitas estar.

El fruto y el árbol

Es muy posible que la mayoría de nosotros pasemos por la vida teniendo una relación tras otra —algunas placenteras y otras no— sin ninguna conciencia verdadera de cómo nos hemos visto encerrados en la pauta de avanzar y herir, herir y esconderse. Creemos que respondemos a lo que nos acaba de suceder o lo que se acaba de decir. Creemos que la gente que acabamos de conocer ha influido en la experiencia positiva o negativa que acabamos de tener.

Sólo unos pocos comprendemos que quienes somos y lo que sentimos es lo que hemos sido y sentido durante mucho tiempo. Es nuestro «material». El entretanto está hecho de este material. Todo lo que necesitamos saber, sentir, aclarar y curar, cobra vida en el entretanto. Esto es lo que nos hace exageradamente agresivos o pasivamente autodestructivos en la búsqueda del amor.

Nuestros patrones de comportamiento pasivo-agresivos nacen con nosotros. En gran parte están determinados por la forma en que nacimos. A medida que avanzamos en la vida, recreamos de un modo inconsciente los incidentes, la energía y el entorno que hubo antes de y durante nuestro nacimiento. Nuestras respuestas a los patrones de nuestro nacimiento a menudo son inconscientes, y por esta misma razón, no siempre nos es posible reconocer qué hacemos ni por qué lo hacemos, cuándo nos comportamos pasivamente o por qué nos mostramos agresivos. Si nos tomásemos unos instantes para reflexionar y examinarnos, podríamos establecer fácilmente una conexión entre lo que sucede en nuestras relaciones y el tipo de nacimiento que tuvimos. Mientras no somos conscientes de ello, nos quedamos estancados e intentamos comprender qué acaba de ocurrir en el entretanto y por qué nos afecta de un modo tan profundo y muchas veces doloroso.

Mi madre era alcohólica. Poco después de mi nacimiento, le diagnosticaron un cáncer de mama y leucemia. Resultó que cuando no estaba borracha, estaba sedada porque el cáncer le amenazaba con robarle dos cosas que amaba: sus pechos y su vida. Me dijeron que mi madre estaba muy orgullosa de sus pechos. Me contaron que eran grandes y firmes: una verdadera fuente de orgullo físico. Cuando no estaba embarazada, acentuaban su estrecha cintura, y eso significaba que atraía mucha atención. Me dijeron que a mi madre le gustaba mucho atraer la atención. El hecho de que mis padres no estuvieran casados también atraía mucha atención. Mi padre estaba casado con otra mujer que vivía a dos manzanas de distancia de la casa que mis padres compartían con mi abuela paterna. Mi madre era su amante y había tenido tres hijos suyos. ¡Resulta innecesario decir que en el ambiente en el que nací sucedían muchas cosas!

En el vientre materno nos marinamos en la energía que se convierte en el fundamento de nuestros inicios, de nuestro sentido del yo. Algunas personas se marinan en cuidados, atención y una amorosa excitación. Yo me mariné en un ambiente interno y externo que estaba guarnecido con el encaje del miedo, la confusión, el sentimiento de culpabilidad, la deshonestidad y el malestar. Tal vez por eso yo haya tenido una personalidad de *Tipo A* durante una buena parte de mi vida. Debo admitir que mis primeras relaciones eran extrañamente parecidas a la clase de disfunción que mis padres exhibían. Mi primer amor fue emocionalmente inasequible. Mi primer matrimonio fue una experiencia de maltrato físico y verbal. ¿Cómo es posible que algo que amas te cause tanto dolor? ¿Cómo puedes renunciar a algo que quieres muchísimo? Éstas eran probablemente las preguntas que se hacía mi madre y fueron las primeras preguntas que yo hice, de un modo muy agresivo, sobre el amor y las relaciones.

Tal vez desconozcas las condiciones exactas de tu nacimiento, o quizá no fueran tan dramáticas como las mías. Pero la cuestión sigue siendo que en el útero materno aprendiste y experimentaste cosas, y una vez saliste de él, probablemente continuaste con esa pauta de comportamiento en tu propia vida. Yo ya era una adulta cuando supe que mi padre maltrataba verbal y a veces físicamente a mi madre. Intentó que dejase de beber. Pero ella no lo hizo. Intentó que se cuidase. Pero ella no era capaz de hacerlo. En su amor por ella era agresivo; todos los informes indican que se peleaban como perro y gato. La violencia es la agresividad que se manifiesta a sí misma de un modo físico. Si piensas en ello, el nacimiento también es violento. Es un acto de agresión que te empuja fuera del único lugar de bienestar y seguridad física que conoces. En muchas relaciones confundimos la agresión y/o la violencia con la demostración del amor.

¿Quién escribió tu libro de amor?

Cuando una alcohólica embarazada se pone de parto es muy probable que sus sentidos estén embotados. Creo que así fue con mi madre. Estaba borracha, por el licor o las pastillas, cuando los dolores empezaron. Creo que, por este motivo, esperó hasta el último momento posible para hacerle saber a alguien que yo ya estaba en camino. Una vez que lo comunicó, tuvo que bajar andando cuatro pisos y parar un taxi. Aunque vivíamos a cuatro manzanas del hospital, ¡era demasiado tarde! ¡Había esperado demasiado! Cuando paró un taxi ya había roto aguas. Dicen que los partos secos son muy difíciles y muy dolorosos. El mío fue un parto seco. Me dijeron que mi madre luchó para retenerme en su interior, pero para sorpresa de ella y consternación del taxista, nací en el taxi, ¡justo delante del hospital! Esto sí que es agresivo.

Hubo bastante conmoción, como suele ocurrir al principio de cualquier relación. Hubo una gran confusión en el taxi. Mi madre salió de él y yo me quedé casi a solas, en el suelo del taxi, intentando comprender qué pasaba. Me imagino que fue como volver a casa tras la primera cita cuando te preguntas si te van a volver a invitar otra vez. Había gente alrededor, pero sospecho que estaba asustada. ¡Eso es! Siempre hay un poco de miedo de por medio cuando se es amado. Me contaron que una de las enfermeras que me rescató del taxi me miró y me dijo: «No podías esperar, ¿eh? ¡*Impaciente!* ¡Ahora mira este estropicio!*». ¡Me había equivocado de nuevo! También hay que añadir el pequeño detalle de que mi padre no estaba allí para ayudar a mi embriagada madre a tener el bebé. Tanto mi madre como yo nos avergonzamos de ello. Desde entonces, he pasado por innumerables experiencias en las que me he sentido avergonzada de mí misma.

Así fue como nací, lo cual probablemente provocó mis siguientes percepciones:

- Siempre soy yo quien tiene la culpa. Ojalá tuviese un dólar por cada vez que he dicho en una relación: «¡Ah, ya veo! ¡O sea que es culpa mía!».
- Tengo que hacer todas las cosas yo misma y sola, ¡porque nunca hay un hombre al lado cuando lo necesitas! ¿He men-

cionado que la independencia siempre ha sido un problema en mis relaciones?
- Amar y ser amado es algo de lo que avergonzarse. Más concretamente, me avergüenzo de mí misma por lo que he hecho en nombre del amor.

Nos ocurre a muchos de nosotros de un modo u otro. La experiencia más amorosa de nuestra vida, nuestro nacimiento, puede verse rápidamente ensombrecida por cualquier otra cosa que suceda en ese momento y que no tenga ninguna relación con el amor. Nuestro nacimiento es una de las demostraciones más profundas del amor de Dios por nosotros. Es un momento en el que somos amados y no se nos pide nada a cambio. Sin embargo, mientras nacemos, hay muchas prisas, ruidos, miedo y excitación. También se empuja, se estira y se grita. Es un ambiente muy agresivo y a menudo violento, escondido tras una expresión natural de la vida y el amor. Lo que nos ocurrió a muchos de los que somos suficientemente mayores para leer este libro, es que algún elemento de nuestro nacimiento o de nuestra infancia fue traumático. En mi caso, el trauma dejó una impresión duradera en mi alma que se ha manifestado en mi relación conmigo misma y con mis padres, y más profundamente, en mis relaciones amorosas.

En el útero, somos moldeados y formados por Dios. Somos alimentados, protegidos y amados incondicionalmente por Dios. En el nacimiento, nos llega el turno de demostrar que el amor de Dios vale la pena. Tenemos que respirar. La respiración, el don de la vida, nos es entregada por Dios sin ninguna atadura. Es la manera en la que Dios nos dice: «Aquí está Mi vida. Toma tanta como quieras. Es la vida que te concedo porque te amo». ¿Qué es lo que hacemos nosotros cuando Dios nos ofrece este valioso don? ¡Lloramos!

Berrear a grito pelado frente a la cara de Dios es un acto muy, muy agresivo. Así es como la gente, no Dios, espera que demostremos que sabemos que hemos sido y estamos siendo amados. Llorar es lo que hacemos cuando no nos sentimos alimentados, protegidos y amados por la gente o en las relaciones. Llorar también es lo que hacemos cuando alguien nos mira a los ojos, el espejo del alma, y nos dice: «Te quiero». En algún momento del proceso del nacimiento, esperamos que la gente haga por nosotros lo que Dios ya ha hecho: darnos la vida y el amor sin ninguna atadura. De algún modo, en algún lugar, aprendimos a esperar de la gente lo que sólo podemos recibir de Dios. Sí, la gente es la representación de Dios, pero recuerda que todos hemos nacido del mismo modo.

¡El amor tiene mucho que ver con ello!

No es del todo culpa nuestra, ¿sabes? La mayoría no somos capaces de recordar tanto, hasta la época de nuestro nacimiento. Además, desde el momento en que nacimos, ha habido muy pocas experiencias en las que hayamos sido total e incondicionalmente amados sin tener que dar nada a cambio. Así es como nos ama Dios desde el momento en que nacemos hasta el momento en que nos morimos. En el entretanto, la mayoría de la gente que entra y sale de nuestra vida acompaña su amor con pequeñas etiquetas que llevan un precio. A veces las etiquetas son tan pequeñas que no nos damos cuenta de que son etiquetas que conllevan unas ataduras hasta que llega el momento de pagar. Algunas de estas etiquetas nos las pega la gente en el momento en que nacemos y forman parte del entorno en el que nacemos. Se convierten en los precios que exigimos y pagamos en nuestras relaciones.

Nuestros padres, los médicos y las enfermeras se preocuparon por nosotros. ¿Por qué la gente que realmente te ama se preocupa por ti? Ellos querían que diésemos signos de vida: que llorásemos, gritásemos y nos pusiésemos rojos en lugar de azules. ¡Cuando lloras por alguien realmente crees que lo amas! Aquellas personas que estuvieron presentes en nuestro nacimiento de veras querían que estuviésemos bien, pero también creían que no éramos capaces de conseguirlo por nosotros mismos. ¿Cuántas veces has tenido una relación y te has dicho que si la dejases la otra persona no sería capaz de salir adelante? ¿O que tú no saldrías adelante sin ella? En el nacimiento, las personas que te aman o que están agresivamente preocupadas por ti intentan ayudarte: ¡Te meten algo por la nariz! ¡Te abren los ojos a la fuerza! ¡Te soplan en la cara! Si no respondes de un modo *adecuado* y en el período de tiempo prescrito, pueden preocuparse tanto que te azotan en el trasero. «¡*Oye, espera un momento! ¡El amor duele!*» ¿Cuántas veces en la vida te has tambaleado, has caído o has llegado a la conclusión de que el amor es doloroso?

La verdad es que el amor es sustentador y enriquecedor, no agresivo ni exigente. Es protector, no abrumador. El amor se expande, se da y cura. Para la mayoría, nuestra entrada en la vida fue un procedimiento médico bastante estandarizado. Como consecuencia de ello, hemos llegado a la conclusión inconsciente de que el amor es doloroso, desconcertante, hostil, agresivo, y en ocasiones, violento. ¡No sabías que muchas de las cosas que sucedían no tenían nada que ver contigo ni con el amor! En tu nacimiento, mientras Dios te ofrecía gratuitamente el don del amor llamado «vida», el resto de las *cosas* te robaron la experiencia de Su amor incondicional. Con frecuencia, nuestras propias *cuestiones no resueltas* nos roban la experiencia de un completo amor por nosotros mismos y del amor incondicional en nuestras relaciones con los demás.

Un amigo mío, Ken Kizer, quien me ayudó a comprender el impacto que tiene sobre nosotros el tipo de nacimiento que tuvimos, me dijo que él era un bebé de fórceps. Alguien tuvo que acceder al útero de su madre y estirarlo hacia fuera: ¡por la cabeza! Claro que lo hicieron con cuidado y con amor, pero el impacto que esto tuvo en él fue profundo. Admite que durante la mayor parte de su vida se metió en proyectos y relaciones con gran entusiasmo. Cuando había entrado más o menos el 75 por ciento, se quedaba hecho polvo. Se paraba. Sencillamente, no era capaz de encontrar la fuerza o la presencia de ánimo necesaria para acabar lo que había empezado. Como consecuencia de su tipo de nacimiento, había adoptado un acercamiento a la vida pasivo. ¿Acaso muchas de las experiencias y relaciones que tenemos algunos de nosotros no son así? Estoy convencida de que todos conocemos a alguien que tiene que ser arrastrado hacia una relación mientras grita y patalea. Una vez en ella, justo cuando parece que las cosas funcionan bien, la persona abandona el barco. En ocasiones, a esto se lo llama *miedo a comprometerse*. Es una demostración de comportamiento pasivo, la consecuencia de un tipo de nacimiento determinado.

Creo que existe una relación directa entre mi tipo de nacimiento y el miedo, que se convirtió en vergüenza en muchas de mis relaciones. Mi amigo Ken admite que él tenía tendencia a ser pasivo. Normalmente, yo estaba siempre dispuesta a pelear. Cuando las cosas parecían ir bien, él renunciaba desesperado. Yo estaba obsesionada con conseguir lo que quería, exactamente de la manera que quería. En la vida hay ocasiones en las que tienes que ser pasivo y otras en las que debes mostrarte agresivo. En las relaciones esto suele traducirse en no saber cuándo o cómo dejar que tu pareja te apoye, o cuándo te comportas de un modo disfuncional o dependiente. En sí mismos, ni los comportamientos pasivos ni los agresivos son de suyo inapropiados. Sin embargo, cuando te encuentras en el entretanto y aprendes sobre el amor por ti y sobre el amor incondicional por los demás, el objetivo consiste en romper el patrón de tu nacimiento. Esta comprensión te lleva a descubrir que lo que has hecho en tus relaciones, no funciona. También descubres que sólo tú puedes romper el molde y desaprender lo que aprendiste a fin de crear un nuevo modelo de amor basado en la nueva información.

En el entretanto, quieres cobrar conciencia de tus patrones y de aquello que los desencadena. Quieres estar en contacto con tus sentimientos y con la forma en que respondes a ellos. Has venido al entretanto para facilitar el cambio en tu conciencia de un modelo pasivo-agresivo a otro receptivo-activo. Quieres tomar conciencia de tu persona y ser receptivo a la nueva información que te conducirá a un nuevo comportamiento. Una vez que seas consciente de que puedes hacer algo más, debes estar dispuesto a llevar a la práctica de tu vida esta nueva información. Cuando eres receptivo, quieres saber activamente lo que te sucede. Tal vez te resulte imposible volver al principio para descubrir qué pasaba en el momento de tu nacimiento. No importa. Tienes todas las respuestas que necesitas. Considera tu vida. Examina tus relaciones. Examina tus expectativas sobre el amor. Reflexiona sobre los precios que has pagado, a quién se los has pagado y lo que *realmente* te ha costado. También debes examinar de qué modo tus comportamientos y expectativas han merecido la pena en relación a lo que te has permitido hacer a fin de conseguir lo que creías que era amor.

Lo que sabes y crees se ha revelado a través de las pautas de tu vida. No consideres únicamente tus relaciones con otras personas, considera también las relaciones que has tenido contigo. Considera tu profesión. ¿Cómo reaccionas frente a las presiones de la vida? ¿Del amor? ¿Cómo muestras amor? ¿Cuáles son tus expectativas frente a lo que inviertes en el amor? Cuando llega el momento de nutrirte, apoyarte y regalarte amor y atención, ¿qué es lo que tiene mayor prioridad para ti? *La respuesta siempre vive en la misma habitación que la pregunta.* Tú eres la respuesta. Tu alma dice: «¡Aprende a amarte incondicionalmente sin importar lo que suceda a tu alrededor!». Tal vez la pregunta que debas hacerte sea: «¡¡¡¡¿Cómo diablos se supone que debo hacer eso?!!!!». Para algunos la pregunta es: «¿Cómo puedo aprender a activar mi amor por mí y a demostrarlo?». Para otros quizá sea: «¿Cómo me aparté del camino?», o: «¿Cómo puedo volver al camino?». En el entretanto, mientras intentamos responder desesperadamente a estas y otras preguntas sobre el amor y sobre el hecho de amar, la vida continúa, y también lo hacen nuestras relaciones.

2
Conoce el lugar en el que vives

Francine había hecho agresivamente todo lo que era necesario hacer de la manera adecuada. Obedeció a sus padres y nunca se olvidó de enviarles una tarjeta de felicitación por su cumpleaños. Siempre había estado atenta en la escuela dominical y nunca se gastó el dinero de la limosna en caramelos. Había sacado las mejores notas en la escuela primaria, había sido la alumna que había pronunciado el discurso de despedida en el instituto y la representante de su clase en la universidad. Ahora tenía un trabajo bien remunerado, que además le ofrecía la posibilidad de ascender. Conducía su propio coche, pertenecía a las organizaciones apropiadas, asistía a cursillos los miércoles y dedicaba algún tiempo de trabajo voluntario en un centro de jubilados durante las vacaciones. Tenía una cuenta corriente, una cuenta de ahorro y un plan de pensiones. Iba al gimnasio cada dos días. Francine estaba en la cumbre de su vida, en buena forma física, era bastante, no, muy atractiva y también estaba soltera todavía. Lo único que no le salía bien era encontrar un hombre, y cuando encontraba uno que le gustaba, no era capaz de conservarlo. ¡Este entretanto es el más desdichado de todos! Es el entretanto en el que te sientas, te consumes y te encuentras cuando haces todo lo *correcto* ¡y consigues los resultados *incorrectos*! Es el resultado de no saber con exactitud dónde vives en relación al amor o cómo mudarte a otro vecindario.

Existen cientos de miles de guiones distintos del entretanto que aportan profundidad y sentido a la vida: el entretanto entre trabajos, entre la discusión y la reconciliación, entre la separación y el divorcio, entre la prueba y el resultado. Todas estas experiencias del entretanto, aunque estén tan cargadas de ansiedad y estrés que parezcan insoportables, son emocional y espiritualmente provechosas. La luna de miel es un entretanto significativo. Del mismo modo, el período del parto que precede al nacimiento es un entretanto significativo aunque doloroso. Existen algunos tipos de entretanto que son inmediatamente reconocibles como provechosos y positivos, y existen otros que hacen estragos en el alma. Cuando estás en el entretanto, no debes permitir que el tiempo se convierta en un apremio. El tiempo no tiene ninguna importancia cuando haces un trabajo para curarte y va dirigido al crecimiento interior. Convertimos el tiempo en un asunto apremiante cuando utilizamos la edad o la posición social como una medida de logro: «¡A estas alturas ya debería haber hecho esto!», o «¡A estas alturas ya debería saber o tener esto!». ¡Nada más lejos de la realidad! En el entretanto el reloj se detiene, y te encuentras en el horario divino de Dios.

Mamá dijo...

Gail lo supo nada más verlo. Paul también, pero, según la historia, tuvieron que actuar como si no lo supieran. Tuvieron que seguir el juego: conocerse, ver si se gustaban mutuamente, ver qué tenían en común. Tuvieron que «tomárselo con calma». La madre de Paul le dijo: «Asegúrate de que sabes lo que haces». La madre de Gail le advirtió: «¡No tengas tanta prisa!». El guión de Gail estaba escrito. «¡¿Y si me equivoco?!», gritó el ego de Paul. Desde el principio estaba claro que el amor estaba en el aire y los rodeaba con sus brazos. Entre tanto, su mente estaba repleta de las advertencias y precauciones de personas queridas con buenas intenciones y del mundo en general. Lo que les habían dicho tuvo sobre ellos un impacto mucho más fuerte que lo que sentían en su interior. Les habían dicho qué hacer y qué evitar. Sabían lo que sentían, pero aun así bailaban alrededor de la verdad como si fuese una serpiente en equilibrio dispuesta a morderlos. Cuando bailas alrededor de la verdad, o la evitas, lo más probable es que acabes en el entretanto intentando comprender qué es lo que hiciste o dejaste de hacer.

¡Cuando lo sabes, lo sabes! ¡Cuando es el momento, es el momento! No habrá dudas ni preguntas. Instantáneamente estarás dispuesto a hacer lo que sea necesario: actuar o reconocer que no quieres hacerlo. Cuando inicias una relación, debes ser capaz de distinguir entre lo que tú sabes y lo que otros han escrito en tu guión. También te encontrarás en esas situaciones en las que crees que sí que lo sabes, cuando crees que ha llegado el momento y que sabes lo que hay que hacer, pero no estás seguro de qué es ni de cómo hacerlo. Todo esto forma parte de la actividad del entretanto. Está diseñada para que te asegures de que sabes dónde te encuentras, qué quieres y qué estás dispuesto a hacer para conseguir lo que quieres con el menor drama posible. En el lugar en que te encuentras en el entretanto, la clave consiste en permanecer en contacto con tu corazón y tu mente. Piensa en lo que estás pensando y permítete tener un pensamiento completo. No dejes que tu guión, tu pauta, tu miedo o cualquier otra emoción tóxica detenga un pensamiento o un sentimiento en medio de su curso. No te convenzas de que no puedes hacer lo que necesitas hacer, o de que si lo haces no conseguirás los resultados que deseas. ¡En el entretanto, supéralo! Supera los sentimientos, el miedo y la cólera. ¡Estás sanando tus pautas, cariño! Sanar es un asunto y un trabajo serio. Tómate el tiempo necesario para sentir y pensar. Sé paciente, ¿recuerdas? Puedes permitirte ser paciente si recuerdas que el amor y toda su gloria te esperan pacientemente hasta que rompas tus pautas y hagas algo nuevo.

Hacía cuatro años que Pat y Eddie habían roto. Hablaban al menos una vez por semana, pero él se veía con otras mujeres. Ella intentaba hacer lo mismo, ¡pero algo no funcionaba! Algo, en algún lugar, iba muy mal, y Pat quería saber con exactitud qué era para poder *solucionarlo*. Le parecía que la gente empezaba a mirarla fijamente cada vez que salía sola. No quería estar sola, pero no soportaba el juego de las citas. Conoces a alguien, sales algunas veces con él, decides que te gusta, pero tú no le gustas a él. Empieza de nuevo otra vez. Conoces a otro alguien, sales una vez con él y descubres que está casado. Aquí llega otro, casi igual que el anterior. Sales con él, y descubres que es un idiota o un pelmazo, o que eso es lo que él piensa de ti. ¡Puede resultar exasperante! Mientras tanto, no sabes qué pensar de tu propia persona. ¿Será tu cabello? ¿Tu aliento? ¿Las espinacas que se quedaron adheridas a tus dientes sin que te dieses cuenta mientras sonreías durante la cena? Es un misterio, pero un misterio que descubrirás porque tienes la determinación de hacerlo y porque es tu destino.

Mientras juegas a las citas, tendrás amistades platónicas del sexo opuesto. Son los hombres que tratas como si fuesen una mujer, o las mujeres que tratas como si fuesen un hombre. Puedes salir con esta gente y pasártelo realmente bien. Puedes hablar con ellos sobre cualquier cosa. Pero aunque su compañía sea divertida, no pueden satisfacer los anhelos románticos que con toda seguridad tendrás durante el entretanto. Aunque estas personas no tengan ninguna dificultad en decirte lo guapa o lo atractivo que eres, han dejado muy claro que no quieren comprar una casa ni tener hijos contigo. Con un suave movimiento, es posible que te ofrezcan un muy necesitado abrazo y te digan: «Pásame las palomitas». Por esta razón te sientes a salvo con ellas. Sabes que puedes hacerles preguntas y recibir respuestas sinceras. La pregunta que les haces una y otra vez es: «¿Cuál es mi problema? ¿Por qué no puedo encontrar o mantener una relación?». Estos amigos te quieren. Quiero decir que te quieren de verdad, y por ese motivo pueden decirte la verdad: «No te preocupes. Todavía no estás preparado». ¡Es así! ¡Estás en el entretanto! ¡No estás preparado porque tienes que curarte y hacer algo de limpieza!

¿Te gustaría conocer el camino hacia casa?

Una vez oí una historia sobre un niño que le preguntó a su pastor: «Si todos provenimos de Dios y él quiere que encontremos el camino de regreso hacia él, ¿por qué no nos mantiene en él desde el principio?». ¡Directo de la boca de una criatura! Si provenimos del amor de Dios, ¿por qué no podemos sencillamente permanecer ahí? ¿Cuál es el propósito de que nazcamos, de que olvidemos de dónde provenimos, sólo para descubrirlo a fin de poder regresar? Me he hecho esta pregunta un millón de veces. La mejor respuesta que he podido encontrar es que el viaje a través de la vida nos ayuda a redescubrir y recordar qué es el hogar. La vida es el hogar.

El hogar es la casa de Dios, el lugar en el que Dios guarda todas sus posesiones y creaciones divinas. En el hogar, se nos permite explorar y examinar la arquitectura de la casa de arriba abajo, por dentro y por fuera. A esta exploración la llamamos «vida». El propósito de esta exploración —y todas las cosas en la vida tienen un propósito determinado— es aprender a mantenerse firmemente sobre los cimientos de la vida. El cimiento de la vida en el hogar consiste en recordar y experimentar el amor puro e incondicional.

Las relaciones son los guías turísticos que nos conducen a través de los distintos niveles y parámetros del hogar. Son como las habitaciones, cada una de ellas algo distinta de las otras, y que nos ofrecen un poco más o un poco menos de lo que queremos o necesitamos recordar. Las relaciones también nos ofrecen la oportunidad de escoger y decidir dónde nos gustaría dormir y cómo queremos que nos traten durante el viaje exploratorio a través de la vida. A fin de que nos ayudemos a lo largo del camino, se nos da un mapa en una pequeña maleta llamada «corazón». El mapa contiene el plano de nuestro verdadero hogar y está lleno de direcciones que nos conducen a la verdad sobre el amor. Además del mapa, disponemos de una brújula. Se llama «mente». El propósito de la mente es ayudarnos a utilizar el mapa. De algún modo, a lo largo del camino a través de las habitaciones de la casa, nos confundimos. Permitimos que la brújula, llena de pensamientos, creencias, juicios y, por supuesto, percepciones pautadas sobre la casa, tome las riendas y nos haga de guía. En el entretanto, intentamos interpretar lo que nos dice la brújula y dejamos la maleta hecha en algún rincón de una habitación, mientras nos arrastramos a nosotros mismos a subir y bajar las escaleras de la casa tratando de deducir la dirección correcta. Cuando utilizamos la brújula sin el mapa, nos conduce, por encima de desconocidos bultos en la alfombra, hacia el interior de tenebrosas grietas en las paredes, a través de habitaciones que están en obras y hasta el fondo de armarios oscuros y solitarios.

De vez en cuando admitiremos que estamos perdidos. Nos daremos cuenta de que lo que pensamos y hacemos no nos conduce al lugar en el que queremos estar: la buhardilla. Es entonces cuando comprobamos si la brújula funciona bien. La mayoría no nos detenemos a reflexionar sobre lo que pensamos hasta que nos encontramos en un profundo agujero en el suelo o entre el desorden de un montón de desperdicios. También en estos momentos será cuando nos acordaremos de la maleta, del corazón. Nos acordaremos de que es el corazón, al que hemos ignorado, el que nos dio el primer aviso. Es el corazón, al que hemos tenido miedo de escuchar, el que nos ha ayudado a encontrar nuestro camino a través de las vueltas y revueltas de nuestra casa. Incluso cuando somos lo bastante valientes para escuchar al corazón y confiar en él, nos comportamos como si su guía fuese sólo una idea pasajera. Una idea a la que prestamos muy poca atención porque las personas que han hecho el viaje antes que nosotros nos han dicho: «¡No confíes en tu corazón bajo ninguna circunstancia!». En el entretanto, mientras intentamos que la brújula funcione y nos dé una lectura detallada de la dirección que debemos seguir, exploramos, buscamos, escudriñamos la casa, y no logramos encontrar el tesoro que está enterrado en ella.

Bajo la línea de base

Todos empezamos en el sótano de la vida. Éste es el primer lugar en el que somos programados y adoctrinados sobre las cuestiones terrenales y los asuntos amorosos por aquellas personas que nos aman. Aquí es donde desarrollamos la imagen que tenemos de nosotros mismos. También bajo las luces azuladas del sótano es donde tropezamos con las cuestiones de la valía personal. Éstos son los atributos que resultan esenciales para nuestra capacidad de establecer y mantener relaciones amorosas sanas. Es en el sótano donde desarrollamos las cuestiones relacionadas con la supervivencia, donde aprendemos y llevamos a la práctica las pautas de comportamiento pasivo-agresivas que finalmente determinarán nuestra manera de ver la vida. En cualquier caso, bailemos o no, disfrutemos o bien nos pasemos la noche sosteniendo la pared, es un barómetro de las relaciones bastante digno de confianza. Lo que aprendemos en el sótano lo trasladamos a todos los aspectos de nuestra vida adulta, ¡y la mayor parte de este aprendizaje no nos lleva a tener buenas relaciones! Nuestra tarea en la vida consiste en seleccionar, a través de la confusión programada, la basura mental y los cachivaches emocionales acumulados en el sótano y encontrar nuestro camino hacia la buhardilla, donde reina el amor supremo.

Cuando vives en el sótano, no sabes qué es lo que no funciona en ti. Quizá sepas que no eres feliz, pero no tienes ninguna pista sobre qué hacer para serlo. Tampoco sabes que, para ser feliz, debes decirte la verdad sobre quién eres, qué quieres y cuán dispuesto estás a hacer todo lo necesario para conseguir lo que quieres. En el sótano, debes permitirte el privilegio de sentir y expresar lo que sientes. La mayoría de habitantes del sótano, y de los que lo visitan a menudo, están tan programados sobre lo que *deberían* querer que no saben qué querer. Cuando lo saben, tienen miedo de que lo que quieren de la vida hará que alguien se enfurezca con ellos. Y en lugar de llevarlo a cabo, sufren en silencio. Dudan silenciosamente sobre ellos mismos. Se niegan a sí mismos en silencio. Hacen silenciosamente lo que creen que deben hacer mientras quieren hacer otra cosa. El sufrimiento silencioso es el indicativo seguro de una brújula que no funciona.

El sótano de la casa de la vida puede resultar un lugar muy miserable, y tu entorno siempre afecta a tu naturaleza. En el sótano, eres más que infeliz. Te sientes desgraciado. Cuando te sientes desgraciado te culpas a ti mismo, culpas a los demás y los insultas. Crees que el mundo está contra ti, de modo que no dejas de decírselo una y otra vez a cualquier persona dispuesta a oírte: «¡*Nadie quiere verme progresar! ¡Nadie quiere que tenga nada! ¡Nadie quiere verme feliz! ¡Nadie quiere amarme!*». Incluso las personas que están más cerca de ti están ahí para fastidiarte. No sabes por qué, de modo que preguntas: «¿*Por qué yo?*». El sótano es el almacén del *Síndrome del Por qué Yo*. «*¿Por qué me odia todo el mundo? ¿Por qué todo el mundo quiere verme por los suelos, que siga por los suelos y que fracase? ¿Por qué la vida y el amor no me van como quiero que me vayan, de la manera que tan duramente he trabajado por conseguir?*» ¿Por qué? Porque has trabajado con el material equivocado, por la razón equivocada y con la intención equivocada: ¡ese es el motivo!

El propósito de que seas un inquilino del sótano es que aprendas a reconocer las cosas que necesitas sanar en ti, que comprendas el papel que desempeñas en tu propia desdicha. Mientras estás en el sótano, no tienes la menor idea de que necesitas curarte. ¡Son ellos los que han de curarse, no tú! ¡Es la pauta familiar con la que te han maldecido! Mientras estás en el sótano, te abres paso a través de toda la programación, el adoctrinamiento, el material de tu madre y el material de tu padre, que, por síntesis, se han convertido en tu propio material. En el sótano debes aprender a contemplar las relaciones que te rodean como un reflejo de tu persona a fin de comprender dónde quieres encontrarte en cualquier relación. La única manera de hacer esto es desear hacerlo. Debes tener la voluntad de dejar marchar las cosas que no funcionan y abrirte para escuchar aquello sobre ti mismo que no has estado dispuesto a escuchar hasta ahora. Esta voluntad es el limpiador espiritual que necesitarás para encontrar el camino que te sacará del sótano.

Tan pronto como estés en disposición de verte tal como eres, de reconocer lo que haces, ascenderás rápidamente. La buena voluntad es el único medio a través del cual es posible limpiar tu corazón y tu mente tras haber pasado por tantas dificultades, y durante tantos años, en nombre del amor. El amor no tiene nada que ver con la supervivencia. Tiene mucho que ver con el crecimiento, y si insistes en concentrarte en la supervivencia, tu crecimiento se verá impedido por esas experiencias que parecen totalmente inútiles. Por otra parte, la buena voluntad es la clave para recordar que, detrás de todas las cosas malas, aparecerán otras buenas. Cuando esto ocurra, los llamados malos años, las experiencias difíciles, se convertirán en recuerdos. Recuerdos de lo que *no* hay que hacer y de lo que hay que *hacer*. Aquellas malas experiencias eran el único medio que tenía el amor para conseguir tu atención. También eran las rutas que elegiste, en lugar de moverte conscientemente a través de la casa de la vida y de intentar limpiar tu mente de las viejas pautas. Pasaban tantas cosas que, ¿cómo ibas a saber que se trataba de una preparación para amarte a ti mismo y compartir tu amor con otra persona? Sin embargo, ¡en el sótano necesitas la verdad y la claridad de mala manera! La cuestión es: ¿estás dispuesto a hacer el trabajo necesario para conseguirlo?

En realidad, lo único que tienes que hacer para salir del sótano es admitir que necesitas ayuda y estar *dispuesto* a recibirla. En otras palabras, cambiar la pauta pasivo-agresiva por otra receptivo-activa. Debes tener la voluntad de mirar tu propia porquería sin evitarla ni poner excusas. Debes estar dispuesto a dejar de decir: «*¡Así es como soy! ¡Y así es como van a ser las cosas!*». Eso es *obstinación*, insistir en que las cosas son como tú las ves. Esta no es la mejor manera de demostrar buena voluntad para verlo todo desde otra perspectiva que te llevará a través del sendero de curación hacia la experiencia más elevada del amor. Debes estar dispuesto a coger la escoba, el estropajo y el trapo del polvo y empezar a trabajar para limpiarte. Deshacerte de los viejos pensamientos y pautas de comportamiento a fin de poder hacer una lectura detallada de tu corazón con tu brújula emocional. La buena noticia es que el sótano no es el lugar en el que realmente harás el trabajo. Lo único que se requiere es que tengas la voluntad de hacerlo. Una vez que tengas esa voluntad, te trasladarás. Te encontrarás en el primer piso de la casa del amor, que es el lugar en el que empieza la verdadera limpieza.

¡Primer piso! ¡Subimos!

El primer piso de la casa del amor es el lugar en el que vivimos cuando sabemos que necesitamos curarnos, pero no sabemos con exactitud qué es lo que vamos a curar. Me refiero a que no sabemos qué es lo que no funciona. Durante esta fase del viaje a través de la vida, al menos estamos dispuestos a admitir que hasta el momento hemos estado envueltos en relaciones desgraciadas que no funcionaban, pero ya no culpamos a los demás: ya no hablamos de lo que hicieron o dejaron de hacer, de lo buenos e inocentes que somos nosotros y lo bajos y ruines que son ellos. Aquí la comprensión se ha afianzado; el dedo que utilizas para señalar a los demás ha de servirte para indagar en tu interior. ¡Este puede resultar un lugar en el que da miedo vivir! Es en el primer piso donde debes admitir: «Sé que he desempeñado un papel en mi propia infelicidad, pero no sé qué papel es o por qué he escogido desempeñarlo». ¡Esta es una buena señal! Como inquilino de la casa de la vida, comprendes por fin que, seas o no consciente de ello, el amor escucha todas tus palabras. En la parte más sagrada de tu ser quieres que el amor sepa que tu propósito de curarte y las creencias que tienes sobre el amor van totalmente en serio.

Son las preguntas que te haces con respecto a estas penetrantes cuestiones lo que abre las compuertas de la curación en tu alma.

Cuando te haces preguntas, eso significa que te abres para recibir las respuestas. También quiere decir que estás dispuesto a conocer la verdad. En el primer piso, el producto de limpieza que debes utilizar es la verdad. La verdad te ayuda a ver a través del velo, más allá de las distorsiones. Es como un desinfectante antibacteriano que impedirá que los gérmenes del miedo, la fantasía y la elección inconsciente se extiendan más en tu vida. A fin de desinfectarte mediante la verdad, debes escuchar a tu cuerpo. Debes ser consciente de cuándo te sientes incómodo, infeliz e insatisfecho con lo que haces para conseguir o conservar el amor. ¡Esta es una buena señal! Cuando los sentimientos se intensifiquen, continuarás expresando tu incomodidad corporal y emocional en forma de preguntas. Las preguntas te facilitarán la reflexión sobre tus actos y experiencias del pasado.

Es aquí, en el primer piso del amor, donde descubrimos que la sabiduría de la experiencia es nuestra mejor maestra. Reflexionar sobre tus elecciones pasadas es la clave para comprender lo inapropiado de tu manera de ver las cosas, además de las falacias y las fantasías que te han oprimido. Te preguntarás: «*¿Y bien? ¿Qué es lo que pienso? ¿Qué es lo que siento?*». Hallarás una respuesta porque ahora tienes la voluntad de saber. Más que eso, ahora estás dispuesto a aceptar la responsabilidad de lo que sabes. La responsabilidad es el detergente que debes utilizar para descubrir qué haces, cuándo, cómo y por qué. ¡Las respuestas te revelarán con exactitud cómo acabaste en el entretanto sin amor y/o en un estado de confusión!

En el primer piso te ocupas de un proceso en el que reúnes información y debes responsabilizarte totalmente de conseguir toda la que necesitas. Con esta información serás capaz de empezar a limpiar los gérmenes y los hongos de la programación, del monólogo negativo, de la desdicha y de la infelicidad. Te reconocerás en todo aquello que sucede a tu alrededor. Descubrirás que *tú* has atraído a la persona que es emocionalmente inaccesible, a la persona abusiva, a la persona que no te apoya. Reconocerás que *tú* eres precisamente quien se interesa más en la persona que está menos interesada en ti. Comprenderás todo lo que has hecho para intentar que una situación que no podía funcionar, funcionase. Al final serás consciente de que tus experiencias son la consecuencia de lo que has pensado, dicho y hecho. Cuando limpies este desorden, estarás mejor equipado y más dispuesto a reconocer: «¡Eh! *¡Éste soy yo! ¡Esta relación soy yo! ¡Esta infelicidad soy yo! ¡Este es mi material! ¡Todo esto está frente a mí y tengo que empezar a limpiarlo!*». Aprender a aceptar la responsabilidad de limpiar el desorden de tu primer piso es exactamente el motivo por el cual debes pasar algún tiempo en el *entretanto*.

Antes de que puedas abandonar el primer piso, debes saber qué funciona y qué no. Debes comprender que encerrarte cuando tienes una desavenencia no es la manera de hacer que las cosas mejoren. Debes comprender que si te ocultas, huyes o evitas las dificultades en una relación, no conseguirás lo que quieres. Te será revelado qué es lo que estás haciendo para crear fricción y estancamiento en tu vida y tus relaciones. Esta revelación será tu «experiencia del ¡ajá!». ¡Ajá! Esto es lo que hago cuando tengo miedo. ¡Ajá! Esto es lo que hago cuando quiero evitar decir la verdad. Verás todo esto como el resultado y el reflejo de tus experiencias y pautas. Por desgracia, una vez que lo hayas descubierto, ¡no tendrás la menor idea de qué hacer al respecto! Pero no importa, porque esta no era la tarea que tenías designada en este piso. El primer piso es el lugar en el que vives a fin de descubrir qué es lo que no funciona. El segundo piso es el lugar en el que aprendes qué hacer al respecto. Una vez que tengas toda la información necesaria, haz las maletas. Hay un lugar que se abre para ti en un piso superior.

¡No hay ninguna montaña lo bastante alta!

En el segundo piso de la casa de la vida sabes que necesitas curarte. Como resultado de la reflexión sobre tus propias experiencias sin culpar ni sentirte una víctima, has adquirido un nuevo nivel de comprensión sobre tu persona. El reto de vivir aquí consiste en que sabes que tienes que hacer algo, pero no sabes qué. Te das cuenta de que si no sabes qué hacer, podrías caer de nuevo, a través de las maderas del suelo, al húmedo sótano. No sería caer desde muy alto, pero de todos modos, quieres evitarlo sea como sea. Aquí es donde empezarás a leer libros sobre el amor, la vida y cualquier otra cosa que esté remotamente relacionada con ambos. Empezarás a asistir a distintos talleres con la intención de mejorarte. Tal vez corras como una gallina a la que le han cortado la cabeza mientras intentas encontrar la manera, el camino y el método más adecuados para sanarte. Tu curación se ha convertido en una cuestión apremiante. Quieres hacerlo, pero también *debes* hacerlo. Sentirás ansiedad y tal vez desesperación. Empezarás a convertirlo todo, cada pequeña experiencia, en algo grande. Te examinarás bajo un microscopio, con el temor de que si guiñas el ojo durante un segundo, vas a enamorarte desgraciada y desesperadamente y volverás a meterte de nuevo en un lío. ¡No saber qué hacer para conseguir o conservar una relación amorosa nos vuelve a todos un poco locos!

El segundo piso de la casa de la vida es el más importante de todos, porque en él empieza un plano más profundo de aprendizaje. La primera, última y única lección que debes aprender a fondo en este nivel es: *¡No hay absolutamente nada malo en mí!* ¡Ni en cualquier otra persona! Ahora comprendes que cada experiencia, cada relación, cada incidente doloroso o vergonzoso de tu pasado fue un elemento necesario de tu crecimiento. Descubrirás que Dios te ha amado siempre y que siempre lo hará, al margen de lo que hayas hecho o de lo que puedas hacer. ¿Cómo es posible saber esto? Lo sabrás porque comprenderás que sólo Dios y su amor podían sacarte del sótano. ¡No podrías haberlo hecho sin su ayuda porque no sabías qué hacer!

Ahora que lo entiendes, capta esto: ¡tu progreso ha sido fenomenal! En el sótano no sabías qué era lo que no funcionaba. En el primer piso aprendiste de qué se trataba. Aquí, en el segundo piso, aprenderás que no ha habido absolutamente nada inapropiado en lo que has pensado, creído, dicho o hecho, salvo que no te proporcionó lo que querías. En esencia, esto significa que *sabes qué no hacer.* Aunque creías que estabas totalmente perdido, la cuestión es que si *sabes qué no hacer,* eso significa que *sabes qué hacer.* A esto se lo llama *cambiar de opinión.* Si lo que haces no te proporciona lo que quieres, ¡cambia de opinión! Debes cambiar las baldosas del suelo, las cortinas y la tapicería, el empapelado, la disposición de la habitación, todo el decorado de tu mente. Lo conseguirás si renuncias a todo lo que creías que era verdad: sobre ti y sobre el amor. Ahora sabes que no es verdad, de modo que en lugar de establecerlo, ¡estás dispuesto a renunciar a ello! Esto es lo que significa la renuncia. No hacer ni una sola cosa, no tomar ni una sola decisión, no comprometerte en ninguna actividad que se base en tus creencias anteriores. La renuncia es un limpiador abrasivo, y es el limpiador espiritual para el trabajo que debes llevar a cabo en este piso. Un pequeño consejo: la renuncia funciona mejor cuando se utiliza combinada con el perdón.

Ten la disposición de escuchar lo que te resulta incómodo. Ten la disposición de enfrentarte a lo desagradable. Renuncia a la creencia de que no eres capaz de manejar la confrontación, el rechazo o el abandono y perdónate por haber creído alguna vez estas cosas. Estás más que equipado para manejar cualquier situación cuando te apoyas en la conciencia de la renuncia y el perdón. ¿Sabes por qué? Porque ya no sientes la necesidad de hacer lo correcto. Tu único objetivo será vivir, amar y ser feliz. El amor curará las piezas rotas. Tu mente despedazada será reparada por el amor. Tu casa será limpiada por el amor. Ahora sabes que esconderte, evitar, juzgar, encerrarte y vivir con miedo no te hace feliz. En respuesta a tu deseo de amor, escogerás no volver a actuar de este modo nunca más.

En el segundo piso, cambias verdaderamente el modelo pasivoagresivo por un enfoque receptivo-activo. Éste es un piso en el que se produce una transición de gran importancia, que es la consecuencia de la renuncia y el perdón. Cuando dejas una cosa, debe ser reemplazada por otra. Con el fin de reemplazar lo que liberas, debes estar receptivo. Por esta razón ahora lees tanto. Y también por eso invertirás tanto en cursos y talleres. Recogerás nueva información para reemplazar la vieja programación. Buscarás nuevos enfoques de viejas situaciones. Tras haber aclarado una buena parte de tu confusión mental, ahora podrás oír tu pensamiento y también estarás más dispuesto a escuchar a los demás. Te expresarás sin miedo a las críticas y permitirás que los demás se expresen sin cargar con la responsabilidad de lo que hacen o sienten. ¡Dios mío, cómo has crecido! Esta es la belleza de la renuncia. Esta es la bendición del perdón. Con estos dos utensilios para la limpieza en tu poder, empezarás a ascender al tercer piso.

El sueño posible

Ahora ya te has adentrado en el camino para descubrir la verdad sobre ti y el amor. En este punto sabrás qué es lo que no funciona y qué hacer al respecto. Esto es difícil por sí solo, pero hay otra trampa. En tu ascenso entre el segundo y el tercer piso, cada vez que pongas en práctica lo que sabes, surgirá otra situación para comprobar si de verdad confías en lo que sabes. El sótano es la buena disposición. El primer piso es la verdad y la responsabilidad. El segundo piso es la renuncia y el perdón. Para poder subir al tercer piso necesitarás confianza y paciencia. Precisarás la paciencia para saber qué, cuándo, dónde y cuánto de lo que has aprendido necesitas aplicar en cada experiencia de tu vida. Confiar en ti para *saber que sabes* es un paso necesario hacia el desarrollo de la paciencia y la autoestima. Debes concederte tiempo para crecer y nutrirte a ti mismo mientras creces a través de la vida y las experiencias amorosas. Lo que convierte el ascenso del segundo al tercer piso en algo todavía más retador es el hecho de que cada peldaño está cubierto por tus propias cuestiones no resueltas. ¡Cuestiones de la infancia! ¡Cuestiones sobre el miedo! ¡Cuestiones del ego! A fin de llegar al término de tu viaje sin abatirte ni agotarte, debes aprender a abrirte paso a través de tus propias cuestiones no resueltas, abrazarlas, aceptarlas y amarlas. ¡Esto, cariño, no es nada fácil!

Para algunos tal vez haya dos o tres peldaños entre el segundo y el tercer piso. Para otros quizás haya doscientos o tres mil. Los peldaños serán el número de experiencias nuevas, similares o repetidas que se requieran para ayudarte a conseguirlo. Debes comprender que amarte a ti mismo es lo verdaderamente importante. Cuando te amas a ti mismo, puedes amar a todo el mundo y a cualquiera. Esto no significa que la gente no te hará enfadar. Pero en lugar de enfadarte, debes aprender a evitar el enfado, o amar a la gente incluso cuando estés furioso. A estas alturas del viaje, no siempre te sentirás capaz de ascender. Querrás gimotear, hacer pucheros y salirte con la tuya. Se trata sólo de un cambio de humor temporal. Has de saber que pasará. Habrá momentos en los que te sentirás totalmente incapaz. ¡Pero puedes hacerlo! Revisarás los pasos que has dado y celebrarás lo lejos que has llegado. Tal vez no sea fácil, pero tienes este libro y montones de experiencias que puedes compartir con alguien que esté en el sótano. Compartir lo que has aprendido y ayudar a los demás es una buena fuente de renovación.

¡Un día, cuando ni siquiera lo esperes, verás la luz! Escucharás las palabras, sentirás el sentimiento, experimentarás el esplendor de vivir en el tercer piso de la casa de la vida. Te enamorarás de ti y de la vida. ¡Lo conseguiste! Aunque no estés completamente curado, sabes qué hacer, cómo hacerlo y por qué es necesario mantener el amor en el centro de todas las cosas. Empezarás a enseñar a otras personas lo que tú has aprendido compartiendo tus propias historias personales sin miedo a lo que pensarán de ti. Hablarás de tus experiencias del amor y el desamor sin sentir dolor ni rabia. Sabrás en lo más profundo de tu alma que mientras aprendías, recordabas y recreabas tus ideas sobre el amor, el amor estaba presente a tu lado, te escuchaba y te observaba. Cuando lo comprendas, cuando realmente entiendas que el amor siempre ha sido y siempre será lo único que necesitas, sentirás que, en el tercer piso, te encuentras en tu casa. El trabajo no ha acabado, pero ahora eres capaz de hacer mucho más y de hacerlo mucho más rápido.

¡No hay por qué tenerle miedo a las alturas!

El tercer piso es el lugar en el que vivirás cuando todavía tengas que hacer un trabajo de curación sin que exista apremio ni ansiedad con respecto a él. Éste es un estado de conciencia en el que sabes *qué* es necesario hacer y ahora dominas *cómo* hacerlo, siempre, en cada situación. Vives en el tercer piso cuando todas y cada una de las cosas cobran un verdadero sentido. Y cuando no lo hacen, no te preocupas. En este plano de tu desarrollo estarás dispuesto a renunciar, estarás abierto al perdón y confiarás en ti mismo. Tienes suficiente amor en tu corazón para participar activamente en el proceso de curación que todavía necesites hacer para ti o para cualquier otra persona. Llegas aquí, al tercer piso, para perfeccionar el cómo y el porqué haces lo que haces.

Cuando alcanzas el tercer piso has aprendido la importancia de decir la verdad absoluta en todo momento. Eres capaz de relacionar todas tus experiencias pasadas con tus verdaderos pensamientos y tus sentimientos sinceros. Reconocerás que tus malas elecciones, tus decisiones equivocadas y tus juicios inadecuados los hiciste porque sentías miedo o impaciencia y no porque ibas en pos del amor y la verdad. La buena noticia es que ya casi nunca actúas así porque la oración, la meditación y la reflexión constituyen un alimento básico para ti. En el tercer piso, desarrollas la valentía necesaria para aceptar la responsabilidad total de cada aspecto de tu vida, sin necesidad de castigarte por lo que piensas o sientes. Cuando no te sientes magullado ni apaleado por la vida, puedes mirarte al espejo cada mañana y estar satisfecho con lo que ves. A esto se lo llama ¡vida fácil! Lo que quizá no sea tan fácil son los ajustes que es preciso realizar. Ya sabes, en el tercer piso es cuando el *cambio* empieza realmente a suceder, cuando haces lo que has aprendido, y la gente que esté a tu alrededor tendrá que ajustarse. Has aprendido qué hacer y lo haces de una manera distinta. ¡Los demás no van a estar muy contentos con esto! Les gustaba como eras antes, cuando eras previsible, cuando te ponías histérico. Ahora intentas ser diferente, ¡y a la gente no le va a gustar!

En el tercer piso, todo lo que sabes cobrará un nuevo significado. La renuncia, por ejemplo, ahora significará que estás dispuesto a renunciar en todas las relaciones que tengas. ¡Eso es! Cada relación que esté basada en el viejo yo debe cambiar, transformarse o ser liberada. Éstas son las relaciones que te tientan a comprometerte con un comportamiento del sótano o del primer piso. Éstas son las relaciones condicionales del segundo piso que nacen en el caos de tus propias cuestiones no resueltas. Cuando alcanzas el tercer piso, eres consciente de que al transformar tus viejos hábitos, algunas cosas y algunas personas desaparecerán. Lo que en el pasado te hacía feliz ya no te hace feliz. Las actitudes y el comportamiento que ocuparon tu vida en el pasado e hicieron de ella una producción dramática, no te harán perder tiempo ni energía. Esto será, probablemente, lo que más difícil te resultará hacer en toda tu vida, porque es aquí donde tu viejo yo desafiará al nuevo. A esto lo llamamos «conflicto interno». ¡No dejes que esto te preocupe! Sabrás exactamente qué hacer. Si no lo sabes, confía en que ésa es la razón por la que estás aquí, en el tercer piso de la casa de la vida, para practicar hasta dominar cómo hacerlo.

Cuando te muevas incidentalmente por el nuevo espacio de tu morada, descubrirás que como ahora dispones de información nueva, se te presentará la oportunidad perfecta de hacer las cosas de un nuevo modo. ¡Es milagroso! Sabrás que tu papel en la vida es servir y apoyar a la gente mientras te respetas a ti mismo. Estos son los únicos limpiadores espirituales que necesitarás de ahora en adelante: aceptación, servicio, apoyo y respeto. También sabrás que siempre que uses estos cuatro limpiadores como base de tus decisiones y acciones en tus relaciones, todo lo que hagas te saldrá bien: con el tiempo. Cuando parezca que las cosas no toman el aspecto que esperabas, sabrás que no debes preocuparte.

¿Cómo ha sucedido esto? ¿Cómo has alcanzado esta sabiduría? En algún lugar entre los peldaños que van del segundo al tercer piso, mientras trabajes diligentemente para limpiar tu desorden, descubrirás algo sorprendente. Comprenderás que no estás solo y que nunca lo estarás. Por consiguiente, nunca más sentirás el aislamiento. Tu mente y tu corazón estarán unidos a través del poder del amor incondicional, lo cual significa que es posible sentirse perfectamente satisfecho en compañía de uno mismo. Te amarás así. ¡Esto es bueno, muy bueno para ti! Desde este momento, te bastará con recordar que todas las personas de tu vida son un reflejo de ti y de Dios. Esto hará que te resulte más fácil determinar de qué modo tratar a la gente y cómo esperar que los demás te traten a ti. Cuando el amor incondicional se convierta en tu realidad, tratarás a todo el mundo de la misma manera como quisieras que te tratasen a ti, de la misma manera en que tratarías a Dios. ¿Y sabes qué? Los demás te tratarán a ti igual.

Muchas personas se convierten en residentes permanentes del tercer piso. Se puede vivir en este lugar, en este estado de conciencia, durante muchos años y sentirse totalmente satisfecho. Puedes vivir aquí tras la muerte de la persona que te acompaña en la vida o tras la ruptura de una larga relación. Puedes vivir aquí ya seas heterosexual u homosexual, blanco o negro, hombre o mujer. El tercer piso es como una comunidad para el retiro: vienes aquí a descansar, a rejuvenecerte, a reflexionar y a profundizar en tu conciencia de la vida. Descubrirás que las cosas que amas te mantienen ocupado y que la vida ya no será motivo de preocupación. En lugar de preocuparte por ella, la vivirás. Trabajarás en la casa, enamorado. Trabajarás en la casa con amor. Tendrás vecinos maravillosos y buenos amigos, y tu vida será un agradable sueño. Descubrirás que hay otro piso sobre ti, y también que lo único que necesitas hacer para ascender a él es un ligero cambio. Ese piso es la buhardilla.

¿Puedes poner la mesa?

Antes de explorar la buhardilla, aquí tenemos una sencilla prueba que se llama: «Sabe dónde vives». Tras leer el siguiente guión, selecciona la respuesta que mejor describa tu reacción natural a la situación. Salvo que estés muy convencido de que vives en el sótano, por favor, esfuérzate por decir la verdad.

Rose y John se conocieron en su primer curso en la universidad. Empezaron como compañeros de estudio. Su relación creció y floreció cuando se dedicaron a estudiar cada uno el cuerpo del otro. Ambos eran bastante maduros, estudiantes totalmente entregados que esperaban con ilusión un futuro brillante y lleno de éxitos: él como ingeniero mecánico y ella como especialista en comunicaciones. Cuando llegaron al último curso, eran más que compañeros y menos que novios. Entre ellos había algo más que una relación amorosa informal, pero no existía el grado de relación necesario para comprometerse. Estaban en el momento «intermedio» de su relación. Iba en serio, pero no tan en serio. Tenían planes, individuales y conjuntos, pero todavía no estaban listos para llevarlos a la práctica. Habían sido monógamos, no por acuerdo, sino por elección. La cosa más o menos les funcionaba así, y ambos se sentían bastante satisfechos al respecto.

Durante la primera mitad del último curso, John le dijo a Rose que se sentía atraído por una estudiante del penúltimo curso. Había muchas cosas en ella que le recordaban a Rose. Le explicó que estaba interesado en explorar la posibilidad de tener una relación con ella. Le dijo a Rose que quería ser sincero con ella porque la respetaba mucho. Si fueras Rose, siendo la joven sensata que eres y tras considerar la duración y la profundidad de tu relación con John, ¿cuál de estas respuestas le darías?

A. Quiero estar segura de nuestra relación. Dado que llevamos cuatro años juntos, creo que deberías explorar posibles relaciones con otras personas. No obstante, si decides tener relaciones sexuales con ella, por favor, utiliza protección.

B. Si eso es lo que quieres hacer, hazlo. Confío en que harás lo mejor. No me siento amenazada de ninguna manera. (Le dice esto a John, ¡pero no es verdad!)

C. ¡Estás loco! ¿De qué demonios estás hablando? ¡No puedes hacer eso! ¿Crees que voy a sentarme y cruzarme de brazos mientras tú correteas por ahí con una polluela de Los Ángeles? ¡Te odio! ¡Te odio! ¡Creí que me querías! ¿Cómo se te puede siquiera ocurrir algo así?

D. Te quedas callada. Sales de la habitación. Andas por la carretera hasta las vías del ferrocarril, te estiras boca arriba sobre las vías ¡y te pones a beber whisky directamente de la botella!

Si tu respuesta fue la A, presentas un comportamiento que se corresponde con el del tercer piso. Sabes cómo hacer lo que necesitas hacer, que, en este caso, es ceder y confiar. Comprendes que el amor no es posesivo. Sabes que no vas a perder lo que está destinado para ti y que si algo tiene que ocurrir, ocurrirá. Aprecias la sinceridad de John y tienes el convencimiento de que tu amistad permanecerá intacta, aunque tu *relación amorosa* pueda muy bien verse alterada. Te despides de él, le das tu bendición y sabes que te mantendrá informada del progreso de la relación. Cuando sale para tener su primera cita, rezas para tener paz mental y después continúas estudiando para tu examen.

Si tu respuesta fue la B, presentas un comportamiento que se corresponde con el del segundo piso. Sabes qué hacer, pero no cómo hacerlo. ¡Tu propia forma de ser te lo impide! Dices una cosa cuando en realidad quieres decir otra. No expresas tu verdad, porque no confías en que John vaya a honrar y respetar tus sentimientos. Si le dijeses cómo te sientes en realidad, él podría enfadarse contigo. Tan pronto como se marcha, empiezas a llorar y llamas a una amiga para explicarle lo que te ocurre. Ella te dice lo que deberías hacer, cómo deberías hacerlo y por qué deberías hacerlo. La escuchas. Lloras. No haces nada más.

Si tu respuesta fue la C, presentas un comportamiento del primer piso. No sabes qué hacer ni cómo hacerlo. Te sientes traicionada, no respetada, y definitivamente, tienes miedo. Lo que de verdad quieres es golpear a John, pero él es mucho más grande que tú. En lugar de hacer eso, lo echas fuera, le gritas mientras se marcha y después llamas a mamá. Ella te dice que no te preocupes, que volverá. Sabes que tu madre nunca miente, pero esta vez no le crees. Te dice que vayas a casa este fin de semana para comer una buena comida casera. Cuelgas el teléfono, te vas a la cama y lloras hasta quedarte dormida.

Si tu respuesta fue la D, presentas con toda seguridad un comportamiento dramático que se corresponde con el del sótano. En este caso, no sabes cuál es el problema, pero estás convencida de que existe uno. «*¿Por qué yo? ¿Qué es lo que he hecho? ¿Por qué me pasan siempre este tipo de cosas? ¿Qué hay de malo en mí?*» No tienes fe en John, y no confías en ti misma. Estirada sobre las vías del tren, amenazas con quitarte la vida y este es el modo en que planeas devolverle a John lo que te ha hecho. Aunque, claro, en realidad no estás muy segura de lo que te ha hecho. Esperas que el alcohol te emborrache lo bastante para no sentir el dolor cuando el tren te pase por encima. Aunque, por supuesto, en cuarenta años no ha pasado ningún tren por estas viejas y oxidadas vías, pero eso, ¿quién lo sabe?

¡La calidad de tu mente!

El amor te ha preparado una maravillosa suite en la buhardilla de su casa. Se llama «la suite del *Dulce Amor*». Es posible que al pensar en la vida en la buhardilla se evoquen imágenes de un lugar oscuro, húmedo, deprimente e inhabitable. Sin embargo, en la casa de la vida, la buhardilla es el refugio del amor incondicional. Es un lugar precioso y amplio, con una gran vista de las imágenes más impresionantes de la vida. Es un lugar tranquilo y apacible que fomenta la expresión perpetua del amor. El camino hacia la buhardilla facilita el cambio de la percepción, el cambio que nos ayuda a establecer relaciones basadas en el amor incondicional por nosotros mismos. También es este cambio de la percepción lo que te capacita para demostrar no sólo que sabes qué es el amor, sino también que eres capaz de actuar siempre con amor. La suite del *Dulce Amor* está situada en la cúspide de la casa de la vida, y esta es probablemente la razón por la cual comparamos el hallazgo del verdadero amor con una experiencia «cumbre».

En este nivel de la vida, el amor es lo único que existe. No hay nada más. Tu trabajo consiste en poner en funcionamiento el amor en cada aspecto de tu vida. Te colmarás de amor. Permitirás que otras personas se colmen de amor. Es posible que en la buhardilla comprendas que todavía tienes algunos cabos sueltos en tu conciencia, pero puedes dejarlos así. Sabrás que el amor los manejará de la forma más apropiada y en el momento más adecuado. Si mientras estás en la buhardilla, fracasas por cualquier razón en la demostración del amor, la respuesta será tan rápida y desgarradora y el dolor tan agudo, que sentirás la necesidad de retomar la posición del amor. En este nivel de la vida, tu paz está en el amor. El amor es tu fuerza. El amor es tu abundancia. El amor es tu salud. El amor es lo único que existe para ti. Colmarás totalmente de amor todas las cosas y a todas las personas. Éste es el lugar en el que vivirás cuando entregues todo tu ser al amor.

Sólo existe una manera de transformar tu conciencia de los vínculos condicionales y dolorosos en el apacible amor incondicional. Debes crear nuevas expectativas amorosas que se basen en el honor, el respeto y el apoyo. Honra lo que *tú* sientes con la creencia de que puedes conseguir lo que quieres. Respeta el lugar en el que *tú* te encuentras en la vida con la comprensión de que cuando estés preparado para avanzar, lo harás. Apóyate a ti mismo y no aceptes menos de lo que quieres. Éste es tu fundamento: qué haces y cómo te tratas. A fin de establecer este nuevo fundamento en tu conciencia, debes crear nuevas respuestas a los desafíos de la vida que se basen en el amor. Tu nivel de autoconocimiento y de compromiso con el amor armonizará con las personas que atraigas. Cuando no sea así, deberás elegir, y no tendrás miedo a hacerlo de una manera que te honre.

Vivir en la buhardilla no significa que nunca más sentirás la atracción de las experiencias del sótano, del primer piso o del segundo. Lo que significa es que reconocerás de qué tipo de experiencias se trata y harás los cambios necesarios. Significa que, cuando tú cambies, facilitarás la curación y el crecimiento de otras personas. En esto reside la belleza y el propósito final de vivir en la buhardilla: te convertirás en un maestro. Serás un modelo. Enseñarás a los demás el verdadero y completo significado del amor mediante el ejemplo del amor viviente. Aquí es donde vivió Jesús. Aquí es donde vivió Buda. Enseñaron el amor viviendo el amor. Aquí es donde vivió la Madre Teresa. Todos ellos se entregaron abnegadamente en nombre del amor y por el amor.

La buhardilla es el lugar en el que todos nacemos para vivir. Es el lugar en el que viviremos cuando permanezcamos en el amor pase lo que pase.

¡Ha llegado el momento de coger los trapos, las bayetas y las escobas y hacer una limpieza a fondo!

El sótano

Ha llegado de nuevo ese momento maravilloso del año en el que todas las cosas que están fuera empiezan a animarse y su apariencia cobra belleza. También es el momento en el que empezamos a darnos cuenta de que todas las cosas que están dentro tienen una apariencia mohosa, oscura y polvorienta. ¡Es sencillamente pura suciedad! Bregamos para limpiar nuestro propio desorden, y aunque nos disguste admitirlo, a menudo es la apariencia que tienen nuestras relaciones: ¡un lío!

Cuando miramos hacia fuera, parece que todo es perfecto para los demás. Entonces miramos lo que tenemos nosotros... ¡Hay suciedad y desorden por todas partes! Hemos acumulado tantas cosas con los años que ha sido imposible tenerlas al día o saber qué hacer con ellas. Nuestra casa, la casa de nuestra relación, necesita una limpieza. ¡Es el momento de esa limpieza a fondo! El momento de recoger, de barrer, y tirar los viejos, inútiles y desgastados cachivaches a los que nos hemos aferrado.

3
Limpieza a fondo

Habían pasado catorce años. Catorce pasivos y largos años. No fueron todos malos. De hecho, no habían estado nada mal, sólo habían sido largos. Fue tres días antes de cumplir los quince años de casados cuando él se dio cuenta de que ya no podía seguir más. Jack no podía permanecer con ella ni escuchar sus constantes y molestas protestas otro año más. Tenía que irse y lo sabía. Ahora se lo tenía que decir también a ella. Helen creería que la engañaba otra vez. Lo acusaría de que volvía a tener otra mujer. Gritaría, lloraría y lo insultaría de nuevo. Tal como lo había hecho en el tercer, el séptimo y el duodécimo año, cuando él había anunciado algo similar. La quería, pero sencillamente había algo que ya no funcionaba entre ellos. Puede que no se tratara de ella en absoluto. En realidad, pensó que quizá se trataba de él. Tal vez era estúpido, débil o, como decía ella, *tristemente disfuncional*. Él cargaría con el peso, con la culpa, y sería el malo, pero sabía que no podía, que no iba a quedarse durante otro largo año. La *quería*, pero ya no estaba enamorado de ella y tenía que marcharse. Continuaría *amándola* cuando saliese por la puerta porque su entretanto había sido demasiado largo.

¡Ha llegado la hora! Lo has estado demorando demasiado tiempo. Las cosas se amontonan y no puedes encontrar lo que buscas. En lo referente a las relaciones, esto significa que no eres capaz de comprender lo que ocurrió, lo que ocurre o qué hacer al respecto. Percibes un olor hediondo y no sabes cuál es su origen. Has descubierto que en las paredes de tu vida hay pequeños agujeros. ¡Tal

71

vez se trata de termitas? Algo que se come el centro de la estructura, de tu estructura, que está formada por tu vida y tus asuntos.
Cuando examinas el espacio que ocupa tu vida, la apariencia que
tienen las cosas es muy polvorienta. Tu mente está en desorden,
congestionada, y necesitas algo de espacio para respirar. Has llegado a comprender que debes, *sencillamente debes,* limpiar los rincones de tu mente, quitar el polvo de debajo del lecho de piedra de
tu corazón, cambiar el orden de tus creencias, ideas y percepciones
que, como los cajones de una cómoda, contienen todo lo bueno
que has acumulado. Ha llegado el momento de airear todas las
habitaciones a fin de que puedas respirar profundamente y no te
ahogues. Ha llegado el momento de hacer la limpieza a fondo.

¿Por qué Jack no era capaz de funcionar satisfactoriamente?
Dios sabe que ella había intentado ayudarle de todas las maneras
que supo. Le dijo qué hacer y cómo hacerlo. Le había dicho al
menos cien veces o incluso más cómo podían progresar con mayor
rapidez y obtener más alegría y más animación en su vida. ¿La
escuchó? ¡No! Daba una excusa tras otra: no podía dejar la ciudad,
cambiar de trabajo, comprar una casa nueva, hacer más el amor...
¡Estaba harta de ello! ¡Estaba harta de él! Pero le amaba. Había algo
en él que amaba. Tal vez el problema estaba en ella. Quizá, pensó,
él siempre tuvo razón. Puede que fuera ella la egoísta o, como
decía él, *increíblemente insaciable.* Había hecho todo lo posible por
cambiar, pero no funcionó. A ella le gustaba viajar. A él le gustaba leer. A ella le gustaban el dinero y las cosas bonitas. A él le
gustaban las inversiones seguras. A ella le gustaba el sexo. A él le gustaba la televisión. ¡Había un gran desorden! ¡Un verdadero desorden! Tendría que ponerse a limpiarlo antes de la fiesta de su deci-
moquinto aniversario.

Es un trabajo sucio, pero tienes que hacerlo

Una completa limpieza de la casa es una encomienda bastante
exorbitante, pero es algo que todos tenemos que hacer. Como
todos sabemos, cuanto más evitas hacerlo, más apremiante se vuelve la necesidad. Hablo de desprendernos de los montones de polvo
que hay en las fisuras de tu cerebro. Se trata de las viejas heridas y

los dolores que has acumulado. Me refiero a la eliminación del moho y los hongos que se han alojado en tu corazón. Todo esto hace referencia a las personas con las que *todavía* estás enfadado después de todos estos años. No olvidemos la necesidad de tirar lo caduco, lo que hiciste en el pasado y la gente con quien lo hiciste. Sí, me refiero a aquellas cosas por las que todavía te castigas y por las que permites que los demás te castiguen. El propósito de esta limpieza es aprender a apreciar lo que tienes y crear espacio para algo nuevo.

¿En qué pensaba él cuando se casó con ella? ¡Pensar es la palabra operativa en este caso! Jack admitía que, en la época en la que conoció a Helen, no lo había hecho en absoluto. En aquel entonces se sentía solo. Se sentía fracasado. Sentía como si su vida no fuera lo suficientemente deprisa hacia ningún lugar, y entonces apareció Helen. Le dio esperanza. Helen vio algo en Jack que él no veía en sí mismo. Le motivó. Le inspiró. Cuando ella era más joven, ¡era capaz de encender su fuego de verdad! Ahora le irritaba. Ahora se metía con él. Ahora le decía todas las cosas negativas que él siempre había creído sobre sí mismo. Era igual que su madre: una persona dinámica, una mariposa social, ¡una verdadera chinche! Él era igual que su padre: un empleado que se desvivía por su empresa, satisfecho con una cerveza y un buen programa de televisión, un tacaño que se preocupaba por el futuro. Sus padres permanecieron juntos por los hijos. Jack y Helen, gracias a Dios, no tenían hijos. El que intentaron tener nació muerto. Helen no estuvo dispuesta a volverlo a probar.

No nos gusta hacer la limpieza. Nos disgusta hacerla, particularmente cuando afuera se está bien, cuando las cosas parecen funcionar bastante bien. ¿Quién quiere molestarse en barrer, quitar el polvo, pasar la bayeta y mover los muebles cuando podría estar leyendo un buen libro o sorbiendo un té helado en el club de campo? Tal vez esa sea la razón por la cual lo hemos pospuesto tanto. Sabemos que es necesario hacerlo, pero al parecer no somos capaces de motivarnos para hacerlo. Eso es lo que ocurre en nuestras relaciones. Sabemos que es necesario decir algunas cosas, hacer o deshacer otras, pero sencillamente, no podemos motivarnos. Como limpiar la casa, limpiar una relación puede resultar abrumador, porque hay mucho por hacer y demasiado poco tiempo para hacerlo. Por alguna razón, cuando la casa o la relación van realmente mal, creemos que no tenemos la capacidad de hacer lo que es necesario hacer. Queremos ayuda. Alguien tiene que ayudarnos a hacer el trabajo. Esa ayuda se presenta normalmente en forma de problema. Los problemas ofrecen una gran motivación para limpiar las relaciones, las cuestiones amorosas y la casa.

El plan de Helen fracasó, le salió el tiro por la culata. Realmente pensó que si se enredaba con otro hombre, el hombre que ella quería de verdad iría por ella y se la llevaría. Por esta única razón empezó a verse con Jack. Creyó que con esto conseguiría que Jamie se sintiese lo suficientemente desesperado y celoso para volver con ella. ¡Estaba equivocada! Durante este proceso las cosas se le escaparon de las manos. Los demás empezaron a decirle lo buena persona que era Jack y lo contentos que se sentían por ella. ¡Cómo iba a decepcionar a esa gente! Eso es lo que su madre le había dicho: nunca decepciones a la gente. Antes de que se diera cuenta, Mamá había planeado la boda. Era imposible echarse atrás. Podía haberlo hecho, pero no tenía suficiente valor. Además, con el tiempo, Jack había llegado a gustarle, incluso le quería un poquito, a pesar de que no era el hombre con quien ella quería casarse. Pero lo hizo. Se casó con Jack y ahora intentaba comprender por qué.

No puedes jugar en un sótano sucio

Cuando no llevas a cabo lo que te hace feliz, a la larga sientes rabia y resentimiento. Muchos moradores del sótano se sienten así. Abordan su propia felicidad de un modo pasivo y después culpan a los demás de su infelicidad. Lo que en realidad hacen es excusarse a sí mismos. Los moradores del sótano tienen muchas excusas para explicar por qué son como son y por qué no pueden hacer lo que quieren hacer. Son víctimas: víctimas de la vida, y por supuesto, víctimas del amor. Nunca parecen encontrar a nadie que los ame como quieren ser amados. Siempre son engañados, o los tratan mal, o los utilizan y después los abandonan. No son capaces, en verdad, de comprender la razón. ¿Por qué? Porque es lo que los moradores del sótano se han hecho a sí mismos. Han abandonado los deseos de su corazón para hacer lo que creen que es correcto.

Jack y Helen eran ambos moradores del sótano. Ninguno de los dos hacía lo que quería hacer y ninguno de los dos decía la verdad al respecto.

Llevaban tres años actuando como si todo fuera bien cuando ocurrió el desastre. Helen descubrió que estaba embarazada. Fue también más o menos por la misma época cuando alguien le dijo que Jamie estaba a punto de casarse con una de sus amigas del instituto. Al principio se puso como loca: «¡¡¡¿Cómo puede hacerlo?!!!». Entonces recordó que había sido ella la que se había casado primero: «¡¡¡¿Cómo he podido ser tan estúpida?!!!». Ahora se daba de bofetadas a sí misma y se autocompadecía. La ira y la autoflagelación se convirtieron en un estado catatónico depresivo que casi acabó con ella y que, según creía, mató al bebé que llevaba dentro.

De alguna manera, construir una relación es como preparar una comida. Debes contar con los ingredientes precisos y en la combinación adecuada para que el resultado sea un éxito. Como medida preventiva, mientras cocinas, debes probar la comida para asegurarte de que todo va bien. Si, en cualquier momento, el plato no sabe bien, es posible que tengas que añadirle alguna cosa. Sin embargo, esto no te garantiza que el plato acabe saliendo bien. En ocasiones, es posible que cuando añades demasiada cantidad de algún ingrediente o demasiado poca, se arruine todo el esfuerzo. Otras veces lo que sucede es que añades el ingrediente equivocado. En un intento por rectificar este error, añades algo más. Tu buen sentido te dice que tires el plato y empieces de nuevo, pero no quieres perder lo que tienes. Esto es lo que te dices para ocultar el miedo de que quizá no consigas preparar la comida correctamente. Compensar de un modo exagerado o insuficiente lo que hiciste o dejaste de hacer al principio, a veces funciona en la cocina, pero muy raramente funciona en las relaciones.

Los ingredientes adecuados deben estar presentes al inicio de la relación. Después, probar o evaluar ayuda a mantenerte en el buen camino. No obstante, si los ingredientes adecuados no estaban incluidos al principio, añadir algo más puede hacer que las cosas empeoren. Si quieres conocer el final, ¡mira el principio! En muy raras ocasiones añadir un bebé a un mal matrimonio funciona. Tampoco suele funcionar casi nunca mudar una mala relación a otro vecindario. Ganar más dinero no convierte las diferencias irreconciliables en reconciliables. Comprar una casa nueva con una gran hipoteca ayuda muy poco a mejorar la comunicación. Cuando estos problemas se encuentran en la raíz, en el corazón de la relación, añadir algo más es como tratar un cáncer con una tirita. En estos casos, es posible que añadir algo pueda hacer que la apariencia sea mejor. Sin embargo, a la larga, una tirita no puede curar un cáncer. Los parches no tratan los problemas centrales de una mala relación. El único modo de curar una relación que se ha agriado es admitir que falta algo que resulta muy esencial. Una vez que lo admites, debes tener la buena disposición de trabajar a fin de descubrir cuál es ese ingrediente esencial. Debes volver sobre tus pasos y recordar qué es lo que hiciste o dejaste de hacer. Una vez que descubras lo que falta, es muy probable que tengas que desecharlo todo y empezar de nuevo.

Cuando el bebé murió, Jack se sentía desbordado por el dolor. Había puesto muchas esperanzas en ese niño. Había esperado que el bebé haría que su relación fuese mejor, que tendrían algo en común, un interés que podrían compartir. ¿Cómo podía haberse muerto el bebé así? Jack quiso saber el porqué. ¡Exigió conocer la razón! Helen la conocía. No quería tener un hijo de Jack. Quería tener hijos de Jamie. Estaba convencida de que su matrimonio había acabado con esa posibilidad y también de que había matado al bebé que había llevado en su vientre. Jack y Helen tuvieron que permanecer juntos para salir adelante. Fue entonces cuando confundieron la necesidad con el amor. Al intercambiar necesidades, en ausencia de un compromiso para construir una relación sincera, se confundieron todavía más. De hecho, estaban tan confundidos que creyeron que podían conseguir que su matrimonio funcionase. En un intento por conseguirlo, Jack se volvió totalmente pasivo: «*¡Simplemente deja que ella haga lo que quiera y no interfieras!*». Helen se volvió imposiblemente agresiva: «*Voy a hacer lo que quiera, ¡y será mejor que él no me diga ni una palabra!*». Jack tomó posesión del sofá, se autocompadecía y se preguntaba: «¿Por qué yo?». Helen se preocupó de hacer todo lo necesario para sobrevivir: sobrevivir a la culpa, la vergüenza y el miedo de que Jack descubriese lo que había hecho. Ambos se dieron cuenta de que su matrimonio había sido un error. Él pensaba que era ella quien se había equivocado: no debería haberse casado con él. Ella pensaba que era él quien se había equivocado: no debería haberse casado con ella. Aquellos que viven en el sótano no saben, realmente, qué ocurre. Ambos se habían equivocado.

Entre tanto, ¡cúrate a ti mismo!

La presencia del amor tiene un poder curativo. Todos nacemos para descubrir y experimentar los efectos de esta curación en cada aspecto de nuestra vida. En ocasiones resulta difícil comprenderlo, porque, en el entretanto, no conseguimos el amor que queremos y de la manera que queremos. A menudo, el entretanto es un tiempo de vaguedad. Experimentas una vaga ansiedad que no puedes identificar con exactitud. Está en tu cabeza. No, en tu pecho. No, en tu corazón. Quizá tu apariencia externa sea buena, pero en tu interior ocurre algo más.

A veces, esa otra cosa que ocurre es la tristeza. Es como si andases por la cuerda floja y estuvieses a punto de caer. Intentas mantenerte en equilibrio, aguantarte, pero lentamente, poco a poco, te das cuenta de que te desmoronas o de que tu relación fracasa. Te entristece, pero aparentemente no hay nada que puedas hacer al respecto. En el entretanto, debes recordar que justamente cuando las cosas parecen derrumbarse, en realidad se están poniendo en su sitio: el lugar divino en el que deberían estar para bien de todas las personas involucradas. Cuando estás en el entretanto, te encuentras en el momento de preparación para la curación. Te preparas para la experiencia más importante de tu vida: el amor incondicional. Mientras, debes estar dispuesto a soportar el proceso de sentir una vaga confusión e impotencia. Recuerda, sin embargo, que el entretanto no es una condición permanente. Es un proceso curativo.

Siempre hay un proceso que acompaña a cualquier tentativa de curación. El primer paso en ese proceso es estar dispuesto a orar y hacer preguntas. ¡Debemos renunciar al intento de entender qué es lo que ocurre! Más tarde o más temprano deberías comprender que si supieses lo que te hace sentirte desgraciado o enajenado, no lo harías. ¡Déjalo! ¡Reza! ¡Pregunta! A fin de hacer todo esto, debes dejar de moverte, de hablar, de pensar y de hundirte. Sólo te costaría treinta segundos, pero treinta segundos pueden ser muy largos cuando tienes miedo, cuando te sientes herido o confundido. Sin embargo, la oración alivia la confusión. Una vez que hayas aclarado tu mente, resulta imperativo que te hagas tres penetrantes preguntas:

1. ¿Qué siento?
2. ¿Qué es lo que quiero?
3. ¿Qué siento sobre lo que quiero?

Cuando te hagas estas preguntas, empezará la curación y las respuestas aparecerán. *Las respuestas están siempre dentro del ámbito de las preguntas.* No obstante, debes estar abierto, receptivo y dispuesto a recibir las respuestas.

Lo que sientes se encuentra siempre en el centro de tu experiencia. Los sentimientos y las emociones constituyen la energía que nos motiva para actuar y hablar. A menudo, los sentimientos son las respuestas a las preguntas que nos hacemos sobre nuestra relación. Cuando te pones en contacto con tus sentimientos, te brindan la clave más importante para descubrir por qué haces o has hecho determinadas cosas. Los sentimientos son las semillas. Las experiencias son los frutos. Cuando las semillas dan sus frutos, normalmente nos encontramos en medio de la confusión. Reaccionamos a esa confusión aumentando nuestras ocupaciones e intentamos limpiarla cuando lo que deberíamos hacer es desenterrar las semillas: explorar nuestros sentimientos. En una relación es imprescindible que estés en contacto con tus sentimientos a fin de determinar qué es lo que motiva tu comportamiento.

Por lo general, lo que sientes determina lo que quieres. Aún más importante: lo que sientes sobre lo que quieres siempre determina lo que haces. Si sientes que no puedes tener lo que quieres, es posible que trates a los demás con ira o resentimiento. Si has juzgado lo que quieres como algo inapropiado o crees que no eres razonable por quererlo, puede que actúes con miedo: el miedo a que te descubran. En cualquier relación, lo que quieres y lo que sientes, o lo que crees sobre lo que quieres, determinará la calidad de tus interacciones. En un plano íntimo y personal, estos sentimientos y creencias te ayudan a determinar tus fronteras, la forma en que permitirás que te traten y la manera en que tú tratarás a los demás. Cuando una relación se vuelve agria o se rompe, debes examinarte a ti mismo haciéndote unas cuantas preguntas. Esto no es un intento de autoanálisis. Sin embargo, es el único modo de asegurarte de que no te pierdes en el proceso de unirte o permanecer unido a otra persona.

Lo que haces en respuesta a lo que sientes se denomina «comportamiento del entretanto». Éste es el comportamiento que hace que tengas problemas en tus relaciones. Es el comportamiento pasivo que te hace sentirte mal, débil, torpe o estúpido, y el comportamiento agresivo que hace que te enfades con los demás y te hace sentir culpable o avergonzado de ti mismo. Las experiencias que tienes en respuesta a este comportamiento son lo que te lleva a creer que el amor duele. ¡El amor no duele! ¡Cura! Lo que duele es lo que haces o dejas de hacer en nombre del amor. ¡Eso es el origen de las pautas de comportamiento pasivo-agresivas que te vuelven loco! ¿Y sabes qué? Este comportamiento no tiene absolutamente nada que ver con el amor. Es, al contrario, la mismísima esencia de los miedos y las fantasías que nos conducen a todos al centro de la experiencia del entretanto.

¡Deja de criticarte!

El proceso curativo que te lleva hasta la experiencia final del amor por ti mismo y del amor incondicional funciona tengas o no tengas una relación íntima. Siempre es posible dejar de hacer lo que haces y comprobarlo en ti mismo. Esto te ayudaría a determinar si de verdad progresas en la experiencia hacia la curación o actúas motivado por la influencia de una emoción tóxica. Es necesario que sepas por qué haces lo que haces a fin de que puedas empezar a limpiar tu casa. Esta limpieza personal, interior y emocional conlleva deshacerse de algunos trastos viejos, cachivaches y desperdicios de tus armarios mentales y emocionales. *«¡No puedo vivir sin ti, cariño!»* ¡Esto es basura! *«¡Debe de haber algo en mí que no funciona!»* Esto es un tremendo disparate. *«¡Debe de haber algo en ti que no funciona!»* Esto es el resultado de la confusión mental. ¡El noventa y nueve por ciento de lo que ves a tu alrededor tiene su origen en tu mente!

Queremos sentirnos bien con nosotros mismos y creemos que

necesitamos a alguien que nos ayude a conseguirlo. Nos apresuramos en ir hacia las relaciones con la esperanza de que así suceda.
Sin embargo, el amor tiene otros planes. ¡El amor quiere que nos
curemos! Está resuelto a curarnos. Nos empuja a limpiar, a barrer,
a sacar afuera la basura de los dolores, las vergüenzas y las confu-
siones del pasado. Las experiencias de las relaciones que tenemos
forman parte del proceso curativo y de limpieza del amor. Igual
que los espejos, las relaciones están diseñadas por la vida para
reflejar tu propia identidad y ayudarte a reclamarla. Por supuesto,
nosotros no somos conscientes de esto, de modo que, en el entretanto, mientras el amor trata de curarnos, nosotros intentamos
escondernos bajo la manta.

Esconder lo que sientes y piensas e intentar ocultar lo que haces
en las relaciones es el epítome de la experiencia del sótano en el
entretanto. Esconderse es uno de los muchos juegos y artimañas
que hemos ingeniado y empleado en nuestra búsqueda del amor.
Escondernos nos motiva a hacer cosas que no son las que más nos
convienen. En ocasiones, los juegos de ocultación y evitación funcionan. Nos hacen *pensar* que nos sentimos mejor. Nos permiten
creer que las cosas avanzan tal como nosotros queremos. Nos sentimos bien durante un tiempo, pero eso raras veces dura mucho. Más
tarde o más temprano, nos volveremos pasivamente incapaces,
incapaces de expresar lo que sentimos, o agresivamente enojados, y
reaccionando de forma inapropiada frente a las experiencias.

Nos enojamos cuando las relaciones no funcionan de la manera que habíamos planeado, pero no siempre estamos seguros de
qué hacer al respecto. El amor, el sanador, nos repite constantemente durante nuestras experiencias: «¡Detente! ¡Pregunta! ¡Dite la
verdad!». ¿Escuchamos? ¡Claro que no! Nos justificamos. Nos
escondemos. Nos negamos a comprobar, identificar o descubrir la
verdad sobre lo que sentimos y lo que hacemos en respuesta a esos
sentimientos. ¡E inmediatamente después se nos arranca la manta
de un tirón! El corazón sangra, y el amor, o lo que creíamos que
era amor, de nuevo nos estalla en la cara. En el entretanto queremos ser valientes, pero nos hacemos daño. Queremos progresar,
pero nos enfadamos. En algún lugar recóndito de la mente se
encuentra una voz fastidiosa. Es la voz del amor que susurra: *«Coge
el mocho y la escoba para que podamos limpiar este desorden. Empece-*

mos por decirnos la verdad a nosotros mismos y a todas las personas involucradas en esto». La curación empieza con la verdad.

Opuestos complementarios

Todo el mundo descubrirá lo que *no es* el amor en su camino hacia lo que el amor *sí es*. Los pequeños sentimientos a menudo cuentan grandes historias. El amor no tiene nada que ver con ignorar tus sentimientos. El amor no intenta controlar lo que la gente hace. El amor no permanece callado por miedo. Nuestros padres nos demostraron su amor por nosotros atendiendo a nuestras necesidades básicas mientras crecíamos y aprendíamos a ser independientes. Ese es el trato que los padres hacen con la vida cuando acuerdan traer una nueva vida al mundo. La vida no espera que transfiramos la realización de nuestras necesidades a la relación amorosa. El verdadero amor únicamente puede existir entre iguales. Esta igualdad no se limita específicamente a los ingresos o la educación. Incluye un concepto común de lo que la gente espera de sí misma y quiere dentro y fuera de la relación. Por esta razón, entre muchas otras, es importante que estemos dispuestos a decir la verdad sobre lo que queremos. Decirle a alguien lo que quiere oír a fin de conseguir lo que quieres es algo que no debes hacer.

Nuestra alma hace surgir las experiencias y las personas que fomentan el crecimiento y la reestructuración de la identidad de nuestra alma. Esa identidad es la esencia pura del amor. El amor es una elección. Elegimos vivir como un reflejo del amor que somos, o elegimos no hacerlo. Las personas con quienes nos relacionamos están ahí con el fin de demostrarnos lo que necesitamos hacer para elegir el amor. Las experiencias de nuestras relaciones se revelan como el medio por el cual podemos aprender a escoger el amor por nosotros mismos en primer lugar. Justo en medio de todo esto, la voz de Dios que se encuentra en tu alma te recuerda con delicadeza: *«Estás hecho a mi imagen y semejanza, ¡actúa ahora de forma semejante! ¡Limpia tus acciones!».* Nuestra vida es la intercesión del amor de Dios y nuestra obligación es vivirla de una manera que permita salvar nuestra alma a través del amor. En primer lugar, debes estar dispuesto a ser salvado. También debes estar dispuesto a ser amado.

¿Qué hay dentro de aquella caja de allá abajo?

En el sótano de la casa de la vida nos enfrentamos cara a cara con los asuntos referentes a nuestra supervivencia: cómo sobrevivir, qué es necesario para lograrlo, qué es lo que otros nos reclamarán y qué debemos darles a fin de sobrevivir. Por lo general, las cuestiones de supervivencia tienen su raíz en experiencias relacionadas con el bienestar físico y la expresión del amor. De niños, la primera cosa de la que somos conscientes es nuestro cuerpo físico y el de las personas que nos rodean. Aprendemos esto mediante la forma en que nos atienden (si nos alimentan, qué nos dan y cuándo) y por lo que vemos, oímos y sentimos. Pronto aprendemos a mantener nuestro cuerpo alrededor de otros cuerpos para estar seguros. De un modo singular y colectivo, estas cuestiones relacionadas con nuestra supervivencia física y nuestra satisfacción aparecen en nuestras relaciones. Son las cuestiones a partir de las cuales desarrollamos las normas de nuestro ámbito mental. El sótano, o la experiencia temprana de la vida, también enseña hasta qué punto debemos confiar o renunciar a algunas partes de nuestro bienestar físico y mental a fin de conseguir el amor.

A la edad de cinco años, tenemos un sentido bien desarrollado de la conexión que existe entre entre la mente, el cuerpo y la supervivencia. Conoces los sonidos y los movimientos que te llevarán a recibir un manotazo en las nalgas o a ser castigado en un rincón. Probablemente has aprendido algo sobre el hecho de compartir. Eso significa que debes regalar lo que tienes para que otras personas sean felices. Si amas a la gente, quieres que sean felices, y esto significa que debes aprender a regalar tus *cosas*. Te dices a ti mismo que te sientes feliz de que los demás sean felices. Mientras aprendes a compartir, también descubres lo que es tuyo y lo que no lo es, y qué podría sucederte si confundes las dos cosas. Recopilas más información sobre cómo podrías hacerte daño.

Ya tienes siete u ocho años y has aprendido que tu pequeño cuerpo, que una vez fue lo suficientemente hermoso para ser mostrado a cualquiera y en cualquier lugar, ahora resulta, de algún modo, ofensivo. De niño es muy comprensible que esto lo traduzcas en *«¡algo no está bien en mí!»*. Debes mantenerlo tapado y no hacer nunca jamás ninguna referencia a él en público. Así es como aprendemos a ocultarnos a nosotros mismos. Quizá no estés muy seguro de lo que significa «en público», pero sabes que se encuentra al otro lado de la puerta del cuarto de baño, donde están los extraños. Las personas extrañas tienen la misma apariencia que las que te quieren, pero pueden hacerte daño. Te harán daño porque eres un encanto, o por ninguna razón en absoluto. A fin de sobrevivir al dolor que te puede causar un extraño o incluso la gente que conoces, aprendes qué decir y cómo y cuándo decirlo, porque la última vez que te hiciste un lío con estas cosas, sentiste ira, rabia, o dolor. De muchas maneras, tu vida se ha convertido en un gran parque para niños en el que has aprendido mucho sobre la capacidad de sobrevivir con el menor dolor posible. A través de las experiencias de nuestra niñez, aprendemos que el amor puede ser una situación en la que tanto se puede ganar como perder y en la que muy posiblemente nosotros mismos nos procuramos la mayoría de las pérdidas y una buena parte del dolor. A fin de evitar el dolor, tenemos muy claro lo que debemos hacer para sobrevivir.

En las relaciones, los moradores del sótano están obsesionados con las cuestiones que se relacionan con la supervivencia. Se agarran a la gente para sobrevivir. También se aferran a las relaciones —independientemente de lo desagradables o disfuncionales que puedan ser— con el fin de sobrevivir. Una mujer maltratada vive en el sótano. Alguien que mantiene una relación de codependencia con una persona alcohólica o adicta a las drogas es un morador del sótano. La infidelidad es una técnica del sótano. Te acuestas con cualquiera para asegurarte de que los sentimientos por tu pareja sobreviven. Cuando experimentas un entretanto del sótano, echas la culpa a todas tus ridículas creencias y conductas respecto a la necesidad de sobrevivir.

Cuando oyes que alguien dice: *«¡No tengo otra opción! ¡Debo hacer lo que tengo que hacer!»*, has de saber que estás en compañía de alguien que tiene una experiencia del entretanto en el sótano de la casa de la vida. Date cuenta, también, de que esta persona no tiene la menor idea sobre la naturaleza o la causa de las verdaderas cuestiones con las que se enfrenta. Cuando no hay elección, no hay amor. Cuando te preocupas por las cuestiones de la vida y la muerte, resulta muy difícil hacer una elección consciente basada en el amor. Las elecciones relacionadas con la supervivencia, más que creaciones son reacciones. Nacen de la desesperación más que del deseo. El instinto de supervivencia es la energía exagerada y agresiva debida al tipo de nacimiento que tuvimos. Cuando crees que tu supervivencia está en peligro, no te importa lo que haces ni cómo lo haces. Te pones a proferir gritos como un loco y agitas tus brazos porque debes sobrevivir.

Es imposible tener una relación sincera, respetuosa y amorosa con nosotros mismos ni con cualquier otra persona hasta que no clarifiquemos las cuestiones de supervivencia. Mientras creamos que otra persona tiene o puede retener algún elemento de la vida que resulte esencial para nuestra supervivencia, no diremos la verdad o no seremos capaces de expresar nuestras emociones; nuestro valor personal y nuestra autoestima estarán menguados, y negaremos los reflejos e instintos naturales y normales de la mente y el cuerpo. Cuando crees que debes renunciar a partes de tu propia persona a fin de evitar que te hieran o para sobrevivir, tienes una experiencia del entretanto en el sótano de la casa de la vida. Vivir aquí te convierte en una víctima. Los niños a menudo se sienten como víctimas de la «gente mayor». En el sótano te compadeces a ti mismo o haces pucheros y tienes pataletas. Quieres ser capaz de organizarte, pero crees que las circunstancias de tu vida están fuera de tu control. Son otras personas quienes las controlan.

Cuando vives en el sótano, gimes y te quejas de lo malo que es. Te centras en todas las «cosas malas» que podrían pasarte si intentas cambiar tu situación en la vida. En lo que se refiere a las relaciones, has abandonado o te has convencido de que tener *una parte* de una relación es mejor que no tener ninguna relación. Debes tomar lo que puedas conseguir. Algún día comprenderás que lo que has estado pensando está *en desorden*, o que tal vez no hayas pensado en absoluto. Has reaccionado, te has ocultado, has intentado sobrevivir. Poco a poco llegarás a comprender que existe una manera mejor de vivir. Quieres cambiar tus condiciones de vida. La clave reside en comprender que la supervivencia ya no es un problema para ti. Has sobrevivido. Ahora te dispones a crecer. A florecer.

Cuando la visión está oscurecida, se requiere una limpieza profunda

Un entretanto del sótano es algo más que la simple experiencia de unos sentimientos desagradables. Es una experiencia en la que los sentimientos surgen a la superficie con el máximo dolor y drama que seas capaz de soportar. Al fin y al cabo, la supervivencia puede ser dolorosa y dramática. Un habitante del sótano tal vez intente comerse o beberse sus desdichas. ¡Eso raras veces funciona! Cuando hay algo *que no está bien* en tu interior, sale a la superficie, y entonces la gente lo advierte. Quizá te lo mencione, pero cuando vives en el sótano te resulta imposible soportar las críticas. Crees que la gente se mete contigo. Sientes confusión, y tu vida tiende a ser algo caótica. Estás enojado, y siempre pareces tener experiencias que te hacen enojarte aún más. En el sótano, no has prestado atención a lo que sucede en tu interior ni a lo que ocurre a tu alrededor. Como resultado, la gente te mira fijamente porque sabe que algo anda muy mal. Ellos lo saben, pero tú no.

Si te encuentras en el sótano o mantienes una relación de tipo sótano en la que crees que eres una víctima, en la que sientes que tu supervivencia está en peligro y te centras en todas las cosas desagradables que te han sucedido en la vida: ¡DETÉNTE! Hay algún problema, del que posiblemente no tienes la menor conciencia, que está saliendo a la superficie. Tus propios miedos y creencias son, tal vez, una parte del problema. Otro factor que puede contribuir es la programación de tu infancia que sale a la superficie. También es muy probable que repitas lo que escuchaste o hagas lo que viste en tu niñez. Si éste es el caso, debes tomarte unos momentos para examinar lo que sientes y lo que piensas. Esto te ayudará a tomar conciencia de tu pauta. Una vez que se reconoce la pauta, lo que se suele hacer, en estas circunstancias u otras similares, es escoger un nuevo rumbo de acción. Los viejos modos de obrar no pueden sobrevivir a tu elección de los nuevos. No obstante, necesitarás practicar mucho y con constancia antes de ser capaz de incorporar un nuevo procedimiento a tu conciencia. ¡La práctica lleva a la perfección!

El amor es la experiencia de la alegría, la paz, la realización, el propósito, la armonía, la abundancia y el servicio. A menudo, estas son precisamente las cosas que intentamos encontrar en una relación. Por lo general, son las cosas que nos resulta imposible encontrar en nuestra relación con nosotros mismos. A muy pocos de nosotros se nos ha enseñado que esas mismas cosas que buscamos se encuentran en nuestro interior. Debemos desprogramarnos de las viejas recetas de amor que nos dieron: *Haz esto por amor. Haz aquello para conseguir el amor. Sé así para conservar el amor.* El amor no es lo que hacemos en absoluto. Es la experiencia de ser quienes somos. Las relaciones amorosas son el medio a través del cual buscamos experimentarnos más a nosotros mismos, son nuestra verdad. Debemos verter nuevas ideas, nuevos conceptos y más verdad sobre nuestra identidad en nuestras relaciones. En el entretanto, mientras nos desprogramamos, es posible que las relaciones sean difíciles. Comprender dónde estás, dónde quieres estar y todo el trabajo que debes hacer a fin de llegar hasta allí puede ser un gran desafío.

Lo que crees sobre ti se refleja en las personas que escoges para unirte a ellas. Cada elección te aporta la oportunidad de actuar de acuerdo con la esencia más elevada de tu ser, el alma. Nuestras relaciones y las personas con las que nos relacionamos son las herramientas que Dios utiliza para elevar nuestra alma. Dios, el creador de tu vida, quiere que eleves el concepto que tienes de ti, la forma en que te tratas, y por último, el modo en que tratas a los demás y permites que te traten a ti. La voluntad de Dios es que elevemos nuestra conciencia del amor para que se corresponda con la energía que fue implantada en lo más profundo de nuestra alma. Las relaciones son el medio del que podemos disponer con más facilidad para acercarnos o distanciarnos de nuestra propia definición del amor. Ya se trate de la relación con tus padres, con otros miembros de tu familia, con compañeros de trabajo o conocidos, con tus hijos o con extraños, es capaz de moldear, perfilar y reestructurar lo que haces y tu forma de hacerlo en nombre del amor.

¡Dios es amor! Pero, ¿cuántos de nosotros sabemos realmente lo que eso significa? ¿Cuántos de nosotros tenemos una percepción distorsionada de Dios o incluso un peor concepto del amor? Muchos, y esa es probablemente la causa de que nuestras relaciones parezcan tan extrañas. Las relaciones siempre reflejan lo que vimos, oímos y aprendimos en casa. En otras palabras, la apariencia que tuviese amar y ser amado en tu casa, lo que te enseñaron que era

preciso para conseguir o conservar el amor, será el ingrediente principal de tu receta del amor. Para algunos de nosotros, Dios no formaba parte del cuadro. Como resultado, en lo referente al amor, a Dios, a nosotros mismos y a la verdad sobre todas estas cosas, trabajamos en la oscuridad. En algún momento, todos descubriremos la verdad. Para conseguirlo, deberemos enfocar a Dios de nuevo. Cuando lo hagamos, nuestras relaciones se transformarán en mecanismos de desprogramación que nos ayudarán a recordar, descubrir y practicar la verdad sobre Dios, nosotros mismos y el amor. La clave para realizar este trabajo, con el menor dolor posible, es la buena voluntad.

¡La buena voluntad es un gran limpiador del sótano!

Una vez que eres consciente de que las grietas que hay en tus cimientos te han conducido a unas acciones de naturaleza peligrosa, debes tener la buena voluntad de limpiar tus actos. Has sobrevivido a las experiencias y relaciones del entretanto en el sótano, y aunque tal vez todavía no tengas una comprensión total de la naturaleza de tu problema, sabes que tienes frente a ti una excelente oportunidad. Esta oportunidad ha sido reservada como una bendición para los seres humanos. Puedes cambiar tus opiniones: sobre ti, sobre la vida y sobre el amor. La buena voluntad es la clave para sacar provecho de la oportunidad de limpiarte y salir del sótano. Cuando tienes buena voluntad, comprendes que las experiencias del entretanto en el sótano no eran más que estratagemas que utilizó la vida a fin de prepararte para hacer el importante trabajo que tienes frente a ti. Estás a punto de iniciar un viaje excitante: el viaje a través de la casa del amor.

Estoy convencida de que ya sabes que será un viaje de trabajo. Lo que tal vez desconozcas es que te brindará grandes recompensas. Con el fin de extraer el mayor provecho de todo lo que te ofrecerá, debes sanearte. La buena voluntad es como un desinfectante antibacteriano que limpiará los hongos y las telarañas que se han acumulado en el transcurso de tus experiencias y relaciones. Si has pasado mucho tiempo en el sótano, quizá descubras que tienes capas de cólera. La buena voluntad es un producto de limpieza excelente y puede utilizarse para eliminar la cólera. Cuando tengas la voluntad de crecer, descubrirás que no sientes cólera hacia nadie por haberte hecho algo. ¡En realidad la cólera es contra ti mismo! La sientes porque ahora comprendes cómo ayudaste a crear tus propias experiencias. También reconoces que el propósito de aquellas experiencias era enseñarte la verdad sobre ti y recordarte la verdad sobre Dios, el amor que yace latente en la esencia de tu alma.

La buena voluntad también es un magnífico limpiador para la visión. Te brinda la capacidad de verte en los demás. Cuando establezcas una relación, te encontrarás a ti mismo en los actos, los comportamientos y las creencias de las personas involucradas en esa relación. De alguna manera, estas personas van a hacerte y decirte lo mismo que tú te has hecho y te has dicho. Te enfrentarás cara a cara con todas las cosas que sabes sobre ti y con algunas de las que no tienes la menor idea. Vas a conocer tu buena cara, tu mala cara, y la cara para la cual probablemente no tengas ningún nombre. Dado que la buena voluntad funciona como un agente antibacteriano, eliminará los gérmenes de la culpa, la vergüenza, el miedo y el resentimiento, que podrían negarte la oportunidad de ver las cosas con claridad. Una vez limpio, verás exactamente quién crees que eres cuando examines lo que esperas y toleras de los demás.

Si la utilizas con liberalidad, la buena voluntad eliminará las grietas de las paredes de tu corazón. Si, por el contrario, muestras signos de resistencia, ¡es posible que se te atasque el lavabo! Si en cualquier momento de tu viaje te sientes atascado u obstruido, tal vez quieras sentarte, respirar profundamente y recordarte: «*¡Este no es mi verdadero reflejo! ¡Voy a hacer otra elección! ¡Voy a cambiar de opinión!*». Esto sería una verdadera demostración de buena voluntad. Sin embargo, es posible que en ocasiones descubras que hay algunas manchas fijadas o una suciedad incrustada en las grietas que requieren un duro trabajo de limpieza. Cuando esto ocurra, ¡llora! Mientras lloras, perdónate por creer que alguna vez hiciste algo malo. Recuérdate que todo lo que has hecho era una respuesta a lo que necesitabas desaprender. Una vez dejes de llorar, de perdonar y de recordar, corre —no andes— hacia el espejo más próximo, mírate directamente a los ojos y di: «¡Te quiero mucho!».

¡Recibes lo que das!

Así es como Jack empezó la conversación: le dijo a Helen cuánto la quería. Después le dijo que se marchaba. Antes de que ella pudiera abrir la boca, prosiguió diciéndole que le estaba agradecido por el tiempo que habían pasado juntos, pero que, sin embargo, creía que lo mejor para ambos era separarse. Hizo como si no la oyese reírse o como si no la viese sacudir la cabeza y confesó. ¡Así es! Confesó que su matrimonio había sido un intento de sentirse mejor consigo mismo. En su momento pareció una bendición, pero ahora, tras todos esos años, se daba cuenta de lo injusto que había sido para ambos. Ella se había puesto de pie, de modo que él se sentó y continuó.

Fue la muerte del bebé. Tras su muerte, no pudo encontrar la fuerza o la valentía necesaria para marcharse. Se aferraba a la esperanza de que Helen cambiase de opinión y tuviesen otro hijo. ¿Se acordaba de cuando habían hablado sobre tener hijos? Ella se sentó y él se levantó. Tal vez los niños les habrían hecho tener algo en común, algo más que hacer, además de criticarse mutuamente. ¿Por qué no había querido tener hijos con él? ¿Tan malo era? ¿Era esa la razón por la cual siempre se dirigía a él con tanta indiferencia incluso cuando hacían el amor? Siempre parecía que su mente estaba en otra parte, que vagaba por el espacio, o con otra persona, cualquier otra menos él.

Ella se puso a llorar y él se sentó a su lado, la rodeó con sus brazos y también lloró. ¿Qué le había ocurrido a su amiga? Recordó lo buenos amigos que habían sido en el pasado. Podía señalar todas las cosas que ella había hecho y las que no había hecho durante los últimos catorce años para destruir su amistad, pero ahora ya no tenía ninguna importancia. Sabía que ella se sentía infeliz y él también. Él se sentía infeliz consigo mismo y con su vida. Necesitaba un tiempo para pensar, para reorganizarse, para desintoxicarse de la televisión. Estaba dispuesto a darle todo lo que quisiera. No estaba enfadado. ¡Se sentía desdichado! Se sentía desdichado en lo más profundo de su alma y necesitaba hacer algo al respecto. No creía que pudiese hacerlo en su matrimonio. No quería hacerlo. Quería marcharse. Necesitaba marcharse. Sentía no haberse marchado antes. Si lo hubiese hecho, tal vez no resultaría tan doloroso ahora. ¿No podía hacerle el favor de dejarle marchar sin montar ningún número? Aunque lo montase, él se marcharía igual. ¿Qué es lo que ella quería? ¿Qué podía hacer él?

Lo que hay en tu alma determina las circunstancias y las experiencias de tu vida, que curarán o incapacitarán tu alma. Cuando el amor y la buena voluntad se unen a la vida, a pesar de tus elecciones equivocadas y tus decisiones erróneas, te curarás. Por primera vez en los catorce años que llevaban juntos, Helen le explicó a Jack por qué se había casado con él. Cuando se oyó a sí misma decir que había intentado hacer que su novio de la infancia se pusiera celoso, se quedó atónita. Cuando estás dispuesto a curarte, te sorprenderás al comprobar que haces o dices cosas que, en circunstancias normales que inspiran miedo, no harías ni dirías. Helen prosiguió y admitió que no había querido tener hijos suyos porque había vivido con la esperanza de que algún día Jamie regresaría a buscarla.

También confesó que casarse por esos motivos era algo horrible y que se arrepentiría de ello toda su vida. Se había pasado todos los años de su matrimonio enfadada y dolida. Helen comprendió que nunca superó el hecho de que Jamie la rechazase, y que nunca le dio una oportunidad a Jack. También se arrepentía de eso. No quería que Jack se marchase, pero tampoco quería que se quedase. Tenía miedo. Estaba confundida. Ella también necesitaba tiempo para pensar, para reorganizarse, para decidir qué hacer con el resto de su vida. Lo único que le pedía a él era que se marchase tranquilamente y que no se lo dijese a su madre. Mientras tanto, podía quedarse hasta que encontrase una casa en la que vivir. Jack se quedó con Helen unos dos años. Se fue más o menos al mismo tiempo que Jamie se divorció de su mujer.

El primer piso

¡¡¡¿Qué es ese olor?!!! ¡Es horrible! ¿Te has dado cuenta de que únicamente lo hueles al abrir la nevera? ¡¡¡Algo se ha podrido, cariño!!! El problema es que no tienes ni idea de lo que puede ser.
Podría ser esa sustancia verde que está en el cuenco, o la marrón
envuelta en el papel de aluminio. Quizá sea aquella cosa rosa y
velluda que una vez fue roja y ahora fermenta encima del cajón de
las verduras. Limpiar la nevera, ¿no es algo insufrible? Es una tarea
desagradable y que consume mucho tiempo. Lo has pospuesto
durante días, no, semanas, igual que todo el mundo. ¿Por qué eres
siempre tú quien se atasca con el trabajo sucio? Ahora debes hacerlo, porque todo el mundo sabe que tienes un problema. Cada vez
que abres esa puerta, todos, incluso tus invitados, saben que hay
algo muy repulsivo y pestilente en tu interior. Bueno, no puedes
posponerlo más. Resulta demasiado embarazoso. ¡Gracias a Dios
que no ocurre lo mismo con la ropa sucia! Al menos puedes escon-
derla...

Pero, ¿por qué? ¿Por qué dejamos que las cosas se acumulen?
Ya sea la ropa sucia o los problemas de una relación, sería mucho
más fácil si nos encargásemos poco a poco de ello. Nos promete-

mos, cada vez que nos enfrentamos al gigantesco montón o tenemos una discusión acalorada, que en el futuro lo haremos así.
¡Mentira! ¡Mentira! ¡Tu ropa interior se quema! Tus sucias prendas
íntimas se queman: ¡doce bolsas llenas de ellas! ¡Incluso las que
intentaste esconder en el fondo del armario se están quemando!
¡Ahora ya debes saber que cuanto más se pospone una cosa, más
cuesta hacerla! Al final ese olor pestilente lo penetrará todo, o la
bolsa reventará y toda tu ropa interior sucia se desparramará en
medio del suelo, o la cólera contenida te conducirá a una discusión. Ya sea la nevera, la colada o los pequeños problemas que tur-
ban tus relaciones, *¡ocúpate de ello!* ¡Ahora! ¡Antes de que te aver-
güence! ¡O de que te duela!

4
Hacer la colada

A Lynn y Steve les parecía que habían estado casados desde siempre: diecinueve años. Tenían dos hijos maravillosos, un chico de quince años y una chica de trece. Steve era el único hombre que Lynn había conocido, ya sabes a qué me refiero: fue su primer amante. Ahora era su marido y, según creía ella, su mejor amigo. Tenían un buen matrimonio. Lynn era una mujer muy, muy inteligente. De hecho, era brillante. Steve era un trabajador manual que llevaba corbata. Tenía el graduado del instituto. No trabajaba en un almacén de madera, sino en una oficina del Gobierno, un nivel por encima del sótano. Lynn trabajaba todo el día y asistía a clases por la noche. Su situación económica era un poco justa, pero no pasaban estrecheces, ya sabes lo que quiero decir.

Alrededor de la mitad del decimonoveno año de su matrimonio, Steve empezó a comportarse como un perfecto idiota. Un perfecto idiota se cree que puede permitirse actuar *como un tonto*. ¡No regresaba a casa en toda la semana! Una cosa es irse por ahí el fin de semana, pero sólo un tonto no vuelve a casa en toda la semana. Nunca tenía dinero. ¿Cuántas veces te pueden robar la cartera en un mes, incluso en Los Ángeles? Lynn no podía comprender qué demonios sucedía. Tras un pequeño *interrogatorio propio de una esposa* descubrió que su mejor amigo, su marido, tenía problemas con la cocaína. Se gastaba todo el dinero en ella, y merodeaba por los lugares en que se vendía. Poco después de esta sorprendente revelación, Steve causó tantos problemas en el trabajo que lo despidieron. En realidad, el motivo fue la droga:

descubrieron que tenía droga en unas dependencias del Gobierno.

La vida puede ser dura, ¡pero Dios siempre es bueno! Dado
que Steve hacía tantos años que trabajaba allí, no lo despidieron
sin más. Le *invitaron* a presentar su renuncia, sin ninguna mancha
en su expediente. Lynn le hizo muy pocas preguntas y él no le dio
ninguna explicación. Tras la *insistencia propia de una esposa*, Steve
entró en un programa de tratamiento de drogas y Lynn vivió esa
experiencia a su lado. Nueve meses después del tratamiento, que
había durado quince meses, Steve todavía no había encontrado trabajo. Lynn hacía todo lo que estaba en su mano para mantener su
matrimonio y su casa. ¡Ahora sí que pasaban estrecheces! Los amigos les prestaban dinero porque Lynn era el tipo de persona a la
que quieres ayudar con todos los medios que están a tu alcance.
Steve, en cambio, no regresaba a casa por las noches.

Si quieres jugar, debes conocer las reglas

Eres el amor que buscas. Eres la compañía que deseas. Eres tu propio fin, tu propia totalidad. Eres tu mejor amigo, tu confidente. Tal
como escribió la poetisa Audre Lourde: «Eres la persona que estás
buscando». Eres la única persona capaz de hacer lo que buscas que
haga otra. Cuando sales al mundo en búsqueda de amor, trabajo o
melones, comprende que lo que llevas a la mesa son tus bienes: tu
alma, tu mente y tu cuerpo. Si no te sientes bien contigo mismo,
con quien eres y con lo que tienes, ¿cómo puedes esperar que tus
bienes superen esa concepción? Si estás en el *edificio del amor* sin
conocer la verdad sobre ti mismo, ¡eres tú, cariño, el que tiene un
gran problema! ¡Empaqueta tus bienes y vuelve a casa! Si no lo
haces, lo más probable es que lo que encuentres ahí afuera, en el
mundo, te descomponga.

Cuando sabes algo, lo haces, lo vives. Cuando has oído hablar
sobre algo, intentas imaginártelo. La mayoría de nosotros intentamos imaginarnos qué hacer para mejorar nuestras relaciones, para
que funcionen, porque hemos pasado del *amarme a mí mismo* al
amarte a ti. El amor por ti mismo significa tomarte un tiempo para
sonreírte, escucharte y abrazarte con ternura. Si no destinamos un

tiempo a tratarnos de este modo, aquello que buscamos y esperamos encontrar en una relación continuará eludiéndonos. Esa experiencia —la aceptación total, el reconocimiento sincero, el apoyo confiado y el respeto por nosotros mismos— es lo único que necesitamos para hacer que cualquier relación sea una buena relación. Cuando nos amamos de este modo, estamos más que dispuestos a hacer el trabajo, a veces desagradable y sin embargo necesario, para establecer, construir y mantener una relación. Sin él, nos perderemos inevitablemente en un montón de confusión.

Si buscases una casa nueva, dedicarías un tiempo a precisar sus detalles —las dimensiones de la cocina, el número de habitaciones y de cuartos de baño— antes de acudir al mercado. Ocurre lo mismo con la búsqueda del amor. Debes saber qué es lo que buscas antes de empezar a mirar. Algunos de nosotros nos apresuramos a ir al mercado, compramos rápidamente las ciruelas y los bollos, y aceptamos lo que tiene buen aspecto o lo que huele bien sin comprender realmente *qué es bueno*. Lo que para ti es bueno es aquello que se corresponde con tus detalles. Lo que para ti es bueno es lo que expande la experiencia de ti mismo. Lo que para ti es bueno eleva tu conciencia a un reconocimiento más profundo de tu excelencia en la vida. Finalmente se demostrará que lo que es bueno para ti, será bueno para aquellas personas que hayas invitado a tu vida.

Tras varias semanas del necio comportamiento de Steve, Lynn decidió que había llegado el momento de hacer una pequeña *investigación de esposa*. Una noche siguió a Steve y encontró su coche aparcado en Beacon Street, una calle repleta de edificios de apartamentos. Unas noches más tarde, Lynn consiguió la ayuda de una amiga que tenía coche. Tal como había imaginado, encontraron el coche de Steve aparcado frente a un edificio de Beacon Street a las dos de la madrugada. Durante las dos semanas siguientes, una noche sí y otra no, Lynn y su amiga salían en búsqueda del coche de Steve por Beacon Street. Cada noche el coche estaba aparcado frente a un edificio diferente, lo que hacía un poco más difícil determinar con exactitud adónde iba Steve, ¡pero iría *directamente al infierno* si Lynn conseguía ponerle las manos encima! Dado que no le habían visto nunca entrar o salir de ninguno de los edificios, no tenían la menor idea de cuál era el apartamento que Steve visitaba. Lynn le dijo a su amiga que la *paciencia de esposa* es difícil-mente superable.

Entre tanto, Lynn nunca le dijo ni una palabra a Steve: no se enfrentó a él ni le hizo preguntas. Intentaba mantener su dignidad, que arrastraba a lo largo de Beacon Street. Mientras aguantaba con toda la capacidad que tenía, su amiga conductora le recordaba: *«Se ha esnifado todo lo que ha ganado en los últimos dos años»*. Y continua-ba: *«No trabaja»*. Además, señalaba: *«¡Lo estás alimentando, y mientras se come tu comida*, no tiene nada mejor que hacer que bus-carse otra mujer!»*. Todavía no había acabado: *«¡Recupera el con-trol, chica! ¡Si esto es amor, ódiame, por favor!»*. Como hacía siem-pre, Lynn la escuchó con atención antes de contestar sin vacilaciones: *«¡No me divorcio! ¡Es un pecado! Mis hijos quieren a su padre, y yo no les voy a hacer eso. Es mi marido y esto lo pode-mos solucionar»*. Entre tanto, Lynn rezaba. En algún momento llegó a considerar la posibilidad de acudir a un vidente para que la orientara sobre la dirección correcta.

Al cabo de un tiempo, con la ayuda de su amiga, por supuesto, Lynn fue a Beacon Street a las ocho en punto de la mañana: había deducido el horario. Steve salía de casa alrededor de las cinco de la tarde, antes de que Lynn regresase del trabajo. Se quedaba fuera toda la noche y volvía a la hora en que Lynn llamaba a casa desde el tra-bajo, a las nueve de la mañana. Eso significaba que debía de salir de su escondite de Beacon Street sobre las ocho y media de la mañana. La idea de esconderse tras los arbustos —literalmente— y esperarle fue de su amiga. ¡Qué suspense! ¡Qué dramático! ¡Y el precioso perrito que casi se muere del susto cuando empezó a aliviarse en la pierna de Lynn! Casi valía el día sin sueldo que les había costado a ambas llevar a cabo su plan. ¡Bingo! A las ocho y veinte minutos, Steve salió del segundo edificio del lado derecho de la calle, entró en su coche familiar y se marchó. Ahora sabían qué edificio era: lo único que necesitaban era el número del apartamento.

Haz que te examinen la vista regularmente

¿Qué miras? ¿Qué buscas? ¿Con qué intención? Estas tres pregun-tas resultan esenciales para descubrir el verdadero amor. Si eres miope o présbite o si tienes visión borrosa, corres el riesgo de no ver el amor cuando aparezca. Si no sabes qué buscar o dónde buscarlo, ¿cómo reconocerás lo que quieres cuando aparezca? Si tienes una vieja fotografía que está agrietada, descolorida y doblada en las esquinas, es posible que te pierdas algunos pequeños detalles que son esenciales para la imagen completa. Por esta razón debes examinar tu visión, tu versión y tu proyección del amor.

Si no eres capaz de detectar qué es lo que te hace daño, es posible que hayas intentado meterte a la fuerza en una situación que no te pertenecía, una situación que se te ha quedado pequeña. Si eres incapaz de ver la causa de tu confusión, es posible que dirijas la vista hacia lo que no es apropiado para ti, que busques lo inadecuado o que mires con una intención mental errónea. El amor nunca tiene una apariencia vengativa ni violenta. Nunca se ocupa de golpear o derribar. El amor es una energía expansiva que nos lleva a compartir, a dar, a construir y a curar. El amor nos vivifica y nos anima a hacer más, a involucrarnos en acciones basadas en el amor, a ser más, a comportarnos de una manera más amorosa y a dar más y más amor a la gente.

Amar y ser amado conlleva una gran responsabilidad. Esto significa que debemos examinarnos a nosotros mismos, y a las personas que amamos, con una visión expansiva y saber que nada permanece igual. En ocasiones, las cosas se extenderán más allá de nuestra vista o de nuestro alcance. Amar y ser amado también significa que debemos buscar siempre lo positivo: las buenas cualidades, el potencial positivo, el bien que hemos hecho y que nos han hecho. Significa que debemos mirar con ojos de agradecimiento y perdón, de confianza y sinceridad, de delicadeza y amabilidad, con ojos que siempre ven más allá del comportamiento y llegan al corazón, a la esencia, al alma. Es posible que no siempre quieras hacer esto. Habrá ocasiones en las que no sabrás cómo hacerlo. La clave reside en afirmar siempre que el amor es la fuerza que te guía. De este modo, no importa lo que hagas ni cómo lo hagas, el amor estará presente.

Una vez que hayas aceptado este grado de responsabilidad y te perdones por lo que has creado, te resultará más fácil amar a aquellas personas que han desempeñado un papel en tu creación. Cuando hagas esto, darás el siguiente paso y recibirás el amor incondicional de los demás. Para muchas personas resulta más fácil dar que recibir. Recibir significa reconocer que todo lo que llega a ti es un reflejo de lo que mereces. El agua se eleva hasta su propio nivel, y lo mismo hace el amor. La gente te dará cosas, oportunidades, recursos, su tiempo y su energía en respuesta al amor que sientes por ti y al que das a los demás. Esto puede hacer que el hecho de recibir sea un desafío, porque debes creer que mereces lo que recibes.

Resulta muy difícil recibir cuando sospechas de los motivos de los demás. Por esta razón debes aprender a confiar: en ti y en los demás. La confianza es el principal ingrediente del amor incondicional. Si no confías, sospecharás. Quizá sospeches que estás en deuda con la gente. Si crees que estás en deuda con alguien, será difícil, por no decir imposible, que seas sincero con él. Es difícil decirle la verdad a alguien a quien temes o de quien dependes. Puede ser difícil, si no imposible, expresar lo que sientes cuando crees que le debes algo por el amor con el que te ha colmado. Si, y sólo si, recuerdas de nuevo que te aman, estos pensamientos se disiparán. Recordarás que te mereces el amor sea cual sea la forma en que aparezca.

En este estado mental, podrás aceptar lo que te ofrezcan con el corazón abierto y sin sentirte obligado a nada. Si alguien intenta que te sientas obligado, puedes recordarle —y recordarte— que *¡Dios utiliza a la gente!* Dios utiliza a la gente para hacerte saber qué lugar ocupas en la casa del amor. ¡No es sensato negarle a Dios el privilegio de demostrarte cuanto te aman! Si te resulta difícil recibir, es posible que te hayas saltado algunos pasos. No te preocupes: se te brindará la oportunidad de volver sobre tus pasos y limpiar la confusión que dejaste atrás.

Armada con este nuevo pequeño bocado de información, Lynn siguió rezando. También fue a ver a un vidente después de que su amiga abandonase el barco (ya había jugado bastante a ser una espía, y eso había causado estragos en su propia relación de pareja). El vidente no le dijo a Lynn nada que ella no supiese ya y no le dio el número del apartamento. No importaba, porque su amiga regresó. Era una *verdadera amiga* que pensaba que Lynn estaba a punto de caerse por un precipicio. Además, los *verdaderos* amigos no abandonan a sus amigos. Sin previo aviso, la amiga la llamó un viernes por la noche y le dijo que se dirigía ya hacia su casa para recogerla. Fueron a una iglesia. Era una vieja iglesia bautista situada en una esquina, en un espacio que originalmente estaba destinado a una tienda. El sermón trataba sobre no dejar que la gente que se perdía hiciera que te perdieras tú también, y dio en el centro del blanco de la experiencia por la que Lynn estaba pasando. Tras el sermón, la amiga tomó a Lynn de la mano y la llevó hasta el portal donde todas las matronas de la iglesia se empezaban a congregar. Se acercaron a la matrona más grande, más seria y con una apariencia más poderosa del grupo y la amiga de Lynn soltó: «¡Mi amiga necesita que usted rece por ella! ¡Por favor!».

Instantáneamente, la seriedad se transformó en un afectuoso interés. La matrona no respondió, no hizo preguntas. Miró a Lynn, reunió a las otras matronas con un gesto de la mano y todas se pusieron a trabajar. Las matronas rodearon a Lynn y empezaron a rezar: de hecho gemían o cantaban o hacían cosas que ni Lynn ni su amiga habían oído jamás. Cuando acabaron, Lynn estaba de rodillas y lloraba en medio de un círculo. La amiga estaba pegada a la pared y también lloraba. Más tarde, Lynn le comentó a su amiga que había sido toda una experiencia. También le prometió que no volvería a salir en búsqueda del coche de Steve.

¡Ten valentía bajo el fuego!

Después de todo lo que has pasado, vivido y superado, la tarea debería resultarte más fácil. Pero no sucede así en la casa del amor. Lo cierto es que muy pocas personas llegan hasta el final, hasta la cumbre, porque la tarea se va volviendo más difícil progresivamente. Los que son muy buenos estudiantes, los mejores, siempre tienen que enfrentarse a los exámenes más difíciles. Como ves, el amor no es algo con lo que se pueda jugar. Hasta ahora, esto es lo que muchos hemos hecho. Hemos jugado con el amor y hemos jugado a inspirar amor. Sin embargo, ¡llega un momento en el que tienes que estar dispuesto a arriesgarte por lo que dices creer! Dices que quieres disfrutar de los beneficios de una completa autoaceptación. Crees que quieres la bendición de una relación amorosa y comprometida. Piensas que eres capaz de vivir y ejemplificar el verdadero significado del amor incondicional. Bien, ¡demuéstralo!

Para llegar al segundo piso de la casa del amor, debes tener la buena voluntad de ofrecer tu amor incondicional a todas las personas, bajo cualquier circunstancia. Eso significa estar dispuesto a aceptar la responsabilidad total de lo que haces y de cómo lo haces. La responsabilidad total, completa y absoluta de la expresión del amor, bajo todas las circunstancias, es el único limpiador emocional capaz de llevar a cabo esta tarea.

Cuando estés en disposición de aceptar la responsabilidad, entonces examinarás tu vida y aprenderás a escuchar a tus experiencias. Tus experiencias te proporcionarán una fórmula factible que podrás aplicar a cualquier situación en la que necesites más información sobre ti mismo. Cuando invitas a la experiencia para que sea tu maestra, eres capaz de sentarte y reflexionar sobre todo lo que has aprendido y también sobre lo que no has conseguido. A esto, a veces, se lo llama meditación. La reflexión es la buena disposición a crecer. Si se combinan la meditación y la reflexión, estos dos productos de limpieza espirituales producen la responsabilidad. Cuando estés preparado para aceptar la responsabilidad total e introducir el amor en tu vida o devolverlo a tus relaciones, habrás finalizado tu trabajo en el primer piso.

Unos días más tarde, Lynn miraba algunas cartas y papeles viejos que tenía guardados en la cómoda, cuando descubrió un sobre que llevaba escrita la dirección de Beacon Street, con el nombre y el número del apartamento. ¡Había estado entre los papeles viejos de la cómoda todo el tiempo! Antes de poder descolgar el teléfono, su amiga ya estaba fuera tocando la bocina. Había acudido para acompañar a Lynn en lo que había prometido que sería su última visita a Beacon Street. Lynn no era ella misma. Estaba misteriosamente silenciosa, casi serena. Tenía la mirada fija y no dijo ni una sola palabra. Antes de que el coche estuviera totalmente aparcado, Lynn salió de él y se dirigió hacia el edificio. «¿¿¿Adónde diablos vas???» La mirada fija de Lynn preocupaba a su amiga. «¿Qué vas a hacer? ¿Qué vas a decirle?» Lynn no miró atrás ni una sola vez. No dijo ni una palabra.

Era como si tuviera un radar. Puso el dedo en el timbre adecuado y lo pulsó varias veces. Su amiga le repetía sin cesar las mismas estúpidas preguntas y ella seguía apretando el timbre. «¿Quién es?» «¡¡¡Oh, Dios mío!!! ¡Es Steve! ¡Ha contestado al timbre! ¡Maldito *idiota!*», pensó su amiga. «Soy Lynn», contestó ella con tranquilidad, como si fuera una vendedora que va de puerta en puerta. Para mayor asombro de su amiga, la puerta zumbó y Lynn entró en el edificio. ¡La boca abierta de su amiga llegaba hasta el suelo! Se sentía como si estuviera pegada al suelo con cemento. Lynn había desaparecido de su vista: ¡estaba en el infame apartamento! El apartamento se encontraba en el primer piso, a menos de nueve metros de la puerta de entrada.

Cuarenta y cinco segundos más tarde —¡lo juro, cuarenta y cinco segundos!—, Lynn reapareció con Steve andando a su lado. Él llevaba una camisa blanca colgada sobre el hombro izquierdo. (¿No resultan sorprendentes los detalles que te llaman la atención incluso cuando estás conmocionado?) Siguió a Lynn fuera del edificio. Al salir, Lynn se acercó y asió a su amiga, que todavía estaba en el mismo lugar en el que la había dejado y cuya boca seguía abierta. Por primera vez en toda la penosa experiencia del día, Lynn habló a su amiga: «¡Voy a casa a ocuparme de la colada!».

¿Cómo se repara un corazón, una mente o un espíritu rotos?

La verdad es la madre del amor, y todos sabemos que no es prudente mentirle a la madre de nadie. De algún modo, por algún medio, la Madre siempre descubre que mientes. ¡Y cuando lo hace, las consecuencias no son pocas! Uno de los desafíos más difíciles de la vida es ser capaz de examinarte con honestidad y reconocer y aceptar lo que ves. Lo que hace que esta tarea resulte más difícil es que lo que vemos se traduce en: «*¿Qué hay de malo en mí?*». ¡No hay nada malo en ti! La verdad es que hay aspectos en ti y áreas de tu vida que requieren atención. Algunos necesitan un poco de trabajo. Otros quizá requieran incluso cuidados intensivos. No hay que avergonzarse o sentirse culpable por ello, porque a todos nos ocurre lo mismo. La verdad es que, hasta que seamos capaces de aceptar y reconocer nuestra propia verdad, sin vergüenza ni culpa, la Madre no estará de nuestra parte. Por consiguiente, es absolutamente esencial para nuestra supervivencia y nuestra evolución que nos examinemos a diario, lo que hacemos y por qué lo hacemos.

Hasta que no seamos capaces y estemos dispuestos a hacerlo, no conseguiremos comprender el verdadero y más pleno sentido del amor.

Si continúas sintiendo confusión, tal vez necesites una inyección de verdad. La incapacidad de decir, escuchar y reconocer la verdad, causa una gran confusión mental y emocional. Con demasiada frecuencia, en las relaciones amorosas negamos la verdad por miedo a hacer daño a otras personas o a revelar demasiado de nosotros mismos. En algunos casos, creemos en la *incorrección* de nuestra verdad. *Es incorrecto sentir esto. Es incorrecto decir esto o aquello.* Ninguna verdad es incorrecta. Si es verdad para ti, si es un fiel reflejo de lo que sientes, no es incorrecta. Podría ser que tu verdad, basada en tu experiencia, esté algo desenfocada. Quizá precise una ligera corrección, pero eso no la vuelve incorrecta. La verdad es siempre lo que es. El amor, el primogénito de la verdad, nos permite reconocer, aceptar y expresar nuestra verdad sin miedo. También nos capacita para escuchar la verdad de los demás sin sentirnos desolados.

No siempre te resultará fácil expresar tu verdad: los pies de este año quizá sean demasiado grandes para los zapatos del año pasado. La verdad es que no siempre nos gustará la verdad que oímos de los demás, pero debemos estar dispuestos a escucharla. Decir y escuchar la verdad es otra forma de reconocimiento. Si queremos descubrir el verdadero significado del amor, debemos tener la buena voluntad de escuchar, reconocer y aceptar la verdad de otra persona. Cuando no somos capaces de hacerlo, significa que el amor está ausente y actuamos con miedo. Es en ese momento, el momento en el que sentimos miedo, cuando debemos rezar para curarnos.

Amado Dios:
Guía mis palabras a fin de que pueda expresar la verdad desde la conciencia del amor. Abre mi mente y llénala de amor. Abre mi boca y llénala de amor. Deja que las palabras que voy a decir sean escuchadas con oídos que estén llenos de amor. Manténme en un estado consciente y permanente de amor para que pueda expresar lo que está en mi corazón con palabras curativas y llenas de amor. Sé que las palabras que pronuncio proceden de mi experiencia. Te ruego que me concedas la capacidad de expresarlas con amor y que me

dotes de amor para pronunciarlas. ¡Gracias, mi Dios! Porque sé que has escuchado mi oración.

O:

Amado Dios:
Despeja mis oídos para que pueda escuchar lo que se dice con la conciencia del amor. Llena mi mente de amor. Llena mi corazón de amor. Permite que el amor me rodee a fin de que pueda escuchar clara y amorosamente. Honro las palabras que escucho con la con-ciencia del amor para que ésta pueda ser una experiencia curativa y llena de amor. Sé que las palabras que los demás pronuncian son la verdad de su experiencia. Ruego que me sea concedida la capaci-dad de escucharlas con amor, y que el amor y la fuerza divina me colmen. ¡Gracias, mi Dios! Porque sé que has escuchado esta ora-ción.

Una dosis diaria del suero de la verdad nos capacita para expre-sar y escuchar la verdad sin miedo. Significa que estamos dispuestos a reconocer y expresar nuestras experiencias emocionales y permitir que los demás hagan lo mismo. Cuando expreses la verdad de tu experiencia a otras personas, será bueno que comprendas que la forma en la que ellas *escojan* responder no es responsabilidad tuya. La elección de responder con amor o con miedo es sólo eso, una elec-ción. Al escuchar la verdad de la experiencia de otra persona, com-prende que no puedes tomártela personalmente. Cuando escuche-mos con la mente abierta y el corazón lleno de amor, la verdad abrirá la puerta a la curación y no al dolor. Sólo a través de un estado de conciencia basado en la verdad, en la buena disposición para expre-sar y conocer la verdad, seremos capaces de construir una relación amorosa verdadera, firme y perdurable, con nosotros mismos y con los demás. Lo que está por debajo de esto no es amor, sino miedo.

Fueron tres días infernales, silenciosamente infernales, los que pasó Lynn antes de reunir el valor necesario para preguntarle: ¿Desde cuándo? ¿Cuánto hace? ¿Por qué? ¿Quién? Todo lo que al final le preguntó, Steve lo contestó. ¡Lo respondió todo! ¡La miró directa y sinceramente a los ojos! Se hizo responsable de la totalidad de sus actos, aunque empezó diciendo que a Lynn no le había

importado: estaba demasiado ocupada para importarle. Cuando tu
pareja te es infiel, quizá sientas que te ha traicionado, te ha herido y
no te ha apreciado como es debido. Tu autoestima puede colarse por
las rendijas de las tablas del suelo y caer directamente al sótano.
A pesar de esto y de otras muchas cosas, nunca debes permitir que
otra persona te culpe por sus acciones inapropiadas. Lynn no había
dicho nada porque no quería acusar sin tener pruebas. Al fin y al
cabo estudiaba derecho penal. En realidad, no quería arriesgarse a
que él le mintiese. Si él hubiera abierto la boca para mentir, le
hubiera perdido todo el respeto, y ella sabía que es muy difícil amar
a alguien que miente. Sin embargo, estaba dispuesta a asumir su
parte de responsabilidad por las dificultades que atravesaba
su matrimonio. Cuando aceptes la responsabilidad de lo que has
hecho o has dejado de hacer, cuando aceptes la responsabilidad de
lo que quieres, sin juzgar si es correcto o incorrecto, cuando estés en
disposición de decir toda la verdad, sabrás si quedarte o marcharte.

¡Eleva tus pensamientos sobre ti mismo!

Cuando vivía en el primer piso de la casa del amor, todavía me
preocupaban el amor físico y la satisfacción. No por razones de
supervivencia, sino porque aún no sabía que no debería ser así. Me
preguntaba sin cesar por qué no era atractiva, por qué no era de-
seable y por qué no podía encontrar a alguien que me amase. Quería que alguien me tratase de un modo especial y me hiciese sentir
especial. En ausencia de una relación amorosa significativa, me
pasaba los días sintiéndome incompleta y despreciable. Claro que
nunca dije ni una palabra de ello. No podía hacerlo: me esforzaba
demasiado en convencerme a mí misma de que estaba bien y era
una persona digna de amor. Sin embargo, había un pequeño problema: ¡no me lo creía! Creía que, de algún modo, estaba estropea-
da. No voy a *culpar* a mi infancia, aunque diré que contribuyó
sanamente a esta conclusión. Nunca vi el menor despliegue de
afecto real en las personas que me cuidaban, y sólo en raras ocasiones me demostraron afecto. De nuevo me encontraba sola en el
intento de comprender las cosas. Debo admitir que no hice un trabajo muy bueno al respecto.

¿He mencionado que era gordinflona? Cuando vivía en el sótano, intenté comerme las penas y la infelicidad. Estaba dispuesta a dejar de comer, pero todavía no lo había hecho. La comida era mi excusa. Era la excusa y la razón que me daba a mí misma para explicar que la gente no me quisiera. No podía imaginar otra razón, de modo que decidí crear una yo misma. Decidí que si era gorda, la gente tendría una razón para tratarme mal. Me dije a mí misma que las personas gordas no merecían ser amadas. Descuida, nunca dije nada de esto en voz alta, sólo lo deducía en mi mente, e inconscientemente actuaba en consecuencia. ¡Es realmente terrible desperdiciar la mente! Estar gorda no solventó la cuestión, pero me proporcionó una explicación razonable. Sin embargo, incluso con esta explicación, no dejaba de hacerme preguntas. Le hacía preguntas a Dios. No creí recibir ninguna respuesta, pero desde entonces he aprendido que en la pregunta *está* la respuesta.

Once años más tarde, Lynn y Steve todavía están juntos. Les ha llevado casi todos estos años lavar la ropa sucia. Al final, su entretanto mereció la pena. Ambos aprendieron mucho y estaban dispuestos a llevar a cabo el trabajo necesario para limpiar y curar su relación. Lynn había evitado los problemas durante mucho tiempo, y al final, tuvo que reconocer que los había negado. No podía admitir que sencillamente no era todo lo que su marido quería o necesitaba. En lugar de enfrentarse a eso, optó por un estado de vaguedad. No fue intencional. Su marido, su mejor amigo, tenía problemas —no sólo con las drogas, sino también problemas morales, emocionales y espirituales— y ella no sabía qué hacer. Había cargado ese peso sobre su espalda y lo llevaba lo mejor que podía. Nunca se refirieron al problema que Steve tenía con las drogas, y Lynn aún no sabe por qué él hizo lo que hizo. Él se negó en redondo a hablar de ello. Cuando ahora reflexiona sobre aquella experiencia, Lynn admite que no sabía qué hacer.

Ella ya lo había visto antes: el problema de su padre y su madre con la bebida. El temperamento violento de su hermana y su cuñado. La mujer de su hermano y sus hijos nacidos fuera del matrimonio. Lynn había observado cómo estas mujeres se movían a través de sus dificultades con dolor, con lágrimas, y sólo para perder a su marido y una buena parte de su mente. Ella se había propuesto no seguir ese camino. Haría los malabarismos que fueran necesarios para salvarse a sí misma y a su familia.

Lo que Lynn llegó a comprender es que nunca habían hablado de sus respectivas responsabilidades o papeles en el matrimonio. De hecho, en realidad no habían discutido nunca sobre nada. Se amaban mutuamente, cada uno disfrutaba de la compañía del otro y todo lo demás se solucionaría por sí solo. Únicamente hablaban cuando surgía algún problema. Sin embargo, en los buenos tiempos ninguno de los dos se responsabilizó de trabajar en su matrimonio. Steve no se responsabilizó de trabajar en sí mismo, y Lynn no asumió la responsabilidad de discutir determinadas cuestiones con él. Cuando tuvo lugar la aventura amorosa, no les quedó otro remedio que limpiar su ropa sucia: los resentimientos, las decepciones y el sentimiento de fracaso y de incapacidad por ambas partes.

Lynn tuvo que esforzarse mucho para perdonar a Steve. Más importante todavía, tuvo que perdonarse a sí misma por haber sido vaga, por no haberse responsabilizado de su propia felicidad y por no haber sido firme con Steve. Tal vez si lo hubiese hecho antes, las cosas no se habrían descontrolado tanto. Eso es algo que nunca sabría, como esos calcetines que desaparecen en la secadora. La historia de Lynn y Steve demuestra que hay momentos especiales en los que, si estás dispuesto a hacer el trabajo, el trabajo duro y desagradable, es posible salvar la relación. Realmente necesitaron mucha buena voluntad, en especial Steve. Tenía que estar dispuesto a encarar y decir la verdad, sin considerar las consecuencias. Lynn también era su mejor amiga. Utilizaron su limpiador espiritual llamado *responsabilidad* y lo aplicaron a todas las manchas, la suciedad y el dolor que se habían acumulado en su matrimonio. De ese modo, fueron capaces de utilizar la verdad para limpiar y curar la relación.

Lo que hizo que funcionara es que, en esencia, se amaban de verdad: no por necesidad o fantasía ni por miedo. Sencillamente se amaban el uno al otro. Como puedes ver, el amor no les impidió comportarse alocadamente, pero en definitiva, fue el amor incondicional que había en la esencia de su relación lo que reforzó el limpiador espiritual. Lynn dice que poner en orden diecinueve años de confusión fue como seleccionar la colada, separar la ropa blanca de la de color: esto es tuyo, esto es mío, ¿qué hace esto aquí? Pero ambos estuvieron dispuestos de inmediato a hacer el trabajo que era preciso hacer. Lamentablemente, no fue así para JoAnn y Paul.

¡Una parte del problema!

JoAnn y Paul llevaban sólo tres años casados, pero habían sido tres años intensos. Estudiaban juntos en la escuela universitaria de graduados. Ambos tenían un empleo a plena jornada. Tenían un pequeño y precioso apartamento, dos preciosos coches utilitarios y un gran problema. JoAnn no se podía quitar a su ex novio de encima. Cada vez que Paul se daba la vuelta, se ponía a hablar con él por teléfono, le ayudaba con este o aquel proyecto, llevaba a la madre de él aquí y allá y desaparecía con él durante largas horas. Paul hizo todo lo que pudo para comprender que sólo eran amigos y que lo habían sido durante más de quince años. Sin embargo, ningún hombre en sus cabales es capaz de sentirse bien con su mujer cuando ésta frecuenta tan a menudo la compañía del hombre con el que antes dormía. Bueno, quizá un hombre en sus cabales quizá sí podría, pero Paul no.

«¡Es mi amigo, Paul!», decía JoAnn todas y cada una de las veces que Paul explotaba por esa causa. «¡Me casé contigo! ¡Estoy enamorada de ti! A él también le quiero, pero como a un amigo. ¡Tú eres mi marido!» Paul se calmaba temporalmente, hasta la próxima ocasión en que él la llamaba. Entonces, la discusión se intensificaba hasta que JoAnn acababa llorando. «¡No eres mi carcelero! Eres mi marido y no puedes decirme quién puede ser mi amigo.» Paul insistía en que sí que podía y lo haría. Era entonces cuando le prohibía, sí, eso es, le prohibía a su mujer volver a ver a ese tipo: por siempre jamás. ¡Amén! Como puedes ver, arrancamos con un mal principio. Sea cual sea el problema en una relación, los ultimátumes no ayudan.

En una relación, lo que tu pareja hace para que te sientas enfadado, disgustado o irritado es como tener los faros delanteros de un gran camión relumbrando en tu cara: ¡es deslumbrante! Lo que tu pareja te hace siempre parece mucho más perturbador que lo que tú ni siquiera llegas a considerar hacerle a ella. Tal vez ni tan sólo lo consideres, pero como las luces te deslumbran, lo haces. Haces tu número en un plano del que quizá seas completamente inconsciente. Este es el mayor obstáculo en nuestras relaciones: no ser conscientes, no querer escuchar, no comprender lo que le hacemos a nuestra pareja en respuesta a lo que creemos que nos ha hecho a nosotros. Por lo general, acostumbramos a criticar a la gente por las cosas que nosotros hacemos y que nos desagradan en nosotros mismos. Estamos tan ocupados en mirar hacia fuera, en mirar a los demás, que no podemos ver lo que hacemos, y por consiguiente, no estamos dispuestos a responsabilizarnos de ello.

En cuanto a Paul, en los tres años que había estado casado con JoAnn había dormido con otras dos mujeres. Una era una vieja amiga de la universidad y la otra su ex novia. Por supuesto, nunca se lo explicó a JoAnn, pero tenía tanto miedo de que ella hiciese lo que él había hecho, que la empujó a hacerlo: espera, eso viene después. JoAnn sentía que tenía una responsabilidad en su matrimonio, pero que también tenía una responsabilidad hacia sí misma. Ella y este hombre tenían una relación de toda la vida. Se apoyaban mutuamente. Sí, en una época habían sido amantes. Ahora, por consentimiento mutuo, eran amigos. Él se sentía muy próximo a la familia de ella y ella a la de él. Él lo sabía todo sobre JoAnn, incluso el hecho de que Paul se sentía bastante perturbado por su relación. Le aconsejó a JoAnn que escuchase a su marido, que respetase su petición, y que le enviase una tarjeta de Navidad si se acordaba.

¡Renuncia a la pelea!

Tal vez sí que tenga verdaderamente algo que ver con la forma en la que nacemos. Podría ser, podría ser que por todo lo que empujamos y estiramos y por todas las palmadas que recibimos en el proceso del nacimiento, creemos que tenemos que luchar. Resulta particularmente interesante que creamos que tenemos que *luchar para conseguir* el amor y *luchar para conservar* el amor. ¡Luchar es doloroso! Amar no lo es, o al menos no debería serlo. El amor es delicado, amable, sensible y sustentador. Son las condiciones que asociamos con el hecho de amar y ser amados las que lo convierten en una exhibición agitada, tempestuosa y turbulenta. Es lo que nosotros hacemos, no lo que el amor es, lo que nos hace creer que el amor es doloroso. La creencia que se corresponde a esta idea es: *Cuanto más ame, más doloroso será*. A fin de evitar el dolor, creemos que debemos luchar para eludir las heridas del amor. ¡No tiene el menor sentido! Si añades a la ecuación algo o alguien que te amenaza con llevarse ese amor, entonces lo que tienes es una guerra abierta. Inconscientemente, retrocedemos a un estado de lucha y hacemos lo que creemos que será preciso para asegurarnos de que el amor o la vida sobreviva.

Si queremos curarnos en nuestro viaje a través de la casa del amor, debemos abandonar la lucha en las relaciones. Algunos estamos tan acostumbrados a *luchar* para conseguir lo que queremos, a *luchar* para conseguir lo que necesitamos, a *luchar* para progresar y a *luchar* para permanecer en la cumbre, que somos como soldados en el campo de batalla y buscamos al enemigo bajo cada piedra. A menudo la pelea se entreteje entre nuestras palabras, en la forma en que las decimos y la energía que hay detrás de ellas. En ocasiones, cuando pedimos lo que necesitamos o queremos, esperamos una pelea. Y si no la tenemos, la buscamos. Encontraremos algo que decir y lo diremos de tal forma que la pelea será el único resultado natural. Cuando la persona con la que intentamos luchar no se defiende, nos enfurecemos, y buscamos a otra para pelearnos con ella. Cuando la encontramos, no queremos admitir la responsabilidad de haber empezado la pelea.

Del mismo modo que luchamos con los demás, luchamos con nosotros mismos. ¡Admito que yo he tenido una feroz batalla desarrollándose en mi propia cabeza! ¡Me peleaba conmigo misma por lo que había hecho o había dejado de hacer! Si perdía, ¡me peleaba conmigo misma por cómo lo había hecho! Cuando me cansaba de esto, me peleaba conmigo misma sobre si debería repetirlo o no volver a hacerlo jamás. ¡Lo más triste es que nunca gané! ¿Cómo te vas a derrotar a ti mismo? Por lo general abandonaba la pelea mortalmente herida hasta que encontraba a alguien más con quien poder pelearme. Del mismo modo que luchaba en mi mente, luchaba con mis sentimientos. Habían algunas cosas que, sencillamente, no me permitía sentir. Luchaba para refrenarlas. Hacía grandes esfuerzos para evitar que surgiesen y se derramasen de mis labios. Prefería luchar antes que sentir, porque sabía que era capaz de sobrevivir a los golpes. No sabía si sería capaz de sobrevivir a la profundidad de mis sentimientos. Eso, según dicen, podría hacerte estallar la mente.

Lo que me hizo dejar de luchar, mental y físicamente, fue una frase que me dijo mi querido amigo, colega y profesor Ken Kizer. Me dijo: *«Si se lo pides, Dios estará de acuerdo en ayudarte a luchar o pelear»*. Cada vez que actuamos por un impulso distinto al amor, le pedimos a Dios que nos ayude a luchar. Nos pelearemos con nuestra culpa, nuestra vergüenza, nuestro miedo y nuestra deshonestidad. Luchamos para evitar que nos descubran y nos hablen a gritos, y para no sentirnos unos incapaces. Cuando, como Paul, hacemos algo de lo que no estamos orgullosos, debemos responsabilizarnos, como Steve, y decir la verdad. La verdad es como un guerrero invisible. Te salvará del campo de batalla.

Paul no dijo la verdad. JoAnn no estaba dispuesta a luchar. En lugar de ello, mintió. Continuó viendo a su amigo. Estaba muy enfadada con Paul, y dado que él nunca dejaba de insinuar que sabía que se veía con su amigo, al final JoAnn hizo, precisamente, lo que Paul la había acusado de hacer desde el principio. Durmió con él. No digo, de ninguna manera, que Paul la forzara a hacerlo. Ni tampoco que lo que hizo fuese un reflejo de su más elevada identidad. Simplemente digo que, al final, JoAnn se defendió. Dos días antes de graduarse, le contó a Paul lo que había hecho. ¡Basta con decir que Paul no era un soldado feliz! Aunque JoAnn le rogó que la perdonase, él se marchó, sin siquiera decir una palabra sobre sus pequeñas indiscreciones. La última vez que oí hablar de ellos, se peleaban en los tribunales por el divorcio. Al parecer, Paul quería quedarse con todos los muebles que compraron para su pequeño y precioso apartamento.

5
Limpiar la nevera

Bruce y David eran amantes. Eran amantes del vino, de correr, del arte y el uno del otro. Bruce creía que la suya era una unión hecha en el cielo. Sin embargo, tenían un pequeño, diminuto, casi insignificante problema: David no era abiertamente homosexual y Bruce sí. ¡Borra eso! David todavía se escondía, vivía como un bisexual y lo hacía con su *completamente* heterosexual novia desde hacía cuatro años. Bruce sabía que este único y pequeño obstáculo ponía su relación en peligro, de modo que trataba de convencer a David, por todos los medios que estaban a su alcance, de la necesidad de admitir frente a sí mismo y frente a la sociedad que era homosexual. Bruce inició una resuelta campaña para arreglar este pequeño defecto en el hombre que amaba. Cada vez que lo hacía, la respuesta de David era la misma: «Pronto se lo diré a mi familia y dejaré a Diana».

Las palabras pueden aliviar tu mente de forma momentánea, pero cuando hay una crisis, la mente necesita acción. Necesitas hacer algo para respaldar las palabras: en particular cuando has escuchado las mismas palabras durante dos años. Esta falta de acción creaba una corriente subterránea en una relación romántica por lo demás maravillosa. Se convirtió en una cuestión de suma importancia el día en que se encontraron con la hermana de David en un almacén y él actuó como si no conociera a Bruce. Cuando Bruce le preguntó si no iba a presentarle, David le pegó una mirada fulminante y dijo: «*¿Te conozco de alguna parte?*». La hermana se quedó horrorizada de que un homosexual intentase ligar con su hermano a plena luz del día. Era repugnante, pensó, y David estuvo de acuerdo con ella. Hasta tal punto estuvo de acuerdo, que dejó a Bruce plantado con la boca abierta frente al mostrador de Dior.

Unos días más tarde, cuando David tuvo la decencia de llamarle, Bruce le cantó las cuarenta. Ya era bastante penoso que David negase su propia sexualidad, ¡pero cómo se atrevía a negar a Bruce en el proceso! A su edad, que, por cierto, sobrepasaba de largo los treinta, debería haber sido lo suficientemente hombre para defender lo que creía. ¿Por qué se negaba a sí mismo para proteger a su familia? ¿De qué protegía a su familia? La homosexualidad no era una enfermedad, sino una forma de vida. Era la forma que había elegido Bruce (o en la que había nacido, depende de cómo lo mires), y no se avergonzaba en absoluto. Ya era bastante malo que hubiera consentido que el hombre que amaba viviese y *durmiese* con una mujer, pero que su amante desde hacía dos años le repudiase públicamente era una franca abominación. David no hacía más que disculparse y pedir perdón, pero Bruce se sentía profundamente herido. «¡Revélalo! ¡Revélalo! ¡Si quieres que construyamos una vida juntos, hazlo público! Yo me opongo a pasarme la vida negándome a mí mismo, y te quiero demasiado para permitir que lo hagas tú.» La conversación se convirtió en una discusión delirante cuando Bruce le dijo a David que si no se lo revelaba a su familia, ¡lo haría él!

¡Bueno, con eso obtuvo toda la atención de David! No te confundas. David, en realidad, sentía algo por Bruce. Se sentía más cómodo, más a gusto, cuando estaban juntos, pero tenía una responsabilidad con Diana. Bruce sabía la verdad. Sabía que la gran responsabilidad de David era con su madre. Era hijo único. Y para complicar las cosas todavía más, ¡era el gemelo que había sobrevivido! Su hermano había muerto a los cuatro años. Fue atropellado por un coche conducido por un homosexual medio borracho y medio enloquecido que iba a gran velocidad por la calle tras una pelea con su amante. Sí, había muchos factores —trastorno emocional, alcohol, una farola de la calle rota—, pero la madre de David se concentró en el hecho de que el hombre que había matado a su hijo era homosexual. Todavía hay más. Después, ese hombre se suicidó. La policía dijo que había dejado una nota en la que no expresaba su remordimiento por haber matado al hijo de la señora Josephine, sino la desesperación que sentía porque no podía vivir sin su amante. La señora Josephine estuvo como loca durante dos años. Cuando dejó de medicarse, empezó una enérgica guerra contra la homosexualidad. Incluso llegó a decir que si una mañana se despertaba y descubría que su hijo, su hermano, su marido o cualquier otro hombre que ella conociera y que alguna vez la hubiera tocado, era homosexual, se mataría. La señora Josephine era un poco dramática. La cuestión es que esto es lo que David escuchó durante toda su vida, desde el segundo año tras la muerte de su hermano.

¡Cierra la puerta para que las cosas se conserven frescas!

¿Alguna vez has tomado una decisión sobre algo sólo para que alguien te cuente una historia que te deja la mente en blanco y te hace olvidar todo lo que habías decidido hacer? Hablo por mí, pues esto me ha pasado unas cuantas veces, en una variedad de situaciones, cuando vivía en el primer piso. Debe de existir algún tipo de proceso de eliminación en mi cerebro que se acciona mediante una información determinada. Cuando me enfrento a unos datos concretos, hay una gente diminuta que corre a mi alrededor con gomas de borrar y aniquila mi sentido común. ¡Ojalá fuera tan simple! Ojalá pudiera proclamarme eso a mí misma. La verdad es que cuando en realidad no quiero hacer algo, cuando tengo miedo de que las cosas no vayan como yo quiero que vayan, busco cualquier excusa posible o plausible para que las cosas sean como quiero. No tenía ni idea de que las cosas que veía u oía eran pistas. Cuando acabé con los sentimientos heridos o el corazón roto y me vi forzada a reflexionar detenidamente, comprendí que eran pistas. Eran señales que en aquel momento resultaban demasiado abrumadoras o demasiado inconvenientes para poderlas manejar, de modo que mi mente las eliminó. Hasta que las pistas no se convirtieron en grandes bolas de energía que me disparaban flechas a la cara o en un deslumbrante rótulo de neón intermitente, no encontré el valor necesario para cerrar la puerta y reescribir el guión o encubrir la situación. Esto es lo que hice. ¡Ya sé que, por

supuesto, tú nunca harías algo así! Lamentablemente, es lo que
hizo Bruce.

Al escuchar la historia de nuevo, Bruce se calmó. Fueron capaces de volver a hablar de ello. Al final, David le prometió a Bruce
que iría directamente a su casa, se lo diría a Diana y volvería a casa
de Bruce con sus cosas. Después ya verían qué hacían. David practi-
có su discurso durante dos horas antes de llegar a casa. Estaba tranquilo y preparado. Tenía una lista de cosas que sería preciso que
dijera, y después, haría las maletas. Abrió la puerta del apartamento
y oyó el sonido de un llanto amortiguado. En la sala, Diana consolaba a la señora Josephine, que estaba fuera de sí. «¿Le ha pasado algo
a papá?», preguntó David sin querer oír la respuesta. La señora
Josephine subió la cabeza justo lo bastante alta y durante el tiempo
necesario para soltar bruscamente: «¡Davie, les he dicho a esos médicos que Jimmy no es un marica! Les he dicho que no había podido
coger el virus del sida por haber estado con alguno de esos mons-
truos homosexuales. ¡Tomaba drogas! Lo único que me dijeron fue
que me tranquilizase. ¿Puedes creerlo? ¡Tranquilizarme!».

Aquellas palabras cortaron a David como un cuchillo caliente
atravesaría una libra de mantequilla. No era el hecho de que a su tío
Jimmy, cuya adicción a las drogas intravenosas era conocida, le
hubiesen diagnosticado el sida; era la reacción de su madre a la
situación. Para la señora Josephine, ser un adicto a las drogas era
mucho mejor que ser homosexual. Por supuesto, el discurso que llevaba preparado fue acallado, y lo que salió de su boca fueron suaves
palabras de consuelo para su madre y un quedo gracias para Diana.
El plan de empaquetar sus cosas se convirtió en el de llevar a su
madre a casa y asegurarse de que su tío recibiría el tratamiento adecuado que empezaría a principios de la semana siguiente. En lo último que pensó fue en Bruce, quien le esperaba con un espacio vacío
en el armario, un buen pato asado y una botella fría de Chardonnay.

¿Quién se ha comido el pastel que dejé en la nevera?

Ya sé que esto lo sabes, pero me siento obligada a recordarte que
cuanto más pospongas algo, peor será y más difícil te resultará hacer
lo que necesitas hacer, decir lo que necesitas decir. Ya sé que lo

sabes, pero, ¿cuántas veces has dejado que se acumule la colada hasta el punto de tener que salir para comprarte ropa interior? ¿Cuántas veces has pospuesto limpiar la nevera hasta que el olor pestilente casi te asfixia? ¿Cuántas veces «mañana» ha tardado un mes en llegar? Lo sabemos, pero no lo hacemos. Queremos, pero no podemos. Lo vemos, pero le damos la espalda. En ningún lugar de nuestra vida este tipo de evitación tiene un efecto más devastador que en nuestras relaciones. Cuando algo se pudre en una relación, el olor emerge con bastante rapidez. Si no hacemos algo al respecto de inmediato, se convertirá en una tarea difícil, una desagradable faena que, definitivamente, preferiríamos no hacer. ¡Pero debemos hacerla!

David no fue capaz de enfrentarse a Bruce durante semanas. Tras recibir varias llamadas de un Bruce que obviamente sollozaba, le llamó sólo para decirle que estaba bien. Tras asegurarle de que no lo había dejado tirado en la calle como si fuera basura, acordó verle en su apartamento, en contra de lo que le aconsejaba su juicio. Le explicó la historia, toda la historia, de principio a fin; ahora había un reparto con muchos papeles, y la señora Josephine hacía de directora. Bruce, por supuesto, le apoyó y fue muy tranquilizador. Le dijo que lo comprendía y le perdonaba. Buscaba en su guía de servicios para el sida, y tal vez por eso no entendió exactamente el significado de las palabras de David cuando le dijo, de un modo brusco, que iba a casarse con Diana y no iba a verle más. Incluso cuando David había llegado al recibidor, Bruce todavía no había comprendido qué es lo que ocurría. En su mente se trataba tan sólo de un pequeño reto que tendrían que superar.

El amor lo conquista todo, ¿no es así? ¡No! El amor no puede abrirse paso a través de la deshonestidad, la negación, el miedo o la obligación de complacer a la gente. Resulta físicamente imposible que dos cosas ocupen el mismo espacio al mismo tiempo. Donde reside el miedo, el amor no puede morar. Cuando existe una deshonestidad manifiesta, redomadas mentiras, ocultación y negación, no puede haber amor. Ni tan siquiera te permitas pensar que no podría existir amor entre dos hombres en este *tipo* de relación. ¡El amor no discrimina! Existe en cualquier lugar en el que sea bienvenido, reconocido y respetado. Tres semanas más tarde, tras muchas llamadas sin respuesta, Bruce se dio cuenta de que David lo había abandonado; se sentía amargado y confundido: no entendía qué era lo que no había funcionado. Lo que Bruce no comprendió era que se había convertido en un inquilino del primer piso de la casa del amor y que David estaba en el sótano de la experiencia del entretanto.

Este es un caso claro de esas situaciones en las que se abre la nevera, se detecta un olor nauseabundo y resulta necesario examinar la gran cantidad de cosas que atestan las bolsas, los cuencos y los potes para encontrar al culpable. Como ya he dicho antes, es un trabajo desagradable, pero a veces es necesario hacerlo. Sabes que todo lo que pusiste en la nevera estaba bien. Ahora, sin embargo, por haber pospuesto demasiado este molesto trabajo, tienes un problema importante. Ahora tienes que identificar qué es lo que se ha estropeado, comprender cómo olvidaste que lo habías comprado, por qué nunca serviste las sobras y qué es esa substancia verde que rezuma por debajo de la puerta. Tienes que introducir las manos en cosas que ya no es posible identificar, tienes que lavar los platos sucios, tirar la basura en la bolsa y sacarla afuera. Entonces recuerdas que no pasarán a recoger la basura hasta dentro de cuatro días. Esto es lo que ocurre en nuestras relaciones. Cuando dejamos que las cosas se estropeen, cuando nos negamos a hacer el trabajo de forma gradual, cuando dejamos cosas por hacer o por decir, el olor nauseabundo persiste.

Probablemente, en el entretanto, es sensato no contar con que tu pareja actúe del modo que tú esperas o exiges. Recuerda que el entretanto a menudo es un tiempo de miedo y confusión en el que resulta difícil predecir qué es lo que los demás harán. Ellos no pueden predecirlo y tú, con toda seguridad, tampoco eres capaz de hacerlo ni sabes qué esperar. Quizá también debas mantener una actitud escéptica frente a una persona que *promete* que va a hacer cualquier cosa cuando se encuentra en pleno entretanto. La gente que promete y jura que va a hacer algo, por lo general, se está intentando convencer a sí misma de que puede y quiere hacer lo que tú quieres que haga. Tan pronto como escuches las palabras: «te prometo...» o «juro que...», ¡cuidado! No te adormezcas y choques contra tu propio hábito de ignorar la verdad. Recibes la advertencia de que no puedes confiar en lo que se te dice en este preciso momento. Claro que no quieres admitirlo ni tampoco quieres enfrentarte a tu pareja con tus sospechas. En lugar de ello, respira profundamente y retírate.

En el entretanto, las promesas y los juramentos son una indicación segura de que el grado de confianza necesario para mantener una relación sana está ausente. Lo más probable es que *tú* tengas algún problema de confianza del que eres totalmente inconsciente. O puede que esta persona sea alguien en quien no se puede confiar porque tiene miedo de ser descubierta. Nada resulta más corriente en el entretanto que esperar o exigir que otra persona haga lo que ya sabemos de entrada que no hará o no será capaz de hacer. Es la pauta que nosotros mismos determinamos para que nos hieran. Es la pauta mediante la cual nos demostramos a nosotros mismos que nuestros instintos y sospechas eran correctos. Es la pauta del comportamiento pasivo-agresivo que nos lleva al entretanto siempre que entramos en ella. Pedirle a alguien que haga lo que sabemos que es incapaz de hacer, o exigirle que haga lo que nosotros queremos que haga, cuando sabemos que tiene miedo y está confundido, es algo muy poco amable y cruel que nos hacemos a nosotros mismos y a los demás.

Debes escuchar lo que la gente hace, no lo que dice. La gente siempre demuestra sus intenciones, sus expectativas, por medio de sus actos. Tal vez jure al cielo que hará esto o aquello, pero *hacer* sigue siendo la palabra operativa. La cuestión, en este caso, no es que estos *dos hombres* no podían tener este *tipo* de relación. La cuestión es que uno de los dos esperaba que el otro hiciese lo que él quería que hiciese. Esto son *falsas expectativas*. Otra cuestión es que el primer hombre se negaba a aceptar lo que el otro hacía. En lugar de ello, escuchaba lo que decía. A esto se lo llama «negación»: *no reconocer la verdad*. Todavía existe otra cuestión que hay que considerar en este caso, y es que el primer hombre no reconoció que el otro no tenía la voluntad, la capacidad o la disposición de cortar con sus *relaciones familiares* por *su* relación. A esto se lo llama «ser capaz de saber *lo que miras*» y se resume en saber qué hacer frente a lo que ves. Ahora examinemos estas cuestiones una a una.

Saber lo que miras

Muchas personas establecen relaciones con falsas expectativas. Esto ocurre cuando esperamos que los demás hagan lo que nosotros queremos que hagan cuando nos indican, con toda claridad, que tienen otras intenciones. Si David, que ya estaba al final de la treintena, no había reconocido públicamente todavía su homosexualidad, ¿por qué esperaba Bruce que lo hiciese ahora? Su incapacidad o su falta de disposición para hacerlo no significaba que a David no le importase Bruce, sino sencillamente que no estaba preparado. Hay momentos en los que esperamos que la gente sea capaz de hacer algo que no está preparada para hacer. En esto, precisamente, estriba la diferencia entre las personas que habitan en el primer piso y las que lo hacen en el tercero. En éste, el amor no exige nada, no tiene expectativas. En el primer piso, sí. Con frecuencia, en las relaciones las cosas no funcionan porque las personas que nos atraen siguen un camino distinto hacia la cumbre. Todos nosotros, desde nuestra posición, intentamos convencer al otro de que siga el camino que nosotros hemos elegido. Nada podría ser más difícil, y esto nos lleva a utilizar otro limpiador espiritual para la casa: ¡la VERDAD! Debes andar por el camino que es verdadero para ti. El camino que sigues no tiene que ser el de LA verdad, sino sólo el que es la verdad *para ti*. La verdad es que Bruce había hecho pública su homosexualidad y David no.

Quizás ames mucho a una persona, pero también debes aceptar que tal vez no siga el mismo camino que tú. Ha elegido otro rumbo, otra lección, una que no puede ser complementaria a la tuya. Y esto nos lleva a la siguiente cuestión: aprende a enfrentarte a la verdad. ¿Por qué Bruce, que era abiertamente homosexual, quería mantener una relación con alguien que vivía con una mujer y temía decirle la verdad a su madre? ¿No es eso una forma encubierta de autonegación? ¿Acaso no se establece una situación para que falle? Verdaderamente, uno no puede sentirse decepcionado cuando la otra persona no le trata como quiere ser tratado. Al participar en la negación de David, Bruce debería haber esperado que también él sería negado. De hecho, era negado cada noche mientras David roncaba en la cama al lado de Diana. Eligió formar parte del problema, en lugar de formar parte de la solución.

Existen dos grandes lecciones para las personas que viven en el primer piso: 1. Encuentra tu centro y permanece conectado con él. 2. Deja que los demás sigan el camino que han elegido, y de cualquier modo, ámalos. La verdad es que dos mazorcas de maíz no crecen al mismo ritmo ni dos rosas florecen exactamente en el mismo instante. Tal vez se trate de una carrera pareja, pero todas las cosas y todas las personas se desarrollan a su propio ritmo, según el plan divino para su vida. Resulta muy tentador atrofiar tu crecimiento, detenerlo o insistir en que alguien se acomode al tuyo. La verdad es que el crecimiento simultáneo es excepcional en las relaciones. Por lo general, dos personas se ponen en camino juntas. Una avanza hacia delante y la otra se queda atrás. En algunas ocasiones, la que ha avanzado más es capaz de volver atrás y arrastrar a la otra a toda velocidad. En la mayoría de los casos, la que arrastra a la otra tiene que disminuir su marcha, a veces hasta pararse por completo. Encuentra tu centro y permanece conectado con él. Has de saber que todavía te es posible amar a la persona que corre detrás de ti, pero si empieza a andar, tu *responsabilidad hacia ti mismo* es seguir corriendo.

¿Cómo encontrar tu centro? Existen varios pasos sencillos que puedes practicar constantemente y que te ayudarán a encontrar tu centro, el lugar de tu equilibrio:

1. Recuérdate sin cesar la experiencia que quieres tener. (¿Cómo quieres sentirte?) No te pongas ningún límite. Deja que tu mente idee la mejor situación que sea capaz de imaginar.
2. Visualízate teniendo esta experiencia a fin de que tu cuerpo se familiarice con este sentimiento. (Este es un excelente ejercicio de meditación.) Muy a menudo no tenemos la menor idea de qué sentiríamos si consiguiésemos exactamente lo que deseamos. Por lo tanto, cuando lo conseguimos, o nos acercamos a ello, nuestro cuerpo se siente incómodo y creemos que algo no está bien.
3. Reconoce o encara tus miedos sobre lo que quieres y luego libéralos. Querer algo y a la vez tener miedo de conseguirlo parece una faceta de la naturaleza humana. Esta es una oportunidad excelente para escribir un diario. Escribe qué te da miedo, qué piensas que podría ocurrir, qué sentirías si ocurriera, qué te pasaría a ti si ocurriera y cualquier otra cosa que te venga a la imaginación y pienses que contribuye a tus miedos. Acaba este ejercicio escribiendo: «No elijo

tener esta experiencia. Elijo ....». Completa la frase escribiendo lo que quieres.

Otro ejercicio excelente para encarar y liberar el miedo se denomina Ejercicio de la Silla. Sitúa dos sillas una frente a la otra. Siéntate en una de ellas y visualiza a la persona con la que quieres hablar o escribe el nombre de esa persona en un trozo de papel y colócalo en la otra silla mirando hacia arriba. También puedes imaginarte que en la otra silla se sienta tu ángel de la guarda, tu mejor amigo, tu pastor, tu mentor, Cristo o cualquier otra persona o ser espiritual que tú reconozcas. Habla de tus miedos con esta persona o entidad. Di todo lo que tengas en tu mente. Cuando acabes, pídele que te guíe.

4. Examina tus creencias sobre lo que es verdadero para ti. Pregúntate: ¿Quién soy yo? ¿Qué es lo que creo sobre mí? ¿Qué hago para apoyar estas creencias? ¿Qué he aprendido sobre mí que me ayuda a ser feliz? ¿Qué he aprendido sobre mí que no me ayuda a ser feliz? Asegúrate de escribir lo que aparece en tu mente y de contestar estas preguntas.

La mayoría de los desafíos que se dan en nuestras relaciones surgen cuando nos olvidamos de nuestro objetivo, cuando olvidamos las lecciones que hemos aprendido en el pasado, cuando vivimos con miedo, cuyo efecto crea, precisamente, lo mismo que tememos, y cuando hacemos cosas que en un plano subconsciente sabemos que no funcionan.

En respuesta a la muerte de mi madre cuando yo tenía dos años, creé la muy sutil e inconsciente creencia de que la gente que amo me abandonará. Espero que la gente me abandone. En mis relaciones, esto se tradujo en un miedo a comprometerme. Por supuesto, yo no tenía ni idea de que esto sucedía. Creía que me abandonaban porque había algo malo en mí, o que las demás personas, en especial los hombres, eran sencillamente viles. En mi mente se desarrollaba una batalla. Una parte de mí quería una relación, mientras que la otra parte temía tenerla. La parte de mí que quería una relación estaba enfadada con mi otra parte que siempre hacía algo para contribuir a que la relación se rompiera. La parte de mí que esperaba que la gente me abandonase, que creía que se iría, tenía miedo a abrirse. La parte que quería abrirse tenía que luchar para salir a la luz. Desde fuera parecían cambios de temperamento: era muy cariñosa, afectuosa y amorosa, pero con la misma rapidez podía convertirme en una verdadera zorra. Oscilaba de un lado a otro: vete, no, quédate, márchate, no me abandones. Al final, todas mis parejas me desenmascaraban y me dejaban. Muchas personas que viven en el primer piso de la casa del amor deben abrirse paso a través del conflicto interno entre querer una relación y creer, por cualquier razón elaborada por la mente, que no pueden tener o no se merecen tener una relación comprometida. Es muy similar a creer que no nos merecemos el amor. El amor es una atracción y un acuerdo del alma. Las personas que atraemos aman tanto nuestra alma que llegan a un acuerdo, un acuerdo inconsciente y no expresado, de pasar una parte de su vida entrelazadas con la nuestra a fin de enseñarnos nuestros propios acuerdos. La verdad es que Bruce y David, como cualquier persona que inicia una relación íntima o sexual, tenían este tipo de acuerdo.

En el primer piso empiezas a construir tu integridad respecto a las relaciones. Empiezas a desarrollar fronteras. Debes empezar a aclarar qué es lo que harás y lo que no harás, cómo llamarás a la gente para que aparezca y participe en tu vida, a cuánto de ti mismo estás dispuesto a renunciar y si mantendrás o no los compromisos a los que has llegado contigo mismo. Siempre que participas en la ocultación o la evitación de alguien, no actúas con integridad. Lo haces con una conciencia de negación e irresponsabilidad. Si sabes que alguien toma drogas y no le dices nada a esa persona ni a nadie más, participas en su autodestrucción. Puedes decir que le echas una mano, que le apoyas, que eres leal, pero debes tener muy claros los efectos que sus actos puedan tener en ti. Debes reconocer que te pones en peligro. Con mucha frecuencia, en las relaciones no sólo renunciamos a nuestra integridad al hacer cosas que juramos que no haríamos, sino que perdemos el respeto por nosotros mismos al dejar que otras personas hagan lo que nosotros no haríamos jamás. Cuando nos encontramos en situaciones que comprometen nuestra integridad, debemos aprender a amar a esa persona a distancia hasta que sea capaz de manejar sus asuntos. Aunque pueda parecer un ejemplo obvio, no es distinto de la historia de David y Bruce. Bruce sabía que David tenía una relación heterosexual con una mujer. Al insistir para tener una relación con él, Bruce participó en algo que carecía de principios.

Hay momentos en los que te metes en cosas y no sabes cómo salir de ellas. En lugar de intentar encontrar la solución, te quedas. Dejas que esas cosas se enconen. Cuando actúas así, acaban por pudrirse. En la nevera de Bruce había definitivamente algo podrido: las cosas que olvidó sobre sí mismo al perseguir a David, las cosas que se decía a sí mismo para justificar la relación, que se amaban mutuamente, por ejemplo. Si no te amas a ti mismo lo suficiente para vivir tu propia integridad, si no tienes un sentido sólido de tu propio valor y de tu propia estima, amar a otra persona te va a resultar difícil. Es posible que la necesites o la quieras, lo cual significa que lo que en realidad haces es ser dependiente; lo más probable es que te hayas metido en un intercambio de necesidades, algo que raramente perdura o funciona. En el entretanto, mientras las cosas se pudren, se enconan y se deshacen, probablemente sientas una gran cólera. Si es así, debes *responsabilizarte* un poco: te ayudará a aliviar esa cólera. Añade una pizca de *verdad* y en poco tiempo te sentirás bien. Así podrás comprender la naturaleza de la vida en el primer piso y la eficacia de los limpiadores espirituales que debes utilizar en este nivel de tu desarrollo. Examinemos otro guión.

Tómate alguna cosa: te ayudará a sentirte mejor

La *clásica* historia del primer piso trata sobre ayudar a alguien a superar algo sólo para que te deje. Cuando esto ocurre, lo más probable es que necesites algo más que una limpieza. ¡Necesitarás una reparación general! Esta es una historia sobre una mujer que no mantuvo los acuerdos que había hecho consigo misma, ignoró los primeros indicios de problemas, representó en su vida su conflicto subconsciente y no hizo frente, no podía hacer frente a la verdad. Una mujer atractiva, de buen porte, con estudios universitarios y un empleo lucrativo, se enamoró de un graduado de enseñanza secundaria que adoraba la jardinería. Aparentemente, dedicar tu vida a la jardinería no es una mala cosa, pese a que puede resultar bastante desagradable durante los meses de invierno. Aunque no se daba cuenta, la mujer buscaba aceptación y compañía. Las acumulaciones de polvo que había en su mente entonaban: «*todavía no eres bastante buena*», porque no había atrapado a un admirador permanente. Los hongos que habían permanecido en su corazón tras las pasadas relaciones la llevaron a creer que si ayudaba a este hombre, él le daría a cambio lo que ella necesitaba y quería: realización. ¡Pobrecita! ¡Lo que en realidad necesitaba era una limpieza del ego! No comprendió que era lo bastante buena o que, aun en el caso de que no lo fuera, un hombre no podía ayudarla. Les dijo a todos sus amigos que ya lo sabía, pero como sucede con la mayoría de las personas que necesitamos una buena limpieza, sus actos demostraron, inevitablemente, lo contrario.

Él buscaba apoyo y aceptación, con un matiz de miedo y deshonestidad. ¡En algunos círculos a esto se lo llama «un viaje gratis»! Para ser justos, no es que fuese una mala persona. Lo que pasaba es que no creía en sí mismo o no tenía fe en el sueño que guardaba en su corazón. Quería que otras personas compartiesen su sueño, lo cual le ayudaba a sentirse mejor al respecto. En realidad, quería que compartiesen su sueño y que lo pagasen. De este modo, si no salía bien, él no tenía nada que perder. Suena bastante vil, pero de una forma u otra, todos lo hacemos. Es el comportamiento típico que llevamos a una relación y el mismo comportamiento que nos hace salir despedidos de ella. Carecemos de fe en nuestros sueños, así que no decimos lo que queremos decir o no queremos decir lo que decimos. Es el comportamiento de las personas que habitan en el sótano de la casa del amor. ¡Estas dos personas eran moradoras del sótano! ¡Y todos sabemos que el sótano es un lugar tan desordenado y polvoriento que nadie quiere hacer la limpieza allá abajo!

Un aspecto del amor incondicional es ser capaz de darte a ti mismo sin esperar nada a cambio. ¡Eso es, nada! No debes esperar nada a cambio del amor que das, ni tan siquiera amor. Marianne Williamson, autora del libro *Volver al amor*,* escribió: «El amor es dar sin recordar. Recibir sin olvidar». Esto no significa que debas

---

* Publicado por Ediciones Urano. (*N. del E.*)

permitir que la gente haga lo que quiera en tu vida o contigo. Sencillamente significa que vives cada día como una experiencia del compartir sin motivos ocultos ni expectativas de recibir algo a cambio de tu inversión. El amor requiere que compartamos sinceramente el tiempo, el espacio, los recursos y la vida por el mero placer de hacerlo, mientras resulte placentero. Este nivel de amor incondicional y consciente cosechará muchas recompensas de un modo ilimitado. También exagerará y desenmascarará cualquier cosa que no sea propia del amor. El amor incondicional revelará el miedo y la falta de honestidad. Cuando lo haga y lo veas, serás capaz de expresar tus preocupaciones, porque no tendrás ningún motivo oculto del que tu subconsciente se sienta culpable. Cuando no tienes culpa, eres capaz de escoger el rumbo de acción que incluye dejar ir el miedo y la deshonestidad que han entrado en tu vida, inteligentemente disfrazados de ser humano. Dejar ir, que es una forma de limpieza de la casa, no significa que dejas de amar. Significa que haces una elección consciente sobre cómo amar, lo que puede incluir amar a alguien a distancia. Por desgracia, cuando vives en el sótano —en el desorden de la víctima, con la creencia polvorienta de que no eres lo bastante bueno, y en la confusión de no creer en ti— todavía no estás equipado para ver o manejar nada de esto. Mientras no puedes ver, crees que otra persona puede hacer que tu sueño se convierta en realidad. Esta renuncia ciega a limpiar la casa de tu relación es el comportamiento clásico de quienes habitan en el sótano.

Durante los cuatro años de noviazgo, en los que vivieron juntos, ella mantuvo la casa mientras él iba a la universidad para conseguir un título de botánico y de administración de empresas. Ella trabajaba durante el día. Él iba a clases por la noche. Contando con las recompensas de su inversión, ella utilizaba su tiempo, su dinero, su energía y, por supuesto, también hacía el *amor* de la forma que resultase lo más cómoda posible para él. Él pasaba sus días de otro modo, como buscar con otra persona el placer que no encontraba con ella. Él podría haberle dicho la verdad, pero es difícil decir la verdad a la gente a la que temes o de quien dependes. También podría haberse ido a vivir con la mujer que le daba *placer,* pero ella no tenía el dinero que él necesitaba para que su sueño se convirtiese en realidad. ¿Qué debe hacer un tío en un caso como este? Él tomó la decisión de amar deshonestamente.

Durante el camino ella advirtió un pequeño desorden y unas cuantas termitas. Eran pequeñas cosas que la hacían sentirse incómoda y recelosa. Cosas como números de teléfono desconocidos en la factura detallada del teléfono. Concluyó que eran llamadas que él hacía por asuntos de negocios. También había cargos misteriosos en las facturas de las tarjetas de crédito, pero ella supuso que se trataba de cosas que él compraba para sí mismo o para el negocio. Quería preguntarle sobre estas cosas, pero decidió no hacerlo. Recordó lo que ocurrió la última vez, en su última relación, cuando expresó sus sospechas, y, como no había limpiado su propio desorden, decidió permanecer en una incertidumbre silenciosa. También se sentía un poco culpable por sospechar, ya que ella controlaba y disponía del dinero. Llegó a la conclusión de que como él trabajaba duramente durante los meses de verano para hacerse con una clientela, debería ignorar esta nimiedad, y aceptó las absurdas explicaciones que él le dio.

Como él había crecido en un hogar en el que sólo estaba la madre, estaba acostumbrado a que una mujer tuviese el control de su vida. No le gustaba, pero le resultaba familiar, y era mucho más fácil que hacerlo él solo. También había calculado con exactitud qué hacer y decir para mantenerla alejada de su asunto. Haría que se sintiese culpable al decirle lo duro que era para él aceptar su ayuda. De qué modo ponía a prueba su virilidad ver que ella trabajaba tanto para que él se beneficiase. Si alguna vez quieres conseguir que una mujer se calle, dile que pone a prueba tu virilidad. Todos los músculos de su cuerpo, incluso la lengua, se paralizarán. La gente que vive en el sótano siempre tiene problemas con algún tipo de término que acaba en *dad: verdad, realidad* o humani*dad*. Una vez que la dejaba muda, él sabía que podía hacerle olvidar el enfado al proyectarla hacia la promesa de un futuro glorioso. Siempre había funcionado con Mamá y funcionaba como por arte de magia con la mayoría de mujeres. ¡Particularmente con aquellas que estaban cegadas por la culpabilidad y el desorden!

Planearon su negocio juntos. Ella le enseñó a establecerse y compartió con él sus contactos de negocios para obtener créditos y otras cosas. Hablaban de cómo florecería el negocio y lo maravilloso que sería para *él*. Ella daba por sentado, después de todo lo que había hecho por él, que estaba automáticamente incluida en sus planes. Creía que lo sabía, pero en realidad no lo sabía, porque los moradores del sótano no pueden ver más allá de su propio desorden. Él estaba ansioso por demostrarle de lo que era capaz. A ella le gustó cómo sonaba. Tendría que esforzarse mucho, pero él era capaz de hacer cualquier cosa con ella a su lado. Era maravillosa, decía él. Era su ángel, decía. Ella concluyó que compraba toda la aceptación que necesitaba y que, al final, obtendría la recompensa. Entonces él pronunció la palabra que empieza por «A». Dijo que la *amaba*. Tras decir esto, seguido de unas cuantas horas de hacer el amor salvajemente, ella se olvidó de la inspección sobre las termitas y planearon casarse tan pronto como él acabase sus estudios. Él acabó sus estudios, pero no se casaron. Él quería levantar el negocio para poder *devolverle* todo lo que ella había hecho. Parecía tener sentido, en particular cuando su virilidad estaba en cuestión. Aunque ella sentía que el miedo le subía por la espalda, permaneció en silencio y estuvo de acuerdo en esperar. Pasaron tres años muy rápidamente, y tal como habían planeado, el negocio floreció.

Por insistencia de ella, finalmente tuvo lugar la boda. Fue una gran boda, con todos los adornos posibles que ella misma sufragó. Aproximadamente un mes después de su luna de miel, advirtió de nuevo una factura de teléfono bastante elevada. Aunque ahora él trabajaba, dejaba que fuese ella la que controlase y administrase el dinero. A los moradores del sótano les resulta difícil cambiar de hábitos. Un día ella decidió comprobar el número que se había marcado con más frecuencia. La mujer que daba placer a su marido contestó al teléfono. Era la madre de sus hijos. La ahora señora *Déjame que te ayude* estaba desolada. Había invertido tanto en su relación sólo para que la traicionase. Se sintió un fracaso. Tendría que haberlo visto venir. Pero como no lo había hecho, ahora también se sentía avergonzada de sí misma. Había mantenido a un hombre, y obviamente a sus hijos, durante siete años. Nunca se había sentido bien con respecto a lo que había hecho. De hecho, les había mentido a sus amigas al decirles que él trabajaba a media jornada mientras estudiaba, y por esa razón, dijo, estudiaba por las noches. Había visto a su madre mantener a su padre alcohólico durante tantos años que se sentía justificada por este enfoque de «apoya a tu hombre», aunque hiciera que no se sintiese bien. Ahora estaba a punto de perderlo todo: a él, su imagen, su compañía y el control. *¡Se había aprovechado de ella!* Entró en el entretanto de su vida con una gran cantidad de enfado. No, de rabia. ¡Era tan estúpida! No. ¡Estaba tan confundida! No. ¡Estaba furiosa! No. Estaba en el entretanto e intentaba comprender qué había pasado, cómo había pasado y por qué le había pasado a ella otra vez. ¡No quería limpiar! ¡Quería matar a alguien!

Lo cierto es que ninguna de estas personas era consciente de su verdad, y por consiguiente no podían decirle la verdad al otro. Si ella hubiese sabido la verdad sobre sus motivos, quizá hubiese sido difícil, pero podría haber hecho que su vida fuera mucho más fácil si, sencillamente, hubiese dicho: «Mira, tengo un buen trabajo y una vida decente, pero no tengo hombre. Necesito un compañero, algo de sexo y alguien que brille a mi lado en las fiestas de la oficina. A cambio de la mitad del alquiler y la comida, te ofrezco esta posición». Él podría haber respondido: «Mira, yo tengo un sueño y muy poco dinero. Pagaré la mitad del alquiler, te ofreceré compañía sexual sin ninguna atadura, y me lavaré la ropa yo mismo. ¿Puedo quedarme contigo durante tres años?». Suena muy duro, tal vez profano, pero les hubiera ahorrado a los dos mucho tiempo, mucho dinero y mucho dolor. Ahora ella hace terapia, él está en los tribunales de divorcio y se pelean para recuperar las partes de su vida a las que renunciaron.

Percibo grandes objeciones del tipo: «¡La gente no actúa así!», o: «¡No puedes decirle esas cosas a la gente!». En respuesta a esas objeciones pregunto: ¿Por qué no? ¿Por qué no tenemos la valentía de decir exactamente lo que esperamos, queremos o necesitamos? ¿Acaso no hemos aprendido todavía que si no decimos estas cosas, creamos una angustia traumática que juramos que queremos evitar? Los que viven en el sótano quizá no sean capaces de decir la verdad. Los que han ascendido al primer piso deben aprender a hacerlo. Déjame que comparta contigo lo que sé. Sé que cuando aprendemos a amarnos y respetarnos a nosotros mismos, no hay nada que no seamos capaces de hacer, decir o tener si estamos decididos a lograrlo. También sé que cuando tenemos este tipo de amor en nuestro corazón, la verdad, por muy espantosa que pueda ser, nos ahorrará, al final, mucho dolor. Y también sé que cuando aprendamos a vivir con la conciencia de la verdad, de la responsabilidad, de la integridad y del amor incondicional, las cosas que una vez quisimos, ya no nos satisfarán. Seremos capaces de abrir la nevera, detectar el más leve olor de algo que se pudre ¡y tirarlo!

¡Respétate a ti mismo! ¡Respeta a los demás!

Lo hacemos siempre. Encuentras a alguien que te atrae o que despierta tu curiosidad. Tal vez esta persona tenga un bonito cuerpo, una cara maravillosa, determinadas partes de su cuerpo de un tamaño adecuado o cualquier otra cosa que agite tus ondas cerebrales. ¡Quieres a esa persona! ¡La persigues! ¿Has dicho o alguien que conoces ha dicho alguna vez: «*Voy a hacer que me quiera*»? Este es exactamente el tipo de situación a la que me refiero aquí. Inicias una resuelta campaña para atraer la atención de esta persona y capturar su corazón. En el entretanto, cuando te encuentras en una intensa persecución de este tipo, te olvidas de quien eres y de lo que realmente quieres. Haces y dices cosas que sabes que no van contigo en absoluto. No tienes centro, ni cumbre ni base. Llevas a cabo una misión. En este tipo de misión, es inevitable que te deshonres a ti mismo.

Lo más probable es que la persona a la que persigues esté siendo exactamente como es, haciendo exactamente lo que hace. Sin embargo, tú no prestas atención. A sus desagradables hábitos les das preciosos epítetos. La justificas a ella y justificas las cosas que hace. En el entretanto, tú realizas todo el trabajo, te gastas todo el dinero, llevas a cabo todos los arreglos. Haces un trabajo tan bueno que no adviertes que la otra persona sólo está de paso. Además, no has hecho la menor investigación. No tienes la menor información. No sabes la historia de sus relaciones. No conoces su historia familiar. Probablemente no tienes ni idea de que esta es la misma persona cuyo rostro aparece en los carteles de «se busca» de la oficina de correos. Sigues tu alborozado camino, lo lías todo y dejas atrás las cosas que tienes por hacer y por decir y que, a la larga, enmohecerán o se pudrirán, y te dejarán en medio de una gran suciedad que deberás limpiar. Cuando nos negamos a aceptar que los demás pueden seguir un camino distinto al nuestro, o cuando intentamos arrastrarlos al nuestro, los deshonramos y nos deshonramos a nosotros.

Muchos de nosotros miramos lo que necesitamos y queremos en las relaciones con ojos que están cegados por una información incorrecta. Lo que creemos que la gente puede hacer por nosotros o darnos y cómo creemos que nos puede hacer sentir, cambiará cuando aceptemos nuestra verdadera identidad y empecemos a amarnos por lo que somos: seres enteros, completos y perfectos. Cuando esto ocurra, cuando nos pongamos en camino desde una conciencia de integridad, plenitud y perfección, no buscaremos las mismas cosas en las relaciones. No tendremos el mismo criterio sobre nuestras relaciones. No sentiremos las mismas necesidades cuando establezcamos relaciones. Por consiguiente, no tendremos los mismos penetrantes miedos. Cuando el miedo está ausente, el amor, la alegría, la paz y la verdad prevalecen. A fin de eliminar el miedo, ¡debemos estar dispuestos a restregar el cerco de suciedad de la bañera!

El segundo piso

¡Resulta increíble de qué forma se pueden amontonar las cosas! Te das la vuelta un minuto y aparecen cosas cubiertas de polvo por todas partes. No puedes encontrar los zapatos que te quitaste la noche anterior porque están ocultos bajo el desorden. Sabes que dejaste las llaves encima de la mesa, pero ahora no puedes encontrarlas por la gran cantidad de papeles que hay. Tienes que mantener las cortinas de la ducha cerradas en el cuarto de baño porque la bañera tiene un cerco de suciedad. Te olvidaste de comprar las bolsas de la basura otra vez, de modo que la basura se sigue acumulando. En el transcurso normal de la vida, resulta absolutamente increíble la cantidad de cosas que somos capaces de crear y acumular.

Sí, podemos salir impunes al respecto en el entorno en el que vivimos. Pero no es cierto que podamos salir impunes durante mucho tiempo en nuestras relaciones. Debemos limpiar el grasiento y oleoso conglomerado de desperdicios, basura y confusión antes de que podamos disfrutar de los frutos del amor. Quizá resulte un trabajo sucio y desagradable limpiar nuestra porquería amorosa, pero más tarde o más temprano, todos tenemos que hacerlo.

6
Quitemos un poco el polvo

Estás en el aire a nueve mil metros de altura y vuelas a través del país en contra de lo que te aconseja tu buen juicio. De repente, justo cuando acabas de abrir tu tercera bolsa de cacahuetes, ¡empieza la turbulencia! Tu lata de Coca Cola sale disparada por los aires. Los cacahuetes se te han caído sobre la camisa: por fuera y por dentro. Te has golpeado las rodillas con la estúpida bandejita y tu vecina exclama: «¡Oh, Dios mío!» a voz en grito. El piloto os tranquiliza y dice que sólo se trata de una pequeña turbulencia y que todo está bajo control. Mientras recoges los cacahuetes de la camisa, intentas recordar la oración que tu madre te enseñó cuando tenías seis años. El avión entra en una nueva zona de turbulencias. La oración aparece en tu mente: «Ahora me acuesto...». ¡No! ¡Ésa no! ¡Ahora no te atreverías a ponerte a dormir! ¡Hay turbulencias en el aire! ¡En tu vida! Estás en el entretanto, y no hay muchas cosas que puedas hacer. En realidad, no puedes hacer nada, salvo aguantar. Debes aguantar y pensar: pensar en todas las cosas que harás mejor una vez vuelvas a tierra.

El segundo piso es el lugar al que llegas para aprender cosas sobre la relación más importante que tendrás jamás, la que tienes contigo mismo. Esa relación, que se ha desarrollado casi por completo en respuesta a las experiencias que has tenido en tu vida, te servirá de modelo para cualquier otra relación amorosa que tengas. ¿Cómo me amo a mí mismo? Déjame decirte cómo. Me amo de la misma forma en que me amaron mis padres el día en que nací. Me amo de la misma forma en que me aman mis padres. Me amo de la

133

misma forma en que me aman mis hermanos y amigos. Me amo de la forma en que me han enseñado a hacerlo los personajes de la televisión. Pero espera, ellos han cambiado su opinión sobre a quién y cómo amar: ¡otra vez! Me amo a través de las percepciones de los medios de comunicación. Me amo con las expectativas y condiciones de mi entorno. Me amo en respuesta a la forma en que los demás me demuestran su amor. Me amo de muchas formas distintas, según lo que ocurre a mi alrededor y lo que recuerdo de otras experiencias amorosas del pasado. ¡Me amo con confusión! ¡Me amo con miedo! ¡Me amo con tanta ira que al parecer no consigo que otra persona me quiera! En el entretanto, sin embargo, mientras busco, anhelo y espero el amor, ¡me culpo por mi incapacidad para encontrar el amor adecuado o para que me amen adecuadamente!

Tendría unos treinta años cuando decidió que debía aprender de qué modo amarse más. Debía amarse lo bastante como para detenerse y dejar de luchar, de sufrir y de sentir que no era capaz de aguantar más. Tenía que aprender a amarse a sí misma lo suficiente para dejar de hacer las cosas que le costaban tantos esfuerzos y le causaban tanto dolor. En sus silenciosas oraciones, Rhonda le suplicaba a Dios que la ayudase a cambiar, que la ayudase a sentirse mejor con ella misma y con su vida. Sus hijos se hacían mayores y ella quería darles un ejemplo mejor. Se sentía vieja, y no quería vivir el resto de su vida de ese modo. Descubrió que estos sentimientos eran más intensos al final de una relación, que era, exactamente, el lugar en el que ahora se encontraba. También comprendió que hay cosas a las que no se presta atención hasta que existe una extrema presión para hacerlo. ¡La presión estaba en marcha!

¿Cómo se había metido él de nuevo en algo así? Se había prometido que pese a lo magnífica que fuese la mujer o lo buena que pareciese la situación, nunca volvería a engañar a dos mujeres a la vez. «¡Cualquier cosa que me pase, la merezco!», pensaba James. «¡Esto es sencillamente ridículo!» ¿Por qué era siempre incapaz de decir no? ¿Por qué cuando intentaba ser amable con una mujer, ella se enamoraba por completo de él y le hacía sentirse obligado a quedarse para ayudarla? ¿Por qué cuando tenía a una mujer en su apartamento e intentaba ayudarla a pasar por lo que pasaba, tenía que aparecer la otra y montar una escena? ¿Por qué motivo las mujeres siempre saben cuándo mientes? Ahora tenía a Jean llorando a un lado de la ciudad, y a Paula en el otro lado que le amenazaba con pincharle las ruedas. Aquí estaba de nuevo, justamente donde no quería estar, solo.

¿Cómo eliminar la suciedad superficial y la mugre?

¿Dónde empieza todo? Los esquemas que repetimos una y otra vez. Los sentimientos contra los que intentamos luchar una y otra vez. ¿Es algo que habremos comido? ¿O es que en realidad somos tan tontos? ¿Lo suficientemente tontos para repetirlo una y otra vez? Debe de existir una respuesta, y debe de haber una manera de salvarnos de nosotros mismos. Tal vez deberíamos tener unas pequeñas luces en la frente como las del tablero del coche. Nos avisarían cuando corriéramos demasiado, cuando necesitáramos aparcar, poner el punto muerto o la marcha atrás. Definitivamente, es necesario que sepamos cuándo vamos marcha atrás sobre un terreno por el que ya hemos pasado. Estas luces se activarían mediante nuestros pensamientos y sentimientos. Nuestro cuerpo generaría el calor o la energía necesaria para encender las luces que, a su vez, harían sonar la alarma en la cabeza y en el corazón. Cuando esto ocurriese, sería preciso que llevásemos nuestro cuerpo recalentado a un mecánico de la vida, quien nos haría sentar y diagnosticaría nuestros síntomas: ¡Estás desesperado otra vez! ¡Te sientes necesitado de nuevo! ¡Estás a punto de estrellarte! Entonces nos llevaría al taller de reparación para cambiar el nivel de nuestra disposición, ajustar nuestra responsabilidad y reajustar la verdad en nuestra conciencia.

Por muy improbable que pueda parecer, Rhonda podría haber utilizado un mecánico de la vida. Necesitaba algo de ayuda para estimarse a sí misma y apreciar su vida amorosa. Justo cuando creía que las cosas empezaban a marchar, algo o alguien nuevo aparecía y la forzaba a hacer marcha atrás sobre un terreno emocional por el que ya había pasado. A veces salía de ello sólo con algunos rasguños y arañazos. Como la penúltima vez. El hombre era maravilloso, ¡absolutamente delicioso! La persiguió y la conquistó. Lo pasaron muy bien durante un tiempo, pero algo no acababa de funcionar. Él era algo vago en sus explicaciones sobre todas las cosas. Siempre estaba ocupado haciendo algo que nunca parecía capaz de explicar con exactitud. A Rhonda le llevó tres meses descubrir que él todavía vivía con la madre de su hija (así las llaman hoy en día), y otros seis meses comprender que la suya era una relación intermitente. Durante las semanas en las que sí tenían una relación, Rhonda notaba que él era impreciso. Durante las semanas en las que no había relación, ¡era un amor siempre dispuesto!

Cuando finalmente la cosa se derrumbó y él se lo contó todo, parecía una historia muy razonable y creíble: ¡para Alicia en el País de las Maravillas! Entonces, Rhonda ya estaba enganchada. Intentaba encontrar la manera de hacer que su relación funcionara. Llamaba a última hora de la noche para ver si él contestaba al teléfono y podía hablar con ella. Él lo hacía siempre. Ella empezó a pedirle que la acompañase a actos públicos. Él no se negó jamás. Lo que no hacía nunca, bajo ningunas circunstancias, era quedarse a pasar la noche con ella. No quería que su hija se despertase y viese que él no estaba en casa. No quería que la madre de su hija se enfadase y se llevase a su hija. No quería comprometerse seriamente hasta que no tuviese el divorcio. ¿De quién? Su mujer vivía en Tejas.

Hubo una lección que Rhonda aprendió bien: ¡un hombre casado es un hombre casado! Podía haberse separado en 1902, pero si su mujer está viva, todavía está casado. Ella sabía que no debía entrar en eso. Un hombre casado que todavía está casado puede pegarse a ti para siempre. Puede decirte cualquier cosa. ¡Te dirá cualquier cosa! Rhonda tuvo que admitir que aunque tuviese un pie en el sótano y ambas manos en el primer piso, no se enredaría, no podía enredarse bajo ninguna circunstancia con un hombre casado: lo había hecho antes y no la había llevado a ninguna parte. La ruptura fue mutua. Dado que había sido ella la que había hecho casi todas las llamadas, dejó de hacerlo. Él tardó dos semanas en advertirlo. Cuando lo hizo, la llamó. Rhonda no estaba en casa. Estuvo fuera un año. El hecho de saber que a él le costó todo ese año dejar de llamarla, hizo que se sintiera mejor. De alguna manera alivió su dolor.

James también podría haber utilizado las luces de su cerebro y acudir a un mecánico de la vida. Jean había sido su compañera estable durante un año aproximadamente. Si no se armase tantos líos en la cabeza, se decía a sí mismo, realmente podía sentar cabeza y pasar el resto de su vida con Jean. Ella lo tenía todo: belleza, cerebro, un sano apetito sexual y una personalidad lo bastante fuerte para mantenerlo a raya. Lo más increíble era que Jean no quería nada de él. Nunca le pidió dinero para ir a la peluquería, para pagar el coche o para hacer las compras, ni tampoco insistía en que fuera con ella a su casa a pasar las vacaciones. No intentaba presumir de él delante de sus amigos y no lo exhibía como si fuese un premio de feria. Tenía sus propios intereses y eso producía un efecto muy tranquilizador en James. Tal vez era eso. Quizás ella era demasiado estable, demasiado buena. ¿Cuántas veces se había dicho a sí mismo que no se merecía a Jean? Era demasiado buena para él. ¿Cuántas veces le había dicho lo mismo a ella? Paula, por otra parte, era una historia completamente diferente...

¡Paula era una niña salvaje! Le gustaba hacer fiestas y divertirse y resultaba evidente que buscaba a un hombre para hacer fiestas y divertirse. Si no fuese por el hecho de que casi siempre le llamaba y le perseguía a él, apostaría que tenía tres o cuatro hombres para hacerse cargo de todas sus necesidades: su cabello, sus uñas, sus pies y, por supuesto, el alquiler. A él no le importaba ayudar a una mujer si tenía una emergencia, pero no quería sentirse obligado a hacerlo a cambio de favores sexuales. Ese había sido el *modus operandi* de Paula una vez que empezaron la relación; era una mendiga: siempre mendigaba dinero, atención o tiempo. ¿Acaso no saben las mujeres lo fastidioso que esto le resulta a un hombre? ¿No saben que la mayoría de los hombres apenas se mantienen a sí mismos? ¿Por qué tienes que demostrar tu valor a una mujer mediante el dinero? Además, él nunca había pretendido llegar tan lejos con Paula. Quería echar una cana al aire, buscaba a alguien para pasar algo de tiempo mientras Jean estaba fuera en viajes de negocios. Una noche te diviertes un poco y antes de que te des cuenta te amenazan con pincharte las ruedas. ¿Cómo había llegado a esto?

¿Ya estás en apuros?

Puedes tener relaciones en el entretanto. Relaciones que son divertidas, satisfactorias, o en las que te sientes satisfecho por el momento.
No estableces una relación del entretanto por necesidad, sino porque lo eliges. Sabes que no se trata de la relación *para siempre*, pero
es una relación para ahora. Una relación del entretanto no debería
agotarte. Debería proporcionarte la oportunidad de hacer algo, de
mantenerte animado y ayudarte a que te prepares para una experiencia más grande. Sabrás que te encuentras en una relación del
entretanto si te gusta la persona, pero no te gusta lo suficiente para
prestarle el coche; si te lo pasas bien en su compañía, pero no te
imaginas sentado en un balancín y compartiendo tus bombones con
ella. En una relación del entretanto, la actividad sexual es tu motivo,
y nada más. Si reconoces que mantienes una relación del entretanto,
relájate y disfrútala. No inviertas en ella los ahorros de tu vida, es
decir, no deberías encargar los anillos de boda ni hacer imprimir las
invitaciones. ¡Enfréntate a la verdad! ¡Lo sabes! ¡Entérate! Acepta el
hecho de que la relación que tú quieres se está preparando, como la
cena. Mientras tanto, ¡tómate un tentempié ligero!

Por desgracia, tendemos a ser demasiado indulgentes con el
tentempié y arruinamos la cena. Tomamos demasiado. Invertimos
demasiado. Esperamos demasiado. No dejamos de intentar que
ésta se convierta en la verdadera relación. El síndrome de «es ésta»
es un comportamiento del sótano. En este momento de nuestro
desarrollo, deseamos tanto librarnos de nosotros mismos que cualquier persona es «la persona». Tenemos un problema con nosotros
mismos y no lo sabemos. Ponemos condiciones y exigencias a
nuestra relación porque nos preocupa la satisfacción física. ¡No te
olvides de tus experiencias del primer piso! ¡Ya has limpiado la
basura del sótano! Entrénate a poner en marcha esa pequeña luz
intermitente en tu mente que te avisa: ¡CUIDADO! ¡CUIDADO!
¡MIRA POR DÓNDE ANDAS! ¡VAS DEMASIADO LEJOS!

Rhonda era una consultora independiente. Tenía una reputa-
ción excelente en su campo. Sin embargo, las cosas avanzaban lentamente. No había trabajado durante varios meses y, en consecuencia, ahora tenía presiones económicas. Había aceptado un proyecto
a largo plazo que iba muy retrasado. Si al menos pudiese acabarlo,

tendría algo de dinero. Dinero real. Dinero para pagar las facturas y para comprar algunas cosas que necesitaban los niños. Y tal vez sobraría algo para que ella pudiese hacer un pequeño viaje a algún lugar, a cualquier parte, sólo para darle un descanso a su mente. ¡No sucedería ni en sueños! Sabía lo que pasaba siempre: consigues el dinero y se te va de las manos antes de que puedas hacer lo que necesitas hacer. Con los hombres de su vida le ocurría algo muy parecido. Llegaban y se iban. Rhonda tenía que aprender lecciones muy importantes.

Entonces surgió la pequeña cuestión de la casa. Necesitaba mudarse. Había pospuesto la búsqueda durante bastante tiempo porque no tenía el dinero necesario. Rhonda mantuvo a distancia al arrendador todo lo que pudo, pero ahora él actuaba de un modo algo extraño y amenazador. La amenazaba con sacar sus pertenencias a la calle. La amenazaba con demandarla. Más presión. Sólo con que fuese capaz de acabar el trabajo, tendría el dinero necesario para mudarse y la presión se acabaría. Esa era otra pauta.

Al parecer, siempre que tenía que hacer algo muy importante, había algún tipo de presión. Resulta difícil planificar, trabajar, buscar una casa, cuando tus acreedores o el casero te presionan. Es innecesario decir que lo hacía todo sola. Su última relación había acabado recientemente, pero al menos eso había sido distinto. Esta vez había sido ella la que lo había dejado. A los treinta años, Rhonda había dejado a su primer hombre. ¡Aleluya! ¡Al menos algo había cambiado! Por desgracia, el hecho de que estaba sola *otra vez* era una situación muy familiar. Cuando en el entretanto estás solo, y no quieres estarlo, cómo llegaste a estarlo no tiene demasiada importancia. Durante una breve temporada, el hecho de que tu corazón no esté magullado o herido, quizá te haga sentir bien. Sin embargo, cuando comprendes que la persona que tardó tanto en aparecer ya no está, *la forma* en la que se fue no parece tan importante como la realidad de que se fue.

Rhonda avanzaba a buen paso, hacía su trabajo, ganaba un sueldo decente y se lo pasaba bien. Había empezado a estudiar temas espirituales. No era una fanática de la filosofía de la nueva era, pero le interesaban los temas del cuerpo, la mente y el espíritu, de los que tanto había oído hablar. Estaba interesada en el espíritu cuando se sintió atraída por ese hombre. Fue uno de esos encuentros fortuitos. La primera vez que lo vio se encontraba en un viaje de negocios. Él entabló una conversación con ella. Salieron a cenar y se lo pasaron maravillosamente. Después cada uno se fue por su lado sin tan siquiera intercambiar los números de teléfono. Cuando regresó a la habitación del hotel, Rhonda estaba entusiasmada. ¡Esto es! ¡Esto es la vida! Encuentra un hombre que te invite a cenar sin siquiera pedirte el número de teléfono: ¡me he muerto y he ido al cielo!

Aunque James sabía exactamente cómo había sucedido, volvió sobre sus pasos mientras pensaba: «*Si no fuese tan patético, resultaría divertido*». Debería haber seguido su primer pensamiento, que era no volver a tirarse a la piscina con Paula una segunda vez. Casi lo consiguió, pero entonces ella prometió que le prepararía una comida casera. Él no se podía resistir a la comida casera, y tenía que admitir que Paula horneaba sus bien formados bollitos divinamente. Por mucho que él quisiese a Jean, borra eso, por mucho que le gustase estar con ella, ¡lo que cocinaba no valía un comino! Además de las noches salvajes, Paula le ofrecía los mejores desayunos que un hombre podría pedir: jamón, patatas fritas, puré de maíz, crepes y gofres con fresas ¡en una mañana de un día de trabajo! Eso derrotaba al café y el bollo en cualquier momento. Después de uno de esos desayunos, habían pasado seis meses sin darse ni cuenta, y Paula le ofrecía la llave de su casa. Casi valía la pena. Casi, pero no del todo.
Jean había regresado pronto a casa, deseosa de verle. Tenía regalos y quería llevárselos a su casa. Él había comprendido muy pronto que resultaba peligroso que Paula fuera a su casa. De modo que normalmente era él quien iba a la suya, y le pedía a Dios que se hubiera olvidado de su dirección, ya que sólo había estado allí una vez. Entonces su criterio era que, independientemente de lo mucho que pudiese tontear, ¡su primera mujer era su primera mujer! ¡Todas las demás tenían que esperar! Cuando la primera te llama, anúlalo todo. Después de hablar por teléfono con Jean, llamó a Paula para decirle que no podía ir con ella al cine. Le había surgido algo. Podían ir al cabo de unos días. Fue entonces cuando ella empezó a gemir. Él le recordó que acababa de salir de su casa. Le dijo que todo estaba bien y que la llamaría más tarde. ¡Debería haber sido fiel a su primer pensamiento! Algo le dijo que llamase a

Paula durante el día sólo para asegurarse de que todo iba bien, para comprobar que no sospechaba nada, pero estuvo ocupado en el trabajo y se le olvidó. Además, también se sentía muy excitado ante la perspectiva de ver a Jean.

Cuando llegó a casa, Jean le esperaba. Tras la bienvenida preliminar, pidieron comida china. Abrió sus regalos, hablaron y comieron, y se dirigían a la ducha cuando sonó el timbre del interfono. ¡Era Paula! ¡Estaba abajo en el portal! Cuando él oyó su voz, pensó que le iba a dar un infarto. «¡Creí que tenías algo que hacer, cabrón!» Soltó el botón. ¡Demasiado tarde! Jean había oído el veneno que había vomitado el interfono. «¿Quién es?» «¡No lo sé!», contestó bruscamente James dirigiéndose hacia el lavabo. Fue un mal paso. Tan pronto como te pones a la defensiva, las mujeres saben que algo pasa. El timbre sonó de nuevo. ¿Qué hay que hacer? ¿Qué hay que hacer? «Abre la ducha», le dijo James a Jean mientras se dirigía hacia el interfono. Jean fue hacia el cuarto de baño. Se detuvo. Se dirigió hacia él con esa mirada, esa mirada que te dice que estás metido en un buen lío. «¡Deja que entre, James. ¡Déjala entrar! ¡Yo me marcho!» «¡Oh, Dios! —pensó él—, ¡estoy en un buen lío!» No podía pensar con la suficiente rapidez. Abrió la boca involuntariamente. Las palabras le salieron de los labios desde un lugar al que él no quería ir. «¿Dejar que entre quién?» ¡Qué pregunta más idiota!

¡El tiempo está de tu parte!

No hay un camino sencillo para descubrir la verdad sobre el amor. Sin embargo, existe *el entretanto*: las experiencias que tenemos durante nuestra búsqueda del amor que nos enseñan a comprender qué hacemos. Las relaciones son las experiencias en las que determinamos nuestras falsas nociones, nuestras percepciones tergiversadas, nuestros miedos y nuestros juicios sobre el amor. Para algunos de nosotros el entretanto parece interminable. No somos capaces de encontrar a la persona adecuada. No somos capaces de ser la persona adecuada. Somos incapaces de inspirar los sentimientos adecuados. Cuando lo hacemos, no dura lo suficiente para hacernos sentir suficientemente bien. Por consiguiente, *el entretanto* no es un *proceso de aprendizaje,* sino un *proceso de desaprendizaje.* Es el tiempo que la vida nos concede para reflexionar, evaluar y recordar la verdad sobre quiénes somos y qué es lo que el amor proporciona a nuestra identidad. El objetivo es el de ofrecerte algunas cosas nuevas sobre las cuales reflexionar y el de brindarte nuevas herramientas para reflexionar y evaluar. En el entretanto, tus experiencias tienen el propósito de llevar tu memoria de vuelta a la primera experiencia del verdadero amor. Con eso en la mente, te harás una idea bastante acertada de cuán cerca o cuán lejos estás de la realidad del amor que tú eres. Si tienes esperanza, serás capaz de mantener vivo ese recuerdo durante el tiempo necesario para recuperarlo en tu alma y activarlo en todas tus relaciones.

Durante el proceso en el que realizas este trabajo, quizá descubras que será necesario empezar de nuevo, desde el principio, desde el fondo de la pila, y construir nuevas relaciones más amorosas. ¡Eso sí que es un trabajo de verdad! *En el entretanto,* siempre hay relaciones. ¿Qué harás con ellas? ¿Qué harás con las relaciones que se han construido sobre el moho, los hongos, las costumbres obsoletas y la histeria del entretanto? En el mejor de los casos, tendrás la buena disposición de amarte a través de ellas. Algunas de estas relaciones sobrevivirán. Otras no. De todos modos, existe la esperanza de que, una vez que recuerdes la verdad sobre el amor, también lo derramarás sobre ti mismo y las personas que te rodean, que tendrás la capacidad de salir afuera y encontrar y dar más amor.

La cena permaneció como un recuerdo agradable que Rhonda acababa de olvidar cuando, un mes más tarde, volvió a hacer otro viaje de negocios. Había ocupado su habitación, se había cambiado y se dirigía a la recepción para comprobar los horarios de las conferencias cuando escuchó la voz. Se dio la vuelta, y él estaba allí de pie, el hombre de la cena. Habló como si la cita hubiese sido hacía tan sólo unos días. «¡Eh! ¿Qué tal? ¿Cómo estás?» Rhonda estaba agradablemente sorprendida. ¿Podría esto representar otra cena de pastel de cangrejo esta noche? «¡Eh, mira por dónde! ¿Estás aquí por el congreso?» Sucedía otra vez. Anduvieron, hablaron y consultaron los horarios de las conferencias juntos.

De hecho, se pasaron todos los días del congreso andando y hablando. El último día fueron a un restaurante griego. Él conocía la ciudad y sabía exactamente adónde ir. Dado que ninguno de los dos se marchaba hasta el día siguiente, hicieron planes para desayunar temprano y visitar algunos lugares de interés. Él la acompañó hasta la puerta de su habitación, la besó en la mejilla con un rápido beso y se dirigió al ascensor. Rhonda empezaba a dudar. ¿Tal vez había algo en él que no marchaba? ¿Tal vez había algo que no marchaba en ella? Empezaba a parecerle muy extraño. Sabía que estaba haciendo exactamente lo que quería hacer —se divertía, iba sin prisas, no se implicaba exageradamente—, pero era nuevo, demasiado nuevo para sentirse cómoda. Lo más lógico sería que, si el hombre tenía algún interés en ella, le preguntara si podía entrar o la besara en los labios. Tan pronto como pensó en ello, una pequeña campana sonó en su mente: «¡HAZ ALGO NUEVO! ¡HAZ ALGO NUEVO! Si quieres obtener nuevos resultados, haz algo nuevo».

Paula debía de haber puesto un trozo de cinta adhesiva sobre el timbre de la puerta: ahora sonaba sin parar. Jean recogía sus cosas. «¿Qué haces? ¡¡¡¿Qué haces?!!!» Él no era capaz de leer sus pensamientos. ¿Estaba furiosa? ¿Dolida? Jean era tan seria, tan tranquila, que sencillamente no podía interpretar lo que le pasaba. «Mira, esto no es nada. Yo me encargo de ello. Ve y prepara la ducha. ¡No pasa nada! ¿De acuerdo? ¡Nada!» James se oía divagar. De hecho casi suplicaba. Jean empezaba a temblar. «*De acuerdo, está furiosa. ¡No, está dolida!*» Se dirigió hacia la puerta. El timbre todavía sonaba. «¡Tienes más cara que espalda!», le dijo Jean. Esa era la razón por la que él la amaba tanto, borra eso, por la que le gustaba tanto estar con ella. Cualquier otra mujer le hubiera insultado con todas las palabras obscenas e indecentes que se le pueden decir a un hombre. Y ahí estaba Jean, una mujer bella y sensata, que le hablaba de su espalda. ¿Cómo podía ser tan estúpido? Hizo un gesto para asirla, abrazarla, detenerla. ¡Un paso torpe!

Cuando vivas en el segundo piso de la casa del amor, llorarás mucho. Llorarás porque pensarás que nunca te saldrá bien. Llorarás porque te parecerá que todavía tienes mucho por hacer. Llorarás porque te sentirás muy agradecido por encontrarte en el camino de la curación. Cuando no llores, intentarás *fijarte* en ti mismo. Observarás cada palabra que digas. Te concentrarás en cada pensamiento que tengas. Querrás perder diez kilos y cortarte el pelo con la intención de que parezca que sabes lo que haces. Un día, cuando estés en la cumbre de la experiencia del segundo piso, comprenderás que en realidad no sabes qué haces y que muy probablemente lo hagas todo mal. En respuesta a esta revelación milagrosa, llorarás un poco más. Llorarás porque las cosas serán mejores, pero no serán maravillosas. Llorarás porque te sentirás mejor, pero no estarás completamente *arreglado*. Querrás triunfar y arreglarte por completo, pero sencillamente no sabrás cómo hacerlo. Te sentirás confundido. Como consecuencia de esa confusión, te echarás al suelo y pronunciarás la oración final: «¡Querido Dios, por favor, ayúdame!». En un período de tiempo relativamente corto, recibirás la ayuda y las respuestas que necesitas.

Recuerdo el día en que alguien me dijo: *«Dios te ama tal como eres»*. ¡Me quedé conmocionada! Y también aliviada al comprender que, en realidad, lo había hecho *bien*. Pero daba miedo pensar que no tenía una comprensión consciente de lo que realmente había hecho. Sin embargo, me sentí tan agradecida al escuchar que Dios me amaba, que lloré aliviada y me relajé. En una experiencia del entretanto del segundo piso, tú también recordarás que eres la encarnación del amor, la esencia del amor. Y si no te acuerdas, lo leerás en un libro o lo escucharás en algún seminario o conferencia. La manera en que lo tengas presente no importa. La cuestión es que lo recordarás. Confiemos en que tú también llorarás. Llorar es una experiencia muy útil y significativa cuando vives en el segundo piso de la casa del amor.

Cuando olvidamos que Dios nos ama, nos ponemos en camino en búsqueda del amante humano que satisfaga nuestra necesidad de ser amados. En el segundo piso, puedes renunciar a esa necesidad y perdonarte por tenerla. Has ascendido al segundo piso de la casa del amor mediante el poder del amor de Dios por ti. Ahora debes aprender a aplicar activamente la renuncia y el perdón en todo lo que hagas. Debes renunciar a la ocultación. ¿Cómo se hace eso? Sintiendo lo que sientes y expresándolo. Debes renunciar a los juicios sobre lo que sientes: *«¡No debería sentirme así! ¡Tal vez lo que siento no sea adecuado!»*. Sustitúyelo por: *«Me perdono si mi percepción es equivocada, pero en este momento siento...»*. ¡Te sorprenderás! ¡Te sorprenderán tu voluntad y tu capacidad de decir la verdad y de arriesgarte a quedar mal o de parecer débil o estúpido. ¡Bueno!

Ahora has cambiado de opinión sobre no decir la verdad, lo cual significa que estás dispuesto a decirla: en el acto.

¡No cantes la canción de la víctima!

Rhonda se fue a la cama tras preparar la ropa para la cita del día siguiente, que resultó ser maravillosa. Pasearon en el coche de él. Comieron en el puerto. Se rieron. Hablaron. Se intercambiaron sus números de teléfono y él la llevó al aeropuerto. Durante todo el camino de regreso, ella intentó no emocionarse hasta el delirio. Se obligó a pensar en otras cosas. Intentó leer. Se prometió a sí misma que no sería la primera en llamar. Un mes más tarde, no había llamado. No le fue necesario hacerlo, porque en otra ciudad, en otro congreso, entró por la puerta giratoria al vestíbulo de otro hotel. Cuando dirigió su mirada hacia el mostrador de recepción, allí estaba él, registrándose en el mismo hotel, para el mismo congreso. Esta vez fue ella quien se acercó por detrás y le dio unos golpecitos en el hombro. Él se dio la vuelta, y la sorpresa, la emoción y el placer inundaron su rostro. Rhonda sonrió. Él fue el primero en hablar: «De acuerdo. ¿Quién eres tú? ¿Quién eres tú en mi vida?».

¡Esta era una unión divina! ¡No había manera posible, para ninguno de los dos, de resistirse a estar juntos tras estas series de divinos encuentros fortuitos! ¡Utilizaremos todo lo que esté en nuestras manos para convencernos de que lo que hacemos es lo adecuado! Rhonda reflexionó sobre cuán rápidamente habían avanzado las cosas después de aquello. Se llamaban a diario, dos o tres veces al día, porque los separaban cinco estados. Se veían cada dos o tres meses, lo cual ayudó a que los tres años y medio pasasen muy rápido. Él era agradable. Todo era agradable. Cuando tienes un amante que vive tan lejos, le crees cuando te dice que te echa de menos cada día. Como mujer, saber que un hombre te va a llamar o que si tienes un problema puedes coger el teléfono y llamarlo, te hace sentir bien. Sin embargo, debes aclarar qué quieres y qué haces. Rhonda comprendió que había dejado de ser clara y había empezado a jugar al juego de intentar agarrarse a otra relación que sencillamente no salía bien. Una relación que no le aportaba lo que ella quería.

Ahora comprendió que en lugar de ser paciente, lo que había hecho era acomodarse. Era terriblemente consciente de que él era un hombre muy agradable, pero no podía verse compartiendo su vida con él. Se había convencido a sí misma de que ya que éste era el hombre que había aparecido, tendría que ocuparse de él. Al hacerlo, había intentado que funcionase, aunque sabía de sobras que no iba a funcionar. Pero, gracias a Dios, él no se comprometía. Era muy claro al respecto: no estaba preparado. No cesaba de decirlo. Tenía un millón de excusas, y aunque a ella le fastidiaba reconocerlo incluso ante sí misma, había intentado convencerle de que sí estaba preparado. Había retrocedido a un comportamiento típico del primer piso: le importunaba, insistía y hacía todo tipo de locuras para convencerlo. Ella misma se convirtió en parte de su propio problema. Se mentía a sí misma otra vez. En el segundo piso de la casa del amor, las mentiras sacarán uñas y dientes y te arañarán el cerebro. Te arañarán hasta que te preguntes: «¡¡¡¿Qué te pasa?!!!». Ahora Rhonda comprendía que cuando se hizo esa pregunta, la respuesta era que no quería equivocarse otra vez. No quería admitir frente a sí misma o sus amigos que se había equivocado de nuevo. Ahora bien, cuando algo pica, continúa picando, y o bien te rascarás sin parar hasta hacerte sangre, o bien encontrarás la causa del picor. Rhonda descubrió que, en su caso, la causa del picor que tenía en su cerebro era la falta de autoestima.

Jean se dio la vuelta y apartó su cuerpo para que él no la alcanzase. Sin pensarlo, James se oyó a sí mismo decir: «¡Lo siento! ¡Lo siento!». Ahora ya sabía seguro que Jean se sentía herida porque estaba llorando. Lloraba e intentaba pegarle y empujarle lejos de ella a la vez. ¡No puede ser mucho peor que esto! No puede ser mucho peor que estar frente a la mujer que amas y darte cuenta de que nunca le has dicho que la amas. No puedes sentirte mucho peor que cuando la ves llorar, mientras intenta sacarte los ojos porque una persona lunática que realmente no te importa llama a la puerta. ¡No puede ser mucho peor que esto! Sin embargo, ¡sí que puede ser mejor! El timbre de la puerta dejó de sonar. ¡Entonces fue peor! Jean cayó de rodillas al suelo, se tapó el rostro con las manos y empezó a gemir. James continuó de pie; miraba a Jean, y cada vez que ella gritaba: «¿Por qué?», él se sentía más impotente, inútil e incapaz. Lentamente se arrodilló a su lado, la abrazó y en voz baja le susurró: «No lo sé. ¡Sencillamente, no lo sé! Perdóname, por favor. ¡Ayúdame! Lo siento tanto». Por primera vez en mucho tiempo, James quería llorar. Quería hacerlo, pero se contuvo.

Debes aprender a renunciar a la evitación. ¿Cómo se hace eso? Aprendiendo a escuchar y a comunicarte. Renuncias a pensar que lo que dices y lo que sientes no tiene importancia, y que a la gente no le importa lo que dices o sientes. Si renuncias a esta basura, cambiarás de opinión. Cuando estés en ello, quizá también quieras cambiar de opinión sobre la forma en que reaccionas frente a lo que dicen los demás. Recuerda que lo que es verdad para ti, quizá no lo sea para todo el mundo. Cada persona tiene derecho a su propia experiencia. Esa experiencia determina lo que hace y cómo lo hace, lo que dice y cómo lo dice. Es su derecho. La gente tiene derecho a expresar cómo se siente. Aún más importante, debes comprender que el hecho de que una persona ejerza su derecho a expresar su verdad, no significa que tú debas cargar con ella o hacer algo al respecto. Aprende a escuchar. Aprende a perdonar. Aprende a renunciar. Esto es lo único que puedes hacer por el momento.

¡Ten valor bajo el fuego!

Ahora Jean lloraba sobre su hombro. «¡Lo sabía! Sabía que tonteabas, pero creí que se te pasaría. Imaginé que intentabas solucionarlo, que querías estar seguro. ¡Lo sabía!» James dedujo que esta sería la única oportunidad que tendría de explicar su parte de la historia. «No sé por qué, Jean. Ella no significa nada para mí. Es una buena cocinera y una mujer fácil. No tiene nada que ver contigo. Es como cada vez que me sucede algo bueno, tengo que hacer algo para estropearlo.» Al reflexionar ahora sobre ello, James comprende la verdad de aquella afirmación. Cuando las cosas le iban bien en el trabajo, empezaba a salir por la noche hasta tarde, se dormía por la mañana y llegaba tarde al trabajo. Cuando las cosas le iban bien económicamente, compraba alguna cosa cara innecesaria y se endeudaba con las tarjetas de crédito. Parecía como si sólo pudiera ser feliz cuando en su vida sucedía algo que le hacía sentirse mal. ¡Era tan insano! ¡Resultaba absolutamente neurótico! ¿Acaso se odiaba tanto? Ahora James pensaba en lo que había pensado entonces y comprendió que tenía que hacer algún trabajo antes incluso de poder volver y pedirle a Jean una segunda oportunidad. Entonces pensó en lo que había pasado después y comprendió que una segunda oportunidad con Jean era probablemente, casi con toda seguridad, imposible.

Cualquier cosa necesita tiempo para curarse. Si te haces un corte en el brazo y sangra mucho, puedes vendarlo o ponerte una tirita para evitar la infección, pero sabes que la herida necesita un tiempo para curarse. Durante los próximos días, quizá incluso semanas, debes tratar la herida con mucha delicadeza. Has de tener cuidado de dónde pones el brazo, qué haces y cómo haces las cosas mientras la herida se cura. Tienes que esperar hasta que crezca una nueva capa de piel. Las heridas de nuestras relaciones también necesitan tiempo para curarse. Cuando no nos damos la oportunidad —ya sea en las relaciones o en el período entre ellas— de curarnos, somos más propensos a poner el dedo en la herida o a quitarnos la tirita demasiado pronto. Como con la mayoría de las cosas en la vida, queremos una reparación inmediata. Nos olvidamos de que la curación tiene que seguir un proceso.

Una razón por la cual no respetamos nuestro proceso de curación es porque nos odiamos a nosotros mismos. Nos criticamos, creemos que estamos equivocados y nos enredamos intentando reparar todas las cosas, lo cual hace que acabemos exhaustos. Nos odiamos a nosotros mismos por obligarnos a hacer una tarea que nos hace sentirnos extenuados. La extenuación y el odio por nosotros mismos hacen que nos sintamos incapaces. Creemos que somos incapaces porque no podemos dejar de hacer las cosas que nos causan dolor. No comprendemos por qué empezamos a hacer estas cosas. Después, esta sensación de incapacidad conduce al miedo: miedo de que sea demasiado tarde, miedo de que nunca sabremos resolverlo, miedo de que si realmente intimamos con alguien, descubrirá lo incapaces que realmente somos. ¡Pues no lo somos en absoluto! Estamos heridos. Somos soldados heridos porque hemos participado en el campo de batalla del amor. Cuando un soldado está herido, debe abandonar el campo de batalla. Ha de marcharse para curarse.

Toda persona que se haya enfrentado a los incidentes normales de la vida diaria en el planeta, tiene algo que necesita curar. No
tiene por qué ser un gran corte o una herida que supura, pero
siempre hay algo que necesita un tiempo para que podamos
conectar con ello. En toda relación también llega el momento, ya
sea bueno o malo, en el que la pareja necesita separarse para
curarse. Por desgracia, el miedo de perder al otro nos impide
tomarnos el tiempo necesario para irnos fuera unos días o unas
cuantas horas, cada uno a un lugar, con el fin de curarnos, de
modo que después podamos volver y tratar nuestras heridas juntos. Cuando la pareja no se toma un tiempo individual para curarse, todavía es más probable que creen todo el caos y la confusión
que tan diligentemente intentan evitar. No es la relación en sí
misma, sino las heridas que nosotros traemos y continuamos
abriendo una y otra vez porque no dedicamos un tiempo a curar-
las. El amor por nosotros mismos nos capacita para tomarnos el
tiempo y el espacio necesarios para curarnos, sin miedo. La compatibilidad sexual no lo hará. La ilusión de sentir que alguien nos
necesita no nos dará la fuerza. El deseo de que nos cuiden no
nos dará el valor. Hemos de saber amarnos a nosotros mismos
tengamos o no una relación. Si no nos amamos a nosotros mismos, en nuestras relaciones no tendremos otra opción que hacer
esas tonterías y esas cosas horribles que nos vuelven locos.

¡No busques problemas!

Rhonda sabía que se iba a estrellar contra una pared con este hombre. No era sólo el hecho de que estaba segura de que no era el
amor verdadero. ¡Era su neurosis que asomaba su fea cabeza de
nuevo! ¡Sabía que una vez que el sexo formaba parte de la película,
se convertía en una neurótica! Entonces, empezaba a ser exigente.
Se sentía herida en sus sentimientos por cualquier cosa. Empezaba
a poner condiciones, a exigir y a tener expectativas. ¡Maldita sea!
¡Lo había hecho otra vez! Antes de dar otro paso hacia dentro o
hacia fuera de la relación, tenía que comprender unas cuantas
cosas. Bien, ¿por qué esperas esto? ¿Qué es lo que él dijo? ¿Qué
hiciste tú? ¿Qué es lo que ocurre? Comprendió que no era necesa-

rio discutirlo con él por el momento. Necesitaba hacer este trabajo *en sí misma y con ella misma*. Sabía que tenía que dejar el sexo fuera durante el tiempo necesario para poder examinar qué era lo que sentía y hacia dónde se dirigía. Necesitaba evaluar y probablemente volver a diseñar su plan. Comprendió que la otra parte de su neurosis siempre permitía que el hombre decidiese las cosas, y después ella se enfadaba por lo que él hacía.

Estaba a punto de revelarle a Jean todo lo que llevaba dentro cuando la puerta empezó a tambalearse. ¡La madera volaba por todas partes! Jean gritaba. James gateaba por el suelo e intentaba apartar a Jean del peligro. Paula había metido la mano por el agujero de la puerta e intentaba abrir la cerradura. *¡La condenada tenía buena memoria!* Algunos incidentes en la vida te obligan a actuar de un modo del que no te creías capaz. Al hacerlo, te enseñan a ser responsable. James corrió hacia la puerta, la abrió y arrastró a Paula hacia dentro. Los vecinos preguntaron si todo estaba bien. *¡Oh, sí! ¡Todo está bien! ¡Una maníaca me derrumba la puerta al menos una vez al mes!* Paula gritaba, blasfemaba y se dirigía hacia Jean. James tenía a Paula sujeta por el brazo sin la menor intención de soltarla.

Jean no iba a permitir que Paula la intimidase, pero, a la vez, era evidente que tampoco iba a meterse en el barro con ella. «¡A mí no tienes que decirme absolutamente nada!», le dijo Jean a Paula, lo cual le cerró la boca unos instantes. Definitivamente, era una cosa entre mujeres que él sabía que no entendía. «Si él hubiera querido que entrases, te hubiese dejado entrar. Ya que tú has hecho un esfuerzo violento para entrar, que lo disfrutes. ¡Yo me largo de aquí!» No se hizo atrás. Con toda la clase y la dignidad que una mujer en su posición podía mostrar, Jean recogió sus cosas, incluyendo los regalos que había traído con ella, y se marchó. Paula estaba sentada en el sofá con las piernas y los brazos cruzados, decía cosas más que inapropiadas, y James pensó que no tenían el menor sentido. Cosas como: «*¡Me has utilizado! ¡Me has mentido! ¡Me la debes!*».

Puede resultar muy difícil tomar una decisión que sabes que debes tomar cuando no te amas a ti mismo. Cuando hay una falta de amor, una falta de respeto, una falta de confianza en nosotros mismos, oscilamos hacia delante y hacia atrás antes de decidirnos a iniciar el proceso de curación, o bien nos decimos que podemos vivir con nuestra enfermedad un poco más. Si realmente nos odiamos a nosotros mismos, mentiremos y nos diremos: «¡En realidad no es tan malo!». Entonces es cuando empezaremos a rascarnos. No obstante, si estamos dispuestos a hacer el trabajo y decidimos que, finalmente, somos capaces de enfrentarnos a la verdad, asumiremos al instante la responsabilidad del plan que nos hemos trazado y actuaremos en consecuencia. Respiraremos profundamente, sacaremos fuera nuestro pecho herido y le aplicaremos el único limpiador espiritual que nos puede ayudar a iniciar el proceso de curación: la rendición. En el segundo piso, la rendición no significa darse por vencido, sino abandonar las cosas que no funcionan: las malas costumbres, lo que no nos ayuda a aprender a amarnos. En el segundo piso, superamos el autoengaño. Una de las cosas con las que más nos engañamos es cuando decimos que somos capaces de hacer algo cuando sabemos que no lo somos. Sabemos que no podemos arreglarnos, cambiarnos, ayudarnos, curarnos ni salvarnos a nosotros mismos. Queremos hacerlo, pero no podemos. Por esa razón Dios creó el amor. El amor es lo único que es capaz de curar. Cuando realmente queremos curarnos, debemos rendirnos al amor. Cuando no sabemos qué es el amor, Dios nos envía el entretanto a fin de que descubramos lo que necesitamos para conocerlo.

La manera en que haces las cosas

El entretanto es un tiempo de espera. Esperas nuevas instrucciones, más guía, apoyo adicional y claridad mental o emocional. En lo referente al amor y las relaciones, puedes entrar en el entretanto dispuesto a esperar o no. Una experiencia del entretanto con buena disposición es la que tienen las personas que entran en él andando o corriendo y dispuestas a hacer el trabajo. El trabajo preciso para establecer una mejor relación con uno mismo. Encarar un entretanto con buena disposición significa reconocer que no estás solo, sino que estás contigo y no te importa hacerte compañía. Encontrar a alguien, enamorarse y tener una relación no son, en este momento, los factores que motivan tu vida. Todavía estás muy interesado en ellos, pero no ahora mismo. Ahora quieres arreglarte a ti. Quieres quitarte de encima algún peso, físico y emocional. Quieres ponerte en forma, mental y espiritualmente. Quieres dedicar un tiempo a algunos asuntos inacabados, cuestiones de curación, de crecimiento, y reconoces que el entretanto es una oportunidad excelente para ocuparte de tus asuntos.

Una persona que habita el entretanto con buena disposición es alguien que se dirige a las grandes cosas: grandes revelaciones, gran comprensión, grandes proyectos de desarrollo. ¡Es una persona que comprende que las cosas no van bien! Aunque tal vez se sienta disgustada al respecto, tratándose de la historia de sus relaciones, no está dispuesta a abandonar. Quiere saber por qué no ha hecho, por qué no es capaz de hacer, precisamente lo que tanto desea: establecer una relación amorosa comprometida. Comprende que todas sus relaciones del pasado han sido experiencias del entretanto en las que se le escapó algo. Una lección, tal vez. Una pauta que se revelaba. Una inseguridad que se vio alimentada. Ahora que la han dejado o que se ha marchado llena de insatisfacción, que la han engañado o que ella misma ha llevado a cabo un pequeño engaño, que actuó con toda su mente, su cuerpo y su alma y aun así no resultó, quiere saber por qué. El entretanto es un momento excelente para preguntarte a ti mismo por qué. Más importante todavía, es un momento excelente para prepararte a recibir una respuesta.

Por otra parte, también tenemos la espera poco dispuesta. Es la experiencia de las personas que se ven empujadas al entretanto o caen en él y se sienten bastante enfadadas al respecto. Culpan a los demás de su difícil situación. *«¡Él me dejó!»* *«¡Ella no era capaz de solucionarlo!»* *«¡Ellos no me hacían feliz!»* Esta gente no lo entiende: el entretanto es un tiempo de curación y crecimiento. Es un tiempo para recuperarse y reorganizarse. Las personas que están poco dispuestas quieren pelear y quejarse. No dejan de evocar el pasado, se agarran a él o miran atrás en un intento de comprenderlo y cargar la culpa sobre los hombros apropiados. En el entretanto debes estar dispuesto a dejar ir y admitir que no sabes a fin de que recuerdes que no sabes. Siempre sabes qué hiciste y qué no hiciste para crear tus circunstancias presentes. Admitir lo que sabes es lo más duro. Si entras en el entretanto sin la disposición de admitirlo, si te resistes, miras atrás, culpas a los demás, te quejas y te sientes mal, el tiempo que pases fuera de una relación será más que un breve curso para mejorar la memoria. ¡Será terapia de choque!

Puede resultarte muy chocante ver, aprender y recordar la verdad sobre ti mismo. Cuanto menos dispuesto estés a aceptarla, más chocantes serán las revelaciones. En el entretanto, estás solo. No hay nadie más a quien mirar salvo a ti mismo. No hay nadie de quien quejarse, salvo de ti mismo. No hay nadie con quien pelearse salvo contigo mismo. No hay nadie a quien agarrarse salvo a ti mismo. Y eso es algo positivo. En el entretanto, una espera poco dispuesta puede parecer que no se acaba nunca. Cuanto más te esfuerzas en alcanzar su fin, más larga se hace la espera. Cuanto más miras a los demás, más desesperada te parece la espera. Hasta que no renuncies a la cólera, el resentimiento, la desesperación, las inseguridades y el miedo, el entretanto no será una experiencia significativa.

No existe un periodo de tiempo prescrito que puedas pasar en el entretanto. No es una cuestión de: «*Si hago esto, saldré más pronto de él*», ni de: «*Si lo hago de este modo, no volveré a él nunca jamás*». El entretanto no es así en absoluto. Permanecerás en él durante todo el tiempo necesario, no sólo para que tú estés preparado, sino también para que la otra parte esté preparada. En otras palabras, quizá tú estés preparado, pero tú pareja divina no lo esté. Tal vez estés curado de tus inseguridades, pero tu pareja perfecta no esté del todo curada. Quizá hayas perdonado todo lo que necesitas perdonar, pero la persona a la que esperas ni siquiera haya empezado a hacer su trabajo de perdón y de liberación. En consecuencia, permanecerás en el entretanto hasta que la persona divina esté preparada y lista para ti. El entretanto, además de preparatorio, es protector.

Ahora bien, con esto no sugiero que debas sentarte a esperar con los brazos cruzados. Significa que, incluso mientras estás en el entretanto y esperas la experiencia divina, puedes tener y tendrás experiencias del entretanto, relaciones del entretanto valiosas y significativas. No creas que lo que haces en el entretanto es inútil. Todo lo que haces, todas las relaciones que tienes, te preparan y te acercan a la gran experiencia del amor total e incondicional por ti y por los demás. Muchas experiencias del entretanto están diseñadas para conseguir simplemente eso, para acercarnos, no para llevarnos hasta el final. Tu trabajo consiste en evitar la tentación y la trampa de pensar que *cada* relación tiene que ser la relación que dura por los siglos de los siglos. Amén. Cada relación es *la* relación que necesitas en ese momento. Cuando la razón divina para esa unión se realice, o la estación divina para esa unión llegue a su fin, la relación se acabará y entrarás en el entretanto, hasta la próxima vez.

¡Yo estoy bien! ¡Tú estás bien! ¡Ahora pongámonos a trabajar!

Al final tuvo que llamar a la policía para que sacaran a Paula de su apartamento. Cuando llegó a la comisaría de policía, decidió no poner una denuncia; pidió sólo una orden de protección, como una especie de póliza de seguros. Aquello había pasado hacía tres días. En todo ese tiempo sólo había hablado una vez con Jean. Cuando lo hizo, sólo le dijo la verdad sobre todas las cosas, incluso sobre algunas de las que ella no sabía nada. También le dijo que estaba dispuesto a reformarse, asentarse y construir una vida con ella. Y tan bien como supo, también le dijo que la amaba, y admitió que tenía mucho que aprender. Además, reconoció que en primer lugar tenía que dominar el arte de amarse a sí mismo. Jean, a su modo serio y tranquilo, le dio las gracias por su sinceridad y por amarla, pero le dijo que necesitaba algún tiempo para encarrilarse de nuevo. Incluso llegó tan lejos como para expresar un interés por Paula: se preguntaba cómo una mujer podía caer tan bajo. James le dijo que era fácil cuando había un hombre dispuesto a caer con ella. Era todo en nombre de la diversión. Una diversión malsana, pero diversión al fin y al cabo. Jean le sugirió que se sometiera a terapia. Él le dijo que estaba dispuesto a hacerlo. Había llamado a los números que Jean le había dado y esperaba que le contestasen. Le asustaba la perspectiva de que alguien escudriñase su mente, pero tan pronto como sentía la menor resistencia, renunciaba a ella. Jean le había enseñado a hacerlo.

Rhonda comprendió que todo era una distracción. Las relaciones, el alquiler, los desafíos que no cesaban de surgir inesperadamente, eran distracciones que ella creaba en su propia mente por medio de sus actos, como escapatoria para no cumplir con los planes que había hecho para sí misma. ¡Aprende a amarte más!

¡Aprende a sentirte mejor contigo misma! ¡Aprende a dejar de hacer las cosas que te hacen sentir desgraciada, chiflada y más distraída de lo que ya estás! Aprendía a no hacer que la vida fuese una de dos: o esto o lo otro. O haces esto o no lo haces. O tienes esto o no lo tienes. ¿Qué tal si tomamos sólo un poco de una vez? ¿Qué tal si hacemos sólo un poco de una vez? Eso haría que la vida fuese mucho más fácil de manejar.

Tuvo que aprender a trabajar en su vida, en sí misma y con los niños, sólo un poco de una vez. Ahora mismo no podía mudarse, de modo que trabajaría. Cuando finalizase el trabajo, entonces se mudaría. Una vez que se mudase, reanudaría las clases espirituales como el medio para trabajar en sí misma. Cuando su espíritu se sintiese un poco más estable, volvería a abrirse para tener una relación. Al final, comprendió que amarse a uno mismo significa renunciar a la actitud de «una de dos», y reemplazarla por las opciones. Comprendió que lo mejor que podía hacer para amarse a sí misma, era dedicar un tiempo a curarse, sin criticarse por las cosas que no podía hacer, que no había hecho. Discutir y volver a discutir una y otra vez sobre los errores que había cometido, no servía absolutamente de nada. No volvería a hacerlo. Si descubría que volvía a llevar a cabo esa actividad autocrítica, sencillamente la detendría. De eso se trata la rendición: simplemente de dejar de hacer las cosas que hacen que te sientas desgraciada, enloquecida, infeliz y neurótica, y que te odies a ti misma. Cuando dejas de maltratarte de este modo, el amor se muda a tu interior y el proceso de curación empieza.

7
Elimina el cerco de suciedad de la bañera

El gentío en el estacionamiento de las galerías comerciales aumentaba. ¿Qué tiene la adversidad que atrae a los seres humanos como las mariposas nocturnas a la llama? Joe hacía todo lo que podía para asegurar al creciente gentío que todo estaba bien. Marie se calmaba un poco justo para dejarle pronunciar esas palabras, y después empezaba a gritar otra vez. En la distancia, él pudo oír la sirena del coche de policía que se acercaba. El gentío se apartó sólo lo necesario para permitir que los dos oficiales, un hombre y una mujer, se acercasen a Joe y Marie. Marie estaba tranquila de nuevo. Joe lloraba. La mujer policía hizo la primera pregunta estúpida: «¿Todo bien por aquí?». Sólo durante un segundo, Joe pensó en la cantidad de veces y de lugares en los que le habían hecho la misma pregunta. Dijo, como siempre: «Sí. Quiero decir, no, oficial. Mi mujer tiene la enfermedad de Alzheimer y padece un episodio de demencia». Dios, cómo odiaba esas palabras. La mujer policía, como el gentío, simplemente se le quedó mirando. Marie gritaba de nuevo y sacudía sus brazos para protegerse de los atacantes imaginarios que últimamente veía más y más a menudo.

Ahora le tocaba el turno al policía varón: «¿Hay algo que podamos hacer? ¿Quiere ir al hospital?». Joe se oyó gritar a sí mismo en su mente: «¡NO! ¡Nada de hospitales!», antes de volverse hacia el policía para decirle: «Me gustaría calmarla primero. Si pudiesen apartar a la gente, sería una ayuda». Eso les mantendría ocupados el tiempo suficiente para que él pudiese meter a Marie en el coche y llevarla a casa. Una vez allí, después de darle la medicación y meterla en la cama, sabía que, de nuevo, tendría que considerar seriamente la cuestión del hospital. La verdad es que Marie había empeorado mucho y él no sabía durante cuánto tiempo sería capaz de cuidarla. El mero hecho de pensarlo le hizo brotar las lágrimas. No sabía cómo iba a vivir sin su Marie.

Joe y Marie llevaban casados treinta y siete años. Como fruto de su unión, habían tenido cinco hijos. Joe, un empleado de correos, y Marie, una profesora, habían disfrutado juntos de una vida maravillosa hasta hacía seis años. Seis años atrás su vida se había desmoronado en el transcurso de dos semanas. A su hija mayor, June, le habían diagnosticado un cáncer de mama. Descubrieron que Joe Junior, su hijo mayor, estaba en medio de una feroz adicción a la cocaína. Su hijo menor, George, con su mujer y sus hijos, se trasladaba a Italia, donde sería un capellán castrense. A Marie le diagnosticaron la enfermedad de Alzheimer. Dos años después, June falleció. Tres años más tarde, Joe Junior vivía prácticamente en la calle. Cuatro años más tarde, la mujer de George se negó a regresar para ayudar a cuidar a Marie. Nicole y Natalie, las gemelas, hacían todo lo que podían para ayudar, pero ambas tenían hijos que cuidar. Además, era demasiado duro para ellas ver en lo que su madre se convertía. Ese sábado por la mañana, en el aparcamiento de las galerías, Joe supo que tendría que hacer lo que no sabía cómo hacer. Tendría que recluir a Marie de nuevo.

Ya lo había hecho una vez. Cuando comprendió que George no iba a regresar y que las gemelas no podían hacerse cargo de cuidar a su madre, había ingresado a Marie en una residencia. Sólo tenía cincuenta y nueve años, pero había sucumbido a los efectos degenerativos de la enfermedad con mucha rapidez. Los médicos no se lo explicaban, y él no lo entendía. Marie, su adorable y vibrante mujer, había perdido la memoria y la mayor parte de su mente. Joe se iba al trabajo y dejaba a una Marie en un estado perfectamente normal en casa, pero cuando regresaba, se la encontraba medio desnuda en la calle mientras hacía todo tipo de cosas. Los vecinos empezaron a protestar. No le ofrecieron ninguna ayuda, pero se quejaban de que Marie entrase en sus jardines, asustase a los niños e incluso se colase en sus casas. Al principio se sintió avergonzado. Después, Joe se enfadó. Cambió todas las cerraduras para poder encerrar a Marie en casa. Funcionó durante un tiempo. Un día regresó a casa y se la encontró sangrando. Había roto tres ventanas y se había cortado las manos; tuvieron que ponerle veintitrés puntos. Joe hizo construir un porche en la parte trasera de la casa. De este modo podía dejar la puerta de atrás abierta para que Marie pudiese sentarse al menos en el porche durante el día. Aquello fue una idea excelente que casi funcionó. Sin embargo, no impidió que Marie estuviese a punto de incendiar la casa intentando cocinar. Lo hizo dos veces.

Joe estaba desesperado. Se había gastado todos sus ahorros en asistentes, personas que iban a casa a cuidar a Marie durante el día hasta que él regresaba. No podía recibir ninguna ayuda del Gobierno debido a sus ingresos. Cuando el dinero se acabó y ya no pudo permitirse pagar para obtener ayuda, metió a Marie en un centro de día con otros enfermos de Alzheimer. Aquello fue bien durante un tiempo, pero la demencia se volvió tan profunda que los médicos del centro recomendaron su ingreso en una residencia. Ellos también estaban sorprendidos de ver cuán rápidamente se había deteriorado Marie. Tal vez era porque cuando estaba bien era tan dulce y delicada. Tal vez era porque la enfermedad mental le venía de familia. Tal vez era porque los estúpidos médicos no sabían qué se hacían.

Joe había escuchado a los médicos la primera vez que le dijeron que Marie estaría mejor en una residencia. A él le quedaban dieciocho meses para poder jubilarse y cobrar la pensión. Joe pensó que si Marie podía estar en la residencia durante ese tiempo, él podría hacer turnos dobles, ahorrar algo de dinero y sacarla cuando se jubilase. Parecía una buena idea. Y también funcionó bastante bien. El problema era que no podía visitar a Marie con tanta frecuencia como él hubiera deseado y que la echaba de menos. Además de echarla de menos, empezó a notar pequeñas marcas en su cuerpo —en la cara, las piernas y la espalda— que nadie podía explicarle. ¿Acaso era posible que alguien pegase a su dulce Marie? ¿O es que realmente ella se caía, como le habían dicho? La presión empezó a afectar a Joe: la de añorar a su mujer, la de trabajar dieciocho y a veces hasta veinticuatro horas al día, la de intentar visitar a Marie entre los turnos, la de convencer a las gemelas de que visitasen a su madre con más frecuencia. El día en que fue al hospital y descubrió que Marie tenía un ojo morado que nadie era capaz de explicar, le faltaban tres meses para jubilarse. Cuando hubo acabado todo el papeleo, ya se había jubilado. De eso hacía un año. Desde entonces, Joe se había ocupado de Marie de la mejor manera posible, pero ahora parecía que la mejor manera posible no era suficiente.

No podía soportar la idea de vivir sin ella. ¿Qué haría? No podía soportar la idea de estar con otra mujer. En treinta y nueve años de matrimonio, nunca había estado con otra, ¡ni siquiera una vez! La enfermedad de Marie había creado mucha tensión en su relación con sus hijos, que casi no se hablaban con él. Se sentía abandonado por ellos; y ellos sentían que él negaba el estado de Marie. *En la salud y en la enfermedad...* Joe se lo recordaba a sus hijos. No negaba el estado de su mujer, sino que cumplía con su compromiso; pero, ¿de dónde iba a salir el dinero? El dinero para la medicación, para cuidarla, para la residencia, si es que realmente tenía que ingresarla. Resultaba demasiado para él pensar en todo eso en el aparcamiento de las galerías. Cuando el gentío empezó a dispersarse, Marie se tranquilizó. Él miró al cielo y silenciosamente susurró su oración favorita: «Él me conduce por las aguas tranquilas. Él renueva mi alma». Después, miró a Marie. Estaba lúcida de nuevo. Ella levantó la mano y acarició la mejilla de Joe, le miró directamente a los ojos y dijo: «¡Él es verdaderamente un pastor! ¿Sabes?».

La apariencia del amor

El amor es una experiencia interior muy personal. Sin embargo, no es una posesión personal. El amor no pertenece, no puede pertenecer a nadie, porque es un concepto universal, una experiencia para ser compartida por todos. El concepto de *amor universal* se refiere al amor que Dios tiene por todas las cosas que ha creado. La vida es el amor, la manifestación de la energía de Dios. Es el amor extendido por la vida para todos nosotros. El amor universal, el amor de Dios, es el único amor real que existe. Es el amor que nuestra alma anhela experimentar y que llega a la vida para ser experimentado. El amor universal trasciende al yo y sus necesidades y nos conduce a una comunión con las energías del universo y al amor por todas las cosas vivientes. El amor universal no tiene condiciones. Lo acepta todo tal como es, porque Todo es la verdadera identidad de Dios. La experiencia del amor universal no es lo que la mayoría de nosotros buscamos en nuestras relaciones. Es, sin embargo, lo que todos hemos venido a aprender por medio de nuestras relaciones.

En un plano más terrenal, más humano, lo que la mayoría buscamos y deseamos experimentar es el cuidado, el hecho de compartir, la comunión y la experiencia del amor que las relaciones pueden ofrecer. La experiencia es sólo eso, una experiencia creada en respuesta a nuestro limitado conocimiento humano. Debemos comprender que lo que nosotros sabemos y queremos no define plenamente la verdadera esencia del amor ni la limita. Cuando comprendemos esto, somos capaces de entender que resulta imposible hacer que una persona nos quiera como nosotros queremos que nos quiera. Y también que no existe ninguna manera posible de asegurarnos de que estará enamorada de nosotros durante todo el tiempo que nosotros estemos enamorados de ella. Esto no significa que no exista suficiente amor para repartir entre todos o que nunca tendremos una experiencia profunda del amor. Significa que quizá no la tengamos con una persona en particular, en un momento determinado o durante todo el tiempo que nosotros queramos que dure.

En nuestro desarrollo como seres humanos, nuestra mente y nuestra alma evolucionarán, y nuestra visión se expandirá. Esta expansión evolutiva nos aportará una mayor conciencia de nosotros mismos, del mundo en que vivimos y de los misterios de la vida. A fin de asegurarnos de que el viaje valga la pena, de que el itinerario sea significativo y de que las percepciones que obtengamos sean capaces de conducirnos a otras percepciones todavía más importantes, debemos mantener nuestro corazón abierto a experiencias del amor más grandes. Debemos estar dispuestos a abandonar las viejas nociones, a incorporar nueva información, a cambiar la dirección en la que viajamos, y por encima de todo, a quitarle las condiciones al amor. Nunca puedes amar a alguien en tu propio perjuicio. Eso no es amor, sino posesión, control, miedo, o una combinación de todo ello. Sí, nos comprometemos. Sí, tenemos responsabilidades. Sí, queremos que las personas amadas estén cerca de nosotros. Sin embargo, cuando amar a alguien te causa dolor o pone en peligro tu propia vida, debes aprender a rendirte. Si no estás dispuesto a rendirte, si insistes en luchar en nombre del amor, el amor te dejará hacerlo.

Lisa estudiaba en la universidad, trabajaba todo el día y tenía dos niños pequeños que criaba ella sola, cuando su abuela se negó a recibir el tratamiento para el cáncer de estómago que padecía. Lisa intentó explicarle que si no recibía el tratamiento se moriría. A su abuela no le interesaban las historias de horror. Había vivido su vida, y si esta era la manera en la que tenía que irse, pues se iría sin que nadie la pinchase ni hurgase en su cuerpo. No obstante, cuando el dolor fue demasiado intenso, la abuela fue hospitalizada para poder recibir alimentación intravenosa. Cada día, cuando salía de su trabajo en Manhattan y antes de que empezaran las clases en Brooklyn, Lisa iba hacia el norte de la ciudad, al Bronx, para visitar y cuidar a su abuela. Tenía que asegurarse de que su abuela tenía su periódico y sus dulces de azúcar y mantequilla (¿qué diablos importa que yo coma ahora dulces?, preguntaba la abuela) y de que su cabello estuviese bien peinado. La abuela tenía mucho cabello, que se le enmarañaba fácilmente. Esto continuó durante más de siete meses antes de que la enviasen a casa para morir. Lisa estaba exhausta, pero era la favorita de su abuela. Además de eso, nadie más podía soportarla. Era muy quisquillosa.

La abuela resistía, a veces sólo para que la gente se sintiera desdichada, pensaba Lisa. Entonces, rápidamente rechazaba ese pensamiento y lo sustituía por los recuerdos de todos los momentos divertidos que había pasado con su abuela. Cuando los padres de Lisa se divorciaron, fue ella quien se ocupó de Lisa. La ruptura fue desagradable: mamá tenía un novio, el ego de papá estaba herido, había un hijo en camino cuya paternidad era cuestionada. Era un buen lío. Lisa siempre se había sentido más unida a su padre y quería irse con él. Su madre no quería ni oír hablar de eso. Lisa, sus dos hermanas y su hermano acabaron con mamá y con el señor Webb, quien las veía como los recordatorios de que la madre de Lisa había estado con otros hombres. Lisa y sus hermanos eran la prueba. El señor Webb tenía por costumbre recordarles que él no era su padre, pero que mientras comiesen su comida, harían lo que él decía. No hablaba mucho, porque normalmente estaba borracho. Como la mayor que era, Lisa era la más rebelde y la más gritona, y esa era probablemente la razón por la que ella y el señor Webb se peleaban como perro y gato. Eso significaba, por supuesto, que Lisa tenía que escaparse para salvarse de su ira. Cuando era necesario marcharse, su abuela, la madre de su padre, siempre tenía una buena comida que ofrecerle y las palabras adecuadas.

Cuando tenía diecisiete años, Lisa se marchó de casa para vivir con su abuela. Fue maravilloso. Lo hacían todo juntas. Compraban, cocinaban. La abuela era como una amiga, una amiga más mayor que te dejaba hacer todas las cosas que tu madre no te permitía hacer, dentro de unos límites razonables, claro. Cuando a los diecinueve años, Lisa le dijo a su abuela que estaba embarazada, las cosas cambiaron, y drásticamente. Su abuela le dijo que ella era demasiado vieja para cuidar a un bebé y que había llegado el momento de que Lisa se fuera a vivir sola. ¡Estaba desolada! ¿Cómo podía hacerle eso su abuela? Lisa había creído que estarían siempre juntas, o al menos hasta que se casase. Su abuela le dijo que tenía que aprender a ser responsable. Si no había aprendido la lección antes de tener al bebé, necesitaría aprenderla después de tenerlo. Lisa consiguió un pequeño apartamento con su novio y se negó a hablarle a su abuela durante dos años. Fue después de tener al segundo bebé cuando comprendió lo que su abuela intentaba enseñarle en realidad. Humildemente fue a verla. Le habló del nuevo bebé, de su abominable novio y del miedo que tenía, y después le pidió disculpas. Casi como si esos dos años no hubiesen pasado, ella y su abuela volvían a encontrarse donde habían empezado: hablaban, reían y criaban a los dos niños de Lisa.

De eso hacía sólo dos años y medio. En ese tiempo, Lisa había vivido toda una vida. Había entrado y salido de dos o tres malas relaciones sobre las que la abuela le había advertido. ¿Cómo es que cualquiera puede ver lo que tú no eres capaz de ver en la persona que crees amar? Lisa había conseguido un excelente empleo, y su abuela le dijo que ella había rezado para que lo consiguiera. Se había reconciliado con su madre, o al menos ahora se hablaban. Lisa había dejado que el asunto de sus relaciones se enfriase, por consejo de la abuela, hasta que fuese capaz de llevarlo mejor. Entonces, su abuela enfermó. No de repente, sino poco a poco. No comía, no tenía energía y escupía sangre. Lisa había necesitado casi tres meses para convencerla de que si iba al médico no se convertiría en un conejillo de Indias. Entonces llegó el diagnóstico. A Lisa le resultaba muy difícil aceptar que su abuela iba a morir. ¿Por qué no quería luchar por su vida? Su abuela era una gran luchadora en todas las cosas. Luchó con Lisa para que sacara su vida adelante. Fue su abuela quien la había animado a volver a la universidad. Y utilizaba el dinero de su pensión para comprar pequeñas cosas que los niños necesitaban y que ella no podía pagar. Fue su abuela quien le dio todos los consejos que necesitaba sobre los hombres, el amor y otras «cosas de mujeres», como ella las llamaba. Todo eso estaba a punto de acabarse y Lisa estaba fuera de sí.

Sus padres no se habían dirigido la palabra durante años. Eran muy parecidos: resueltos, poco sentimentales y muy obstinados. Era como mezclar aceite y agua e intentar que se pusiesen de acuerdo sobre algo. Cuando la abuela se puso muy enferma, Lisa le dijo a su padre que si no era capaz de hacer que se sintiera mejor, debería mantenerse lejos de ella. Era lo único que necesitaba para desentenderse. En lugar de cerrar su bocaza para poder estar con su madre, le traspasó toda la responsabilidad a Lisa. Llamaba a su hija para ver cómo seguía su madre y saber si necesitaba algo. La llamaba para comentarle cómo se sentía porque su madre se moría. Durante una de las hospitalizaciones de la abuela, cuando parecía que realmente se moría, Lisa llamó a su padre, quien corrió al hospital, miró una vez a su madre, rompió a llorar y no volvió nunca más. ¡Lisa estaba furiosa! Le recordó que su madre no era su mujer y que debía asumir su responsabilidad con respecto a ella. Él le respondió que, sencillamente, no podía hacerlo.

Los hermanos de Lisa nunca habían estado tan unidos a su abuela como ella. Tenían demasiado miedo a hacer cualquier cosa que pudiese disgustar al señor Webb. Llamaban de vez en cuando y siempre le enviaban tarjetas de felicitación por su cumpleaños, el

Día de la Madre y las Navidades. La abuela decía que eran un hatillo de miserables. No podía comprender cómo tanto ellos como su padre podían ignorar a su propia sangre. Tus parientes son el material del que está confeccionado el edredón de tu vida, decía siempre la abuela. «Si empiezas a estirar hacia fuera los cuadrados del acolchado, ¡te morirás de frío!» La abuela era muy sensata. También se sentía muy herida. No hablaba de ello, pero Lisa advertía su dolor siempre que hablaba de su hijo y sus nietos. Lisa decidió que era una guerra en la que no iba a luchar. Tenía a su abuela y eso era suficientemente bueno para ella.

Era primavera. Su abuela había entrado y salido del hospital seis veces en tres meses. En todas las ocasiones dijeron que se moría. Pero cada vez ella los engañaba y recuperaba las fuerzas. Al final, la enviaron a casa para que pasase los últimos días en su entorno familiar. Tenía una asistenta y los vecinos se turnaban para vigilarla. Esto hizo que la presión de Lisa disminuyese un poco, pero todavía se sentía obligada a acercarse cada día hasta su casa para verla. No fue mal hasta que llegaron los exámenes parciales. Lisa tenía pruebas durante toda la semana, así que llamó a su abuela para decirle que no podía ir a verla. Le prometió que haría que alguien le llevase el periódico y los dulces. Su abuela no permitía que nadie más que Lisa la peinase. Le dijo que no se molestase, que leería el diario de ayer y estaría bien. Eso ocurrió el lunes. Lisa estaba tan exhausta que el martes se durmió y se fue al trabajo y a las clases sin llamar a su abuela. Después de las clases la llamó, pero no obtuvo respuesta. La llamó el miércoles por la tarde y no obtuvo respuesta. El jueves fue a visitarla entre el trabajo y las clases. Su abuela dormía. La habían medicado y se encontraba en el paraíso. Lisa le dio un beso y le prometió que volvería el viernes. Sin embargo, el viernes fue un día infernal. Llamó a su abuela, pero ahora sabía por qué no contestaba al teléfono. Durante el fin de semana estudió, llevó a los niños al cine y puso diez lavadoras sin llamarla. Su abuela se murió el lunes por la mañana.

Lisa se sentía acribillada por el sentimiento de culpabilidad. Se sentía tan culpable que el siguiente semestre no fue a clase. Durante semanas estuvo dando vueltas mientras se aporreaba a sí misma. Cuando se enteró de que su padre había visto a su madre antes de morir, eso no hizo que se sintiera mejor. «*¡Tenía que haber estado allí! Tenía que haberle arreglado el pelo y haberle leído el periódico. Hay tantas cosas que debería haber hecho.*» Era como una canción en la mente de Lisa. No podía sacudirse de encima los sentimientos de culpabilidad e irresponsabilidad. Con el tiempo, sustituyó la canción de la culpa por la de la cólera: «*¡¡¡Bueno!!! ¿Cuánto se supone que debe hacer una persona? ¡De Nueva Jersey a Manhattan, de Manhattan a Brooklyn, de Brooklyn al Bronx cada día durante tres meses! ¡¡¡¿Cuánto se espera que haga una persona?!!!*». Cuando no se sentía culpable, estaba enfadada. Cuando no estaba enfadada, estaba deprimida. Lisa intentaba recordar todo lo que la abuela le había dicho, a fin de poder utilizarlo. Las cosas no le iban muy bien. Quería rendirse. Necesitaba rendirse, pero no podía hacerlo hasta que aprendiese a desprenderse.

Debes saber cuándo soltarte

Todas las relaciones tienen los mismos componentes básicos: gente, necesidades y expectativas. Por mucho que intentemos mantener a raya la cuestión de las necesidades y las expectativas, normalmente nos vemos tan atrapados por ellas que la verdadera esencia de la relación se pierde en lo que creemos que deberíamos hacer y lo que esperamos que debe hacerse. En algunas ocasiones, las necesidades son muy reales. En otras, no. Algunas veces las expectativas se basan en una sólida realidad. En la mayoría de los casos, no es así. En algunas ocasiones, la expectativa de ver las necesidades satisfechas recae en nosotros. En otras, nos la ponemos nosotros mismos. Lo que no conseguimos comprender antes de que sea demasiado tarde, es que cuando el amor es el fundamento de la relación, todas las necesidades y las expectativas se ven satisfechas sin ningún esfuerzo por nuestra parte.

No importa lo terrible que te hayan dicho que eres, ¡no te lo creas! No importa lo mala persona que creas que eres, sé valiente. No importa lo que suceda a tu alrededor, resiste. No importa lo que pase en tus relaciones, responsabilízate de ti mismo. No importa lo que recibas a cambio del amor que das, sé consciente de que estás protegido. Divinamente protegido. Siempre que hagas las cosas por amor, con amor, y que no permitas que tu «yo» se pierda en la búsqueda del amor, todo estará bien. En el amor no es posible perder. Nada de lo que hagas puede hacer que una persona que te quiera, que realmente te quiera, deje de quererte. Tal vez se enfade contigo. Quizá se sienta decepcionada de ti. Eso tiene que ver con *sus* necesidades y *sus* expectativas. No tiene nada que ver con el amor. Cuanto más amor des, más amor recibirás. Quizá no siempre parezca que sea así, pero es la verdad absoluta. Es posible que no lo recibas de las personas a quien se lo has dado, pero lo recibirás, no lo dudes. El amor siempre es devuelto a aquellas personas que lo dan libre y valientemente, sin ataduras ni expectativas.

La culpa, la vergüenza, el miedo, la cólera y el resentimiento no son el fruto de una relación amorosa. Son una función de las condiciones que nos imponemos a nosotros mismos y a las personas que amamos. Cuando descubres que te encuentras en uno de esos estados como resultado de tus experiencias amorosas, se te brinda la oportunidad de transformar el amor condicional en amor incondicional. El nivel de desarrollo mental, emocional y espiritual en respuesta a tus relaciones amorosas puede servirte de trampolín para un desarrollo todavía mayor y para revelar a la persona más magnífica, grande y noble que hay en ti. Esta transformación te permite comprender que no es necesario que te sientas culpable o herido, no tienes que enfadarte ni sentirte avergonzado, no tienes que sentirte resentido ni solo, lo único que tienes que hacer es amarte a ti mismo y amar a los demás, de la mejor manera que sepas. No tienes que dar pruebas de tu amor ni tienes que pedir a los demás que te den pruebas de su amor por ti. Cuando lo haces, estás pidiendo desprenderte de las mismas experiencias, aprender las mismas lecciones y andar por el mismo terreno por el que ya has viajado. Hasta que entendamos el concepto de que el amor no pide nada a cambio, haremos lo mismo una y otra vez. ¡Y esto, espiritualmente, no es muy esclarecedor!

La rendición y el desprendimiento son dos limpiadores del hogar que nos acercan a la experiencia del amor. La rendición, el acto de admitir conscientemente qué podemos y qué no podemos hacer, nos ayuda a no asumir falsas responsabilidades y a no hacer aquellas cosas que van en detrimento de nuestro bienestar. Con

mucha frecuencia, en las relaciones queremos serlo todo, hacerlo
todo, darlo todo, cuando sabemos de sobras que es imposible.
Intentamos demostrar nuestro amor. Hacemos un intento desesperado por demostrar que somos merecedores del amor. La clave reside
en renunciar a todos los pensamientos, todas las creencias y todas las
ideas que nos llevan a la conclusión de que no somos dignos de
amor. Si puedes llegar al punto en el que dejas de creer que no eres
digno de amor, ¡instantáneamente pasarás a serlo! Cuando
eres digno de amor, no es preciso que hagas *nada*. Basta con que
seas. El camino para alcanzar esta comprensión es el desprendimiento. Despréndete de todas las condiciones que te has impuesto a ti
mismo. No hay nada que debas hacer. No hay nada que debas tener.
No hay nada que debas ser. Estás bien como estás. Cualquier cosa
que creas que debes ser, hacer o tener para merecer más el amor es
como un cerco de suciedad en la bañera: hay que eliminarlo.

¡Exprésate!

No era capaz de entender cuándo o cómo había empezado. Ocurrió de repente, de la noche a la mañana, en el transcurso de los
primeros trece años de su vida. Hasta hacía un minuto, papá iba a
trabajar, enseñaba en la escuela dominical, jugaba con ella y sus
hermanas mientras mamá se ocupaba de las cosas de la casa. Y al
minuto siguiente papá estaba sentado en la sala, lo habían despedido del trabajo y echado de la iglesia porque se había emborra-
chado demasiadas veces. Hasta hacía un minuto, mamá gritaba y
corría porque papá se peleaba con ella, y al minuto siguiente
mamá lloraba porque papá se había caído y no podía levantarlo.
Hasta hacía un minuto, su infancia estaba bien. Al minuto siguiente, papá había muerto y las cosas empezaron a desmoronarse de
verdad. En el medio de esta saga de trece años que avanzaba
minuto a minuto, Iris se sintió totalmente impotente. No podía
ayudar a papá ni a mamá, ¡y sin duda alguna tampoco podía ayu-
darse a sí misma!

   ¡La gente inteligente no bebe hasta matarse! De modo que su
padre tenía que ser un idiota. ¡Iris le estuvo dando vueltas a eso
durante un tiempo y había llegado a la conclusión de que su padre

era un idiota! Lo amaba, pero ahora estaba enfadada con él por haberse muerto y haberla dejado sola con su madre: su sofocante, atormentada y asustada madre, quien no le permitía hacer nada; su dulce, débil y quejosa madre, totalmente desconectada de la realidad; su madre, que no había trabajado en su vida y era incapaz de imaginar cómo iba a criar a seis hijos ella sola; su madre, a quien amaba y odiaba a la vez porque era todo lo que Iris no quería ser. ¿Cómo podía haberse muerto su padre —borra eso, haberse matado— y dejarla a ella sola en casa con su madre?

Cuando la vida te ofrece limones, debes hacer limonada. Si tienes alergia a los limones, ¡bebe agua! El agua quizá sea insípida, aburrida y poco interesante, pero te da energía. No podía acabar el instituto lo suficientemente rápido. No podía ir lo suficientemente rápido a la universidad. No podía conseguir la licenciatura o un trabajo lo suficientemente rápido para eliminar los sentimientos conflictivos con los que había vivido desde que tenía trece años. Su padre le había enseñado cuán bonita, brillante y dotada era. Su madre le había enseñado cuán frágil, inútil y vulnerable era. No creía en lo que le había enseñado papá. No podía creer lo que mamá le había dicho. Estudió, encontró un trabajo, se compró una casa y todo porque estaba enfadada. ¡Existen algunos tipos de enfado que son como combustible en un horno! Aunque estaba enfadada, nunca dijo una palabra. La cólera disgustaba a mamá y la hacía llorar. ¡Todo disgustaba a mamá! Iris aprendió a una edad muy temprana que fuera lo que fuera lo que sintiese, era mejor que lo reprimiera y lo guardara en su cabeza. En especial si se refería a la muerte de su padre, porque era tan grotesca... ¿Cómo es posible enfadarte con alguien que amas porque se muere? ¿Cómo es posible odiar a tu madre? ¿Cómo puedes expresar lo que sientes cuando no lo entiendes? Durante veintisiete años, Iris tuvo este tren que había descarrilado en su mente y su cuerpo. Cuando ya no fue capaz de soportarlo más, sencillamente se encerró en sí misma.

Es posible que resulte difícil encontrar una buena relación cuando te encierras en ti mismo, pero, ¡oye!, ¿quién quiere pasar por la vida sin algún tipo de relación? Iris decidió que bajo ninguna circunstancia iba a establecer una relación como la que habían tenido sus padres. No iba a depender de su pareja. No iba a tener nada que ver con un hombre que bebiese. No iba a gemir ni quejarse ni llorar. De hecho, estaba demasiado enfadada como para decir cualquier cosa. ¿Sabes? ¡Los hombres tienen un radar! Pueden detectar la cólera a quince kilómetros de distancia. En lugar de correr el riesgo de que detectasen la suya, Iris se volvió muy, muy callada. Todo el mundo comentaba lo callada que era. Siempre se referían a ella como la dulce y silenciosa Iris. Y como era tan callada, la gente creía que era una persona desvalida. Los demás siempre intentaban hacer cosas por ella y la ayudaban en todo, porque equivocadamente habían llegado a la conclusión de que su silencio era una debilidad encubierta.

Iris tuvo tres relaciones memorables. ¡Las recordaba porque fueron realmente desastrosas! La primera, cuando estaba en la universidad, fue con un chico que empezaba y acababa el día fumando marihuana. Iris no sabía que se trataba de marihuana porque la ponía en sus cigarrillos. Estaba colocado la mayor parte del tiempo, y cuando ella descubrió lo que hacía, él ya pensaba que era de su propiedad. Lo pensaba, porque Iris nunca le había dicho que no lo era. Tardó tres meses en deshacerse de aquel idiota. Al siguiente lo conoció en una fiesta. Parecía bastante amable, pero resultó ser peleón. Tenía la desagradable costumbre de abofetear a Iris cuando no hacía lo que él quería que hiciese. Su error consistió en quedarse más de cinco minutos tras la primera bofetada. Aunque la segunda no llegó hasta seis meses después, Iris tenía muy claro que eso no era lo que ella tenía en mente.

La tercera relación fue la más seria de todas. Seria en cuanto a su duración y al compromiso emocional. Ella y Buddy se fueron a vivir juntos y hablaban seriamente de matrimonio. Buddy era todo lo que ella podía pedir, si hubiese pedido mucho, pero no lo hacía, y él al final tampoco resultó serlo. Los signos tardaron dos años en manifestarse: era posesivo, celoso y exigente. Parecía que justo cuando Iris se sintió cómoda para empezar a abrirse, hablar y expresarse, Buddy perdió la razón. Le decía lo estúpida y débil que era. Encontró maneras muy creativas de degradarla y minar su confianza de todas las formas posibles. Iris no quería creerle, pero el descarrilamiento del tren en su mente había causado tantos daños cuando era más joven que el residuo todavía persistía en su corazón. Tal vez mamá había tenido siempre razón. Quizás era demasiado débil y vulnerable para valerse por sí misma. O papá podía haber tenido razón. Quizá debería abandonar a este tipo, valerse por sí misma y hacer lo que era necesario que hiciera por sí misma. «¡Es sólo que no quiero estar sola!», pensó Iris. Ella y Buddy tendrían que resolverlo.

Iris tenía tan poca experiencia con las relaciones y unos modelos tan pobres a los cuales emular, que estaba totalmente confundida. Buddy no era insoportable, pero era difícil de tratar. No respetaba sus opiniones ni sus juicios. No valoraba sus aportaciones. Iris no hablaba lo suficiente o con las suficientes personas para conocer algo distinto, de modo que se quedó y mantuvo la boca cerrada durante cinco años y medio largos y pasivos. Cuando las mujeres empezaron a llamar a casa fue cuando supo que había llegado el momento de marcharse. A su inimitable manera, sin decir jamás una palabra a Buddy, un día regresó del trabajo, metió su ropa en las maletas, cogió algunos objetos que tenían un valor sentimental y se marchó. Se fue directamente a casa de mamá, quien se pasó tres días con la cantinela: «¡Ya te lo había dicho!». Probablemente hubiera seguido con la misma canción, pero Buddy llamaba tan a menudo que casi no le quedaba ni tiempo para hablar. ¡Estaba demasiado ocupada contestando al teléfono!

Cuando Iris se negó a hablar con él, Buddy empezó a ir a la casa. Ella cogió dos y tres turnos en el hospital. Buddy, que no se quería dar por vencido, empezó a ir al hospital. Hizo tres visitas antes de montar la primera escena, pero fue una escena tan grande, que Iris se alegró de que no la hubiera hecho antes. Buddy no sólo la amenazó con matarla, sino que sacó una pistola. Cuando llegó la policía, ya se había marchado. Entonces decidió esperarla en el aparcamiento. Siendo tan sensata como era, Iris se hizo acompañar hasta el coche por uno de los fornidos ordenanzas. Buddy se sentaba en su coche, esperaba a que ella saliese y la seguía hasta casa. Había algunos días en los que ella tenía demasiado miedo como para salir del coche al llegar a casa, de modo que los dos se pasaban horas conduciendo, hasta que él se cansaba o ella se sentía demasiado agotada para importarle lo que él pudiera hacerle. Al cabo de tres meses, él se marchó. Pero el daño ya estaba hecho. Iris estaba tan asustada, abatida y confundida, que todavía se encerró más en sí misma. Se encerró tanto que cogió una botella de whisky para que le hiciese compañía.

Dieciocho meses más tarde la cesaron temporalmente en el trabajo y le aconsejaron que se sometiera a terapia.

¡Dilo con sentimiento!

Una de las cosas más fuertes que he aprendido mediante las relaciones es cuán dolorosa resulta la *deshonestidad emocional*. La deshonestidad emocional es el estado en el que entramos cuando no reconocemos lo que sentimos. Es el intento consciente de negar una emoción. A veces lo hacemos por miedo. Miedo de que, de algún modo, lo que sentimos no sea adecuado. Lo hacemos con más frecuencia cuando estamos confundidos y nos sentimos inseguros de nosotros mismos o de nuestra experiencia emocional. Creo que el mejor catalizador de la deshonestidad emocional es nuestra respuesta aprendida a lo que nos han dicho sobre lo *adecuado o inadecuado* de nuestros sentimientos.

¿Dónde nos enseñan que está bien tener sentimientos o que lo que sentimos está bien? Me imagino que hay muy pocas familias en las que se mantengan discusiones francas y abiertas sobre el aspecto emocional de la vida. No me refiero a lo que sucede en la vida, sino a lo que sentimos en respuesta a lo que ocurre. De niños, nos lo enseñan todo sobre casi todas las cosas, salvo sobre lo que sentimos. Nos enseñan de manera muy clara qué no debemos sentir y nos explican por qué no debemos sentirlo. Sin embargo, cuando corremos el riesgo de sentir algo, también corremos el riesgo de expresarlo. Nueve de cada diez veces, cuando lo hacemos, alguien se enfada con nosotros. Aquí es donde empieza la confusión. A muy pocos de nosotros nos enseñan la diferencia que existe entre reconocer y expresar nuestros sentimientos.

Por alguna extraña razón, aunque los adultos creen que tienen la libertad de sentir y expresar sus emociones, también creen que los niños no la tienen. Muy temprano en la vida, los pequeños reciben este mensaje subliminal: «Lo que siento debe estar de acuerdo con lo que los demás piensan que debo sentir o quieren que sienta». Nada podría estar más lejos de la verdad y nada nos trae más problemas en nuestras relaciones que este tipo de censura de nuestros sentimientos. En respuesta a estos mensajes de la infancia, nos perdemos dos lecciones muy importantes: (1) cómo identificar lo que sentimos, y (2) cómo expresar adecuadamente lo que sentimos. A fin de eliminar el aluvión de emociones tóxicas que por lo general suele derramarse sobre las relaciones, debes ser capaz de identificar lo que sientes y permitirte sentirlo. A esto se lo llama *reconocimiento*. Una vez que tiene lugar este reconocimiento, puedes elegir o decidir, si cabe, qué te gustaría hacer respecto a ese sentimiento. A lo que haces en respuesta a ese sentimiento se lo llama *expresión*. La confusión que tenemos la mayoría de nosotros gira alrededor de encontrar la forma adecuada de expresar lo que sentimos. Nuestros padres y cuidadores intentaron reducir las expresiones inadecuadas y, al hacerlo, nos enseñaron inadvertidamente a reprimir el sentimiento. Los sentimientos y su expresión pueden resultar arriesgados, pero son el único medio seguro de permanecer emocionalmente sano. También son el fundamento de la salud emocional, que es crucial en el desarrollo de unas relaciones satisfactorias y perdurables.

A consecuencia de las experiencias que tuvimos en la infancia, en algunas ocasiones negamos lo que sentimos o incluso que sintamos algo en absoluto. ¿Cómo expresar nuestra cólera adecuadamente? La cólera, que es la otra cara de una pasión no expresada, es probablemente lo más prohibido de nuestro repertorio emocional. Se supone que no tienes que enfadarte, y si debido a alguna debilidad humana te enfadas, ¡mejor que no lo demuestres! ¿Cómo avanzar a través de la confusión emocional? Cuando sientes lo que se supone que no debes sentir, la gente se enfadará contigo. Tal vez hable mal de ti o te insulte. En el entretanto, te sentirás todavía más confundido sobre la razón de que nadie comprenda por qué sientes lo que sientes, cuando no estás seguro de lo que sientes. ¿Cómo distinguir entre los ruidos de tripas causados por la indigestión y los que provoca el miedo? El miedo puede hacer que te dobles de dolor. ¡Y también puede hacerlo el hecho de que te quedes sin comer! Ambas cosas harán que te sientas taciturno, indeciso y malhumorado. Un trozo de pizza resolverá uno de esos problemas. ¿Cómo sabes qué curará el miedo, si es que lo es? Una cosa es ser un adulto y hacer estas preguntas, y otra cosa es ser un niño al que le da miedo hacerlas. En el entretanto, la mayoría de las personas llevan consigo las preguntas de su niñez hasta la edad adulta.

¡Siente lo que sientes!

Yo debía de tener siete u ocho años cuando mi abuela nos llevó, a mi hermano y a mí, a Virginia, a lo que hoy en día se ha puesto de moda llamar «reunión familiar». En aquel entonces yo pensé que era una gran comida al aire libre con muchos extraños. Aunque mi abuela no dejaba de preguntarme: «¿No recuerdas a fulanito y a menganito?» y de decirme: «¡Seguro que te acuerdas de fulanito y de menganito, ve a jugar con ellos!», yo no tenía ni idea de quién eran todas aquellas personas, y habían cientos de ellas. Eran muy bulliciosas. Algunas estaban bebidas, y la mayoría me pellizcaban las regordetas mejillas con sus dedos grasientos de la carne de la barbacoa. En un intento de protegerme del ultraje y el daño físico, me agarré a la falda de la abuela. Ella me apartaba y me decía que fuera a jugar con los otros niños. ¡Yo no quería ni oír hablar de ello! Jugaban con ranas y se revolcaban en el barro, que ellos llamaban *arcilla*. Era más de lo que mi mentalidad de diva neoyorquina, que vivía en un apartamento, podía soportar. ¡Las divas no juegan, bajo ninguna circunstancia, con ranas!

La abuela no dejaba de darme manotazos como si yo fuera una mosca. Debió olvidar que cuando más manoteas a las moscas, más persistentes se vuelven. Mi hermano, el muy traidor, se había dejado arrastrar por un grupo de inspectores de ranas. En lo que a mí respecta, adonde iba la abuela, iba yo. De repente, alguien anunció que la barca estaba lista para el primer viaje. ¿Qué barca? ¿Qué viaje? Otra persona sugirió que los niños deberían ir primero con el tío no sé qué. ¿Ir adónde? ¿Con quién? Lentamente todos fuimos escoltados hasta la orilla como ovejas a las que se lleva al matadero. Ahora yo me sujetaba al elástico de las medias de mi abuela. A medida que nos acercábamos al desembarcadero, intentaba imaginar cómo iba a escaparme de la matanza. Mi hermano fue mi salvación. Le echó una mirada a aquella pequeña barca encima de toda aquella agua ¡y alucinó! Gritó: «¡No! ¡No! ¡Me da miedo! ¡No puedo ir! ¡No quiero ir!». Cuando se dio la vuelta para escaparse corriendo del muelle, la abuela lo agarró del brazo y le dijo: «*¡Cierra la boca! ¡No tienes miedo!*». Algunos de los niños empezaron a reírse de él por ser un niño de ciudad y un miedoso. Algunos de los adultos borrachos intentaban engatusarlo para que se metiera en la barca. Su aspecto era el de alguien que sufre algún tipo de ataque: se sacudía, temblaba, gritaba y soltaba espuma por la boca. La abuela le dijo que si no se callaba le iba a bajar los pantalones y azotarle el trasero. Él no lo hizo. Ella sí. Entre tanto, mientras yo le daba las gracias al hada de la barca y mi hermano recibía sus azotes, la barca se fue sin nosotros.

La honestidad emocional empieza por ser capaz de reconocer lo que sientes. Es el modo mediante el cual honramos el hecho de ser seres emocionales y tener sentimientos. Esto es algo que los adultos a menudo no comprenden sobre los niños, que son seres emocionales. Por consiguiente, cuando somos adultos no lo reconocemos en nosotros mismos. No siempre es necesario que anuncies lo que sientes a los demás. Sin embargo, debes permitirte sentirlo. Únicamente a través de la experiencia de lo que sientes serás capaz de permanecer en contacto con tu yo interior. Una vez que establezcas ese contacto, comprenderás que todos los sentimientos son neutrales y que reciben su significado de la energía que nosotros les otorgamos. En esencia, no existen sentimientos buenos y sentimientos malos, a menos que nos digamos a nosotros mismos que son buenos o malos. El verdadero conflicto o la confusión que experimentamos reside en ver la diferencia entre reconocer lo que sentimos y expresarlo de un modo adecuado. Ser capaz de identificar y reconocer lo que sientes es una señal de salud y estabilidad emocional. Te capacita para escoger la respuesta adecuada. Por otra parte, cuando te atascas y juzgas lo correcto o incorrecto de tus experiencias emocionales, hasta el punto de negarlas, te colocas a ti mismo en una situación difícil, una tirante situación emocional que a menudo puede conducir a expresiones inadecuadas.

Estés o no estés envuelto en una relación amorosa, la represión emocional, que es una forma de engañarse a uno mismo, no te honra ni tampoco honra a las personas con las que tienes cualquier tipo de relación. El autoengaño consiste en no reconocer la verdad sobre uno mismo o sobre los demás. Si no eres capaz de aceptar la verdad, te niegas a ti mismo. Cuando estás comprometido en algo tan importante como el amor por ti mismo o por los demás, el intento de negar la profundidad de tus experiencias crea lo que conoces como dolor. En el entretanto, mientras no comprendes esto, tiendes a hacer todo lo que está en tus manos para negar lo que sientes, porque crees que la negación evitará que expreses tu dolorosa verdad. Aquí tenemos una importante regla del amor: ¡el reconocimiento y la expresión no son lo mismo! El reconocimiento significa que tienes el valor suficiente para admitir lo que sientes. La expresión significa tener la tranquilidad, el aplomo y el valor necesarios para dejar que los demás lo sepan. Son dos recordatorios activos de que el amor no te despoja de la facultad de tomar decisiones o del poder de elegir.

Ninguna experiencia en la vida invoca más sentimientos que las relaciones; sin embargo, en las relaciones, con demasiada frecuencia no nos permitimos sentir. No hay que decir: «Te quiero» primero. No hay que hacer demasiadas preguntas demasiado pronto. Recordamos lo que nos ocurrió anteriormente, la primera o la última vez que nos dejamos guiar por un sentimiento. Las respuestas aprendidas, a menudo nos hacen perder de vista la diferencia entre el reconocimiento y la expresión de las emociones. El reconocimiento también significa ser capaz de tener una experiencia emocional sin juzgarla. A esto se lo llama *desprendimiento*. Significa darte permiso para tener una experiencia sin anticipar sus resultados. En el forcejeo por determinar la *corrección emocional,* recordamos que *la última vez* que expresamos nuestras preocupaciones, sospechas o ansiedades, fuimos criticados o nos dijeron que no deberíamos sentirnos así. Y respondemos con la conclusión de que el sentimiento, no la expresión, es inapropiado. La clave consiste en desprendernos de todos los juicios que hemos hecho sobre lo que sentimos.

Todos los sentimientos son apropiados. A menudo, lo que nos trae problemas es nuestra respuesta a ellos o su expresión. Por esta razón resulta tan crucial la honestidad emocional. Un mentor me dijo en una ocasión: «Permítete sentir lo que sientes, sabiendo que no tienes que hacer nada al respecto». ¡Déjame que te diga que es la cosa más difícil que jamás he aprendido! Durante una larga temporada, me pareció que tenía la lengua atada al corazón. Si sentía algo que era lo bastante fuerte, tenía que decirlo. De niña, eso me mantuvo sentada en el rincón. Cuando era estudiante, me condujo al despacho del director. ¡En las relaciones me dejó con el corazón roto! Expresar mis sentimientos tuvo su efecto más devastador

cuando yo no reconocía lo que sentía. Las cosas que dije vincula-
das a emociones no reconocidas, me trajeron, por lo general,
muchos problemas.

Existe otro aspecto del reconocimiento que resulta pertinente
mencionar en este punto. Se denomina *dar vueltas*. Los amigos
bienintencionados serán los primeros en decirte: «No le des más
vueltas». Quieren decir que dejes de insistir en las experiencias o
emociones negativas. Por supuesto, nunca te dicen que no caviles
sobre las cosas buenas. En consecuencia, si cavilas, lo más probable
es que lo hagas sobre algo que no es muy agradable. Cuando oímos
no le des más vueltas interpretamos que significa *no lo sientas*, no lo
reconozcas. La cavilación tiene más que ver con la expresión que
con el reconocimiento. Probablemente, las personas que te han
dicho: «No le des más vueltas», te han oído contar tu triste historia
noventa y nueve veces. Antes que decirte: «Cariño, ¡deja de expresar tu drama en mi vida!», te dirán: «No le des más vueltas». Dar
vueltas a una cosa significa que te has quedado atascado. Intentas
comprender qué pasó, por qué ocurrió y qué puedes hacer para
mejorarlo. Piensas o hablas sobre los incidentes, no sobre los sentimientos. Recuerda que el reconocimiento de lo que sientes te brinda la libertad de elegir cómo expresarlo. También te otorga el
poder de liberar, curar o transformar la experiencia de un modo
que te hará sentirte mejor y que también hará que se sientan mejor
tus amigos.

Debes tomar buena nota

En las relaciones, la deshonestidad emocional es un mecanismo de
defensa que adoptamos como una medida protectora para que no
se nos rompa el corazón. Lo hacemos tan a menudo que parece
una respuesta natural. Por otra parte, la vida no quiere ni oírlo
mencionar. ¡No es posible salir impune de la deshonestidad emocional por mucho tiempo! Debes honrar tus sentimientos, y con el
tiempo, la vida te invitará a darlos a conocer. En respuesta a esta
invitación, debes aprender a expresarte ante otra persona. Si es la
persona adecuada y el reconocimiento de tus sentimientos es sincero, todo irá bien. Si no tienes demasiada suerte o la suficiente

valentía para reconocer lo que sientes, te sentirás confundido cuando llegue la invitación. Te encontrarás en una situación muy difícil. Te atascarás mientras intentas comprender qué sientes y qué debes decir. En medio de la confusión, y mientras intentas desatascarte, dirás la cosa equivocada a la persona equivocada. Esa persona se lo dirá a la misma persona que tú no quieres que lo sepa, y ambas dejarán de hablarte. Entonces te sentirás más confundido o más atascado. Te encontrarás enfadado, avergonzado y sin amigos.

Las relaciones revelan tus cualidades internas, y los sentimientos son la substancia de la que estamos hechos. Ya sea una relación con tus padres, con un jefe o con el ser amado, la interacción evocará emociones poderosas y profundas. Una regla de amor muy importante: debes aprender a ser lo más honrado posible con tus sentimientos. Una sencilla afirmación mental debería surtir efecto: «En este instante siento...». Una vez que reconozcas lo que sientes, tienes la opción de expresarlo o no. Si eliges expresarlo, la gente quizá se disguste contigo. ¡Eso no es una amenaza para tu vida! La gente tiene derecho a disgustarse si elige hacerlo. En presencia de gente disgustada, tu trabajo consiste en resistir la tentación de etiquetarte como la causa de su disgusto. Permanece con tu sentimiento. Advierte las sensaciones que crea en tu cuerpo. Advierte los pensamientos o recuerdos que evoca en ti. Tienes una excelente oportunidad de curación en este mismo instante. Si eres capaz de recordar las circunstancias y situaciones que evocaron el mismo sentimiento u otro similar, puedes pedir ser curado.

En el preciso instante en que se produce una respuesta emocional, puedes detenerte y respirar profundamente. Practícalo. De este modo te conectarás de nuevo con el amor que es la vida. Siempre me resulta beneficioso hacer un rápido inventario de mi cuerpo junto con la respiración. Eso significa preguntarse: «¿Qué es lo que siento? ¿Dónde lo siento?». Una vez que hayas localizado el sentimiento, pregúntate: «¿Qué es esto?». Es posible que te parezca que necesitas mucho tiempo para hacerlo. No es así. He comprobado que, por lo general, de quince a veinte segundos es suficiente. Probablemente justo el tiempo suficiente para pillarte a ti o pillar a otra persona en medio de una frase, después de haber expresado las palabras que apretarán los botones emocionales precisos. A menudo, estos botones emocionales son accionados por respuestas aprendidas inconscientes o por una estimulación emocional. Seguro que muchas veces has dicho: «No sé por qué me enfado así». Es muy probable que estuvieses respondiendo a un recuerdo inconsciente para el cual tienes una respuesta aprendida. El enfado es la respuesta natural al sentimiento de impotencia. El miedo es la respuesta natural cuando no sabemos qué hacer frente a ese sentimiento de impotencia. Todos aprendemos, por medio de la experiencia prenatal y postnatal, cómo responder a estas dos experiencias emocionales.

La mente y el cuerpo son muy cooperativos. Responderán de inmediato a tu más leve petición. Si pides ser curado, te curarás. Sin embargo, debes estar dispuesto a renunciar al control de la curación. También debes estar dispuesto a hacer algo nuevo para facilitarla. Respirar profundamente cuando empiezas a enfadarte. Resistir el impulso de juzgar lo que sientes. Hacerte preguntas a ti mismo sobre tus respuestas emocionales aprendidas. Aprender a desvincularte de lo que crees que podría suceder cuando te expresas a ti mismo. Permitirte sentir lo que sientes y expresarlo. Todo esto son cosas nuevas que puedes hacer a fin de facilitar tu curación emocional y espiritual. Son reforzadores de los limpiadores espirituales de la rendición y el desprendimiento. Te ayudan a permanecer en contacto contigo mismo, a reconocer lo que sientes y a expresar tus sentimientos de manera adecuada. En cualquier tipo de relación, estas claves te ayudarán a permanecer emocionalmente sano. Son actos de bondad y amor por ti mismo.

No llores más

Joe ingresó a Marie en una residencia muy cercana a su casa. Al principio le resultó muy difícil. Se pasaba la mayor parte del día yendo y volviendo de su casa a la residencia, y le llevaba a Marie las cosas que él pensaba que necesitaba para estar cómoda. La echaba mucho de menos, y no podía soportar la idea de que se sintiera infeliz. También pensó que ella estaba enfadada con él por lo que había hecho. Joe empezó a acudir a la iglesia local porque pensó que tal vez encontraría algún consuelo. Encontró amigos con los que podía jugar a cartas por la noche y libros que le leía a

Marie cuando iba a visitarla. Y, sí, hizo amistad con una mujer que lo sabía todo sobre Marie y que aun así se sentía feliz de acompañarle al cine y a cenar fuera de vez en cuando. Todos sabían que Joe amaba a Marie y que continuaría amándola incluso después de su muerte. Lo sabían porque él lo decía a la menor oportunidad. Lo que al final comprendió es que era posible que amara a Marie y a la vez viviera de la manera que fuese mejor para ambos. Esto es la rendición.

Lisa no volvió a sus clases, pero finalmente superó la muerte de su abuela. Para ella la clave fue el perdón. Empezó por perdonar a su padre por haber descargado en ella sus responsabilidades. Se perdonó a sí misma por haberlas aceptado como si fuesen suyas. Perdonó a su madre por haberla abandonado por la compañía del señor Webb. Se perdonó a sí misma por estar enfadada con su madre. Perdonó a todos sus ex novios por abusar de sus debilidades. Después, se perdonó a sí misma por no amarse lo suficiente para trabajar en su persona. Para Lisa, el perdón fue el camino que la condujo a la rendición, y la rendición la ayudó a desvincularse de las condiciones que se había impuesto a sí misma. Recientemente, consiguió un importante ascenso en su trabajo y tiene una relación bastante buena con un hombre.

Iris todavía no está preparada. Aún tiene mucho dolor del que ocuparse. Hizo un tratamiento de desintoxicación para alcohólicos, pero sigue sin hablar. Algunas experiencias en nuestra vida nos causan tal impacto, que el daño emocional parece abrumador. Cuando esto ocurre, el camino hacia la recuperación es largo, estrecho y muy empinado. Progresar a través de algunas emociones es semejante a morirse. Lo viejo debe morir a fin de que puedas renacer o iluminarte. Iris no está lista. Su dolor por la muerte de su padre, sus años de silencio, su ambivalencia con respecto a su madre y el odio que siente por sí misma son todavía demasiado grandes. Sin embargo, sabemos que tan pronto como esté dispuesta a rendirse, tan pronto como encuentre el valor necesario para permitirse sentir, tan pronto como pronuncie la oración final: «¡Ayúdame!», empezará la curación. El amor nunca deja sin contestar una petición hecha en su nombre.

8
Saca la basura afuera

Robert estaba casado, y Joan lo sabía porque él se lo había dicho. Ella era atractiva, había recibido una buena educación y era una abogada joven y prometedora, hija de un destacado político, pero al parecer no era capaz de atrapar al amor de su vida. Cuando conoció a Robert, tenía una necesidad que satisfacer: sencillamente, ya no quería estar más sola. Él, que era nueve años mayor que Joan, le ofreció una excelente oportunidad de disfrutar de alguna cena ocasional, buena compañía y sexo. El hecho de que estuviera casado no parecía tan malo como el de estar sola. Además, ella estaba muy ocupada, y una relación ocasional significaba que no tenía que comprometerse y podía continuar buscando y explorando otras posibles relaciones. Otro beneficio añadido era que su padre dejaría de preocuparse por la posibilidad de que se convirtiera en una solterona. También la hacía sentirse mejor el hecho de que su padre siempre hablase tan bien de Robert.

Joan se decía que no hacía nada malo: ¡no era ella la que estaba casada! A esto se lo llama *negación*, pero Joan no lo sabía. Tal vez era porque ya había tenido relaciones con otros hombres casados con un éxito razonable: nunca se supo, y entró y salió de las relaciones sin ninguna o muy pocas escenas. Buscaba a un hombre amable y simpático con el que pudiese ocupar su tiempo hasta que apareciese el adecuado. ¡Joan todavía tenía que comprender que cuando te agarras a algo inapropiado, lo apropiado no puede entrar! También estaba el hecho de que se encontraba en un momento emocional bajo y quería hacer algo. Algo divertido, algo excitante. ¡Cuando buscas algo excitante en una relación, siempre te haces daño!

Joan no estaba segura de cuándo había ocurrido, tal vez en el segundo año, no, fue en la mitad del cuarto año, cuando descubrió que se pasaba el día y la noche pensando en Robert. ¡Resultaba asombroso lo compatibles que eran! A él le encantaba el marisco, y a ella también. A él le encantaba la ópera, y a ella también. Lo mejor de todo era que ambos eran abogados y podían hablar de sus experiencias diarias. En especial porque tenían a una persona en común. El padre de Joan. Robert era su consejero legal y su abogado. Por mucho que intentaba luchar contra ello, Joan no podía evitar imaginarse lo maravilloso que sería pasar el resto de su vida con Robert. ¡Era tan generoso! El brazalete de tenis que le había regalado por su cumpleaños y el colgante, un diamante en forma de corazón, que le había dado el día de San Valentín, él los consideraba como pequeñas muestras de su afecto. Lo mejor de todo era su discreción. Tenía una manera particularmente discreta de engañar a su mujer. Joan admiraba eso en él, que fuese tan responsable y precavido.

Robert no era como los otros hombres casados con los que Joan había tenido relaciones. Tras unas pocas comidas caseras y pocos meses de sexo (que era la razón por la que ella había entablado esas relaciones), todos ellos habían caído en las profundidades. Querían dejar a su mujer por ella. «Ninguna atadura, ¿recuerdas?», les decía mientras los empujaba delicadamente hacia la puerta. Esta vez era ella. Comprendió que se había enamorado completamente de Robert y se preguntaba si él se había enamorado de ella. No se atrevía a preguntárselo y él nunca lo mencionó. Lo que sí sabía era que él le tenía mucho afecto a su mujer y la respetaba. Eran pilares de la comunidad. Todos los que conocían a Robert conocían a su mujer. Eran ese tipo de pareja. No había la menor sospecha de que entre Robert y Joan hubiera algo, incluso tras cuatro años. A su padre le preocupaba un poco que Joan hubiese dejado de invitar a hombres a casa, pero ella le recordaba que las citas para comer eran tan buenas como las citas para cenar.

Joan dejaba que su mente fantasease sobre Robert y ella porque no podía hablar de él con nadie. No podía correr el riesgo de deshonrar a su familia, en particular a su padre, que estaba a punto de presentar su candidatura de nuevo. Además, Robert había dejado muy claro que no abandonaría, bajo ninguna circunstancia, a su mujer. Era su mejor amiga y la madre de sus hijos. Joan se sentía tentada a preguntarle qué era ella para él, pero al final siempre decidía no hacerlo. En todos los años que llevaban juntos, nunca habían tenido una discusión. Nunca habían cruzado una palabra airada entre ellos. No iba a empezar a buscarse peleas ahora, no después de casi cuatro años. Sin embargo, sí deseaba tener a alguien con quien hablar de su difícil situación. Había intentado hablar con amigos, pero cuando les dijo que el hombre se *«veía con alguien más»*, todos le habían dado el mismo consejo: ¡plántalo! En particular su padre. Le dijo que estaba yendo de cabeza al escándalo y la deshonra y que debería andarse con cuidado.

Fue en el octavo mes del octavo año de su relación, cuando Joan y Robert se vieron forzados a hacer frente a la realidad de su vida. Ella se quedó embarazada. Nunca antes, en toda su vida, había estado embarazada, pero ahora lo estaba. Se estaba acercando a los cuarenta, lo cual tenía un gran significado en su reloj biológico. La verdad es que ella había rezado secretamente por tener un bebé, y tal vez había dejado de tomarse una o dos píldoras para ayudar un poco. Junto con las oraciones por el bebé, también había pedido por un marido. Al final, Joan le confió a una amiga que estaba embarazada de cuatro meses, que el padre era un hombre casado y que no sabía qué hacer. Juntas estudiaron la situación con todo detalle y comprendieron que Joan había conseguido todo lo que había pedido. «Pediste un bebé, y lo tienes. Pediste un marido, y también lo tienes», declaró su amiga. Joan replicó: «No tengo la menor esperanza de tener un marido. ¡Llevo los últimos ocho años con Robert!». Su amiga le explicó con tranquilidad: «No fuiste tan específica. No dejaste claro que querías tu *propio* marido. Conseguiste exactamente lo que querías y esperabas: un marido y un bebé».

¡Existen dilemas y existen DILEMAS! Adivina cuál tenía Joan. ¿Qué hace una mujer soltera en una pequeña ciudad? ¿Tener el bebé, deshonrar a su padre, arruinar su carrera y atarse a un hombre casado? ¿O escabullirse a la gran ciudad para abortar y en consecuencia manchar su alma y correr el riesgo de consumirse en el infierno? Estas son las preguntas que se hacían Joan y su amiga.

¿No es increíble lo absolutamente piadosos que nos volvemos cuando tenemos problemas? Joan no había considerado nunca la suerte que podía correr su alma durante los ocho años que llevaba con Robert, pero esa es otra cuestión. En este momento, la basura se estaba acumulando y tenía que tomar una decisión.

Revisemos rápidamente este delicado DILEMA del entretanto en el segundo piso para asegurarnos de que no nos dejamos nada. Una mujer soltera tiene una relación de ocho años con un hombre casado que resulta ser el muy eminente consejero legal de su padre. Durante el transcurso de su relación, aunque la mujer asegura que espera a que aparezca el Sr. Adecuado, tiene relaciones sexuales, sin tomar precauciones, con este hombre casado, cuyo resultado es el embarazo. Cuando esta mujer de treinta y tantos años descubre que se ha quedado embarazada de su amante casado, le confía a una amiga que está embarazada de cuatro meses y que, de hecho, había rezado por un marido y un bebé. Sin embargo, dado que el padre del bebé no es su marido, ahora tiene que decidir si debería tener el bebé —lo cual podría provocar un escándalo y una deshonra familiar— o arriesgarse a consumirse en el infierno toda la eternidad por cometer el pecado mortal de abortar. Al comprender lo retadoras que pueden resultar algunas experiencias del entretanto, quieres darle a la gente el beneficio de la duda. ¡En una historia como ésta, sin embargo, te das cuenta de que todo y todos están a disposición de cualquiera!

Cuando tenemos planes ocultos, motivos oscuros, fantasías inalcanzables, falta de sinceridad y falsas responsabilidades como base de una relación, puedes apostar seguro que el amor no está presente. Lo que está presente tal vez se parezca al amor, quizá se sienta como si fuera amor, pero no está ni remotamente relacionado, de ninguna manera, de ningún modo, en forma alguna, con la esencia del amor. ¡No se puede hacer lo que no tiene el menor sentido y llamarlo amor! Cuando el amor está presente, todo el mundo gana. En esta historia no gana nadie. Cuando estás dispuesto a decir una mentira tras otra, cuando engañas u ocultas cosas, cuando le haces a alguien lo que no querrías que te hiciesen a ti, no persigues el amor. ¡Expresas tu basura! ¡Desperdicios mentales y emocionales! ¡Lo que tienen los desperdicios es que sabes exactamente de qué se trata! Sabes que son lo que no quieres, lo que ya no te sirve para nada, lo que ha llenado desordenadamente tu entorno. Pero hay algo más sobre los desperdicios: hay veces en que tiras cosas a la basura que no quieres tirar. Una vez que lo has hecho, corres por toda la casa con una mirada de pánico en búsqueda de esas cosas. De repente, te das cuenta: «¡Debo de haberlo tirado a la basura!». Lenta y metódicamente, debes remover entre las sobras, los desperdicios y los desechos pestilentes para encontrar lo que buscas. Cuando lo encuentras, está cubierto de porquería. Ahora tienes que limpiarlo, y, con suerte, todavía estará servible.

Robert se quedó atónito. Le ofreció su apoyo, pero estaba horrorizado. Su primer instinto fue el de ponerse a correr. Pero en lugar de ello, le preguntó a Joan qué quería hacer. Ella admitió que no lo sabía. Quería al bebé, pero no quería disgustar a su padre. Quería, en particular, tener un hijo de Robert, pero no quería causarle ningún problema. Robert le dijo que la decisión tenía que tomarla ella, y que él aceptaría su parte de responsabilidad, decidiese lo que decidiese. Tres semanas más tarde, cuando ella todavía andaba a tropezones, Robert, que era una persona noble, se lo dijo al padre de Joan. Bueno, seamos realistas: ¡lo cierto es que no estaba siendo tan noble! ¡Estaba asustado! Se lo dijo porque no quería que el padre de Joan se enterase por otros canales, es decir, por Joan. Robert quería explicarse. ¡Quería salvar su pellejo! El padre de Joan no se sintió complacido en absoluto, pero ofreció su apoyo. Le sugirió a Robert que se lo dijese inmediatamente a su mujer, porque las mujeres son un poco especiales cuando oyen algo así de boca de otras personas. Él lo sabía porque le había pasado a él mismo hacía muchos años, después de que Joan hubiese nacido. ¡Robert estaba escandalizado! Por lo que él sabía y por lo que Joan le había dicho, esperaba que lo despidiese y le pegase un tiro. En cambio, este *caballero* le hablaba como si él fuera su hijo, un amigo, un colega con problemas que necesitaba su ayuda.

Si no sacas la basura afuera tan pronto como percibes la primera vaharada, ¡contaminará todo tu entorno! O saldrán gusanos, pequeñas cositas desagradables que se arrastran hasta los lugares más privados. Si ocurre, tendrás que ocuparte de ello: frontalmente. El padre de Joan fue a hablar con su hija y le dijo que lo sabía. También le dijo que la apoyaría fuese cual fuese su decisión. Le recordó que él quería tener nietos y que no podía controlar cómo los iba a tener. Lo que le preocupaba era la felicidad de su hija.

También hay alguna basura que se amontona sobre nosotros. Es el resultado del modo en que fuimos educados y de las experiencias que tenemos en la vida. A esto podemos denominarlo *basura exterior,* la que proviene de fuentes externas. Después está la basura que recogemos. La recogemos, la llevamos a casa, le hacemos un sitio en nuestro entorno y con bastante frecuencia nos quejamos de su olor. A esto lo denominamos *basura interior*, que son las conclusiones a las que llegamos en respuesta a las experiencias que tenemos en la vida. A menudo, nuestra respuesta a esta combinación de basura exterior e interior es encontrar una manera de cambiar de lugar la basura a fin de que haga juego con nuestra imagen. Muy frecuentemente, ignoramos el olor y hacemos los reajustes necesarios para vivir con la basura. Todas las cosas que Joan temía que le diría y le haría su padre eran una respuesta a su propia basura, y, con el tiempo, tuvo que removerla y ocuparse de ella. Joan proyectó esa imagen en él y actuó en consecuencia. Decidió marcharse de casa y tener el bebé. No importaba, porque toda la ciudad se enteró. Es lo que suele ocurrir cuando tu basura huele muy mal.

Cuando deseamos tener algo o una experiencia, las primeras imágenes de ese deseo son puras. Emanan de la esencia de nuestro ser, que es el amor. Lo que pasa es que ponemos toda nuestra basura encima del deseo y determinamos que tiene que ser de esta o aquella manera. Sin embargo, con bastante frecuencia actuamos de una forma que resulta totalmente incongruente tanto con el deseo como con la imagen que queremos ver. Cuando quieres casarte pero en tu vida sólo aparecen hombres casados, hay algo que no funciona en el proyector (tú), no en la imagen (lo que aparece). Tal vez haya algo de basura por medio que enturbia la intención o la expectativa. Quizá lo que necesites hacer sea liberar la imagen y concentrarte en la experiencia que deseas. Si te concentras en la experiencia, la imagen apropiada aparecerá.

¿Cómo quieres sentirte? Porque nuestro conocimiento humano es tan limitado que respondemos a lo que vemos en lugar de a lo que queremos. Creemos que debemos coger lo que aparece y adaptarlo a la imagen que hemos creado. A menudo esto ocurre porque creemos que conocemos el final de la historia. Creemos que tenemos todo el guión para todos los momentos. Justo cuando empezamos a ajustar lo que tenemos para que se adapte a lo que queremos, aparecerá un nuevo personaje, se introducirá una nueva trama y la imagen se desajustará. Por lo general, cuando esto ocurre tenemos miedo. De esto trata el entretanto, de aprender a ajustar el proyector —nosotros— mediante el poder y la presencia del amor. Cuando el amor se une al proyector, la imagen se transforma en una representación mucho más clara del deseo. El propósito se alinea con las expectativas. El personaje se convierte en una honrosa representación del propósito que no estará contaminada por la basura. Deshazte del miedo, deshazte de las condiciones y la experiencia aparecerá.

En la vida y en las relaciones, debemos ser muy claros sobre lo que buscamos, lo que esperamos, lo que queremos experimentar y lo que estamos dispuestos a hacer para conseguirlo. En el segundo piso de la casa del amor aprenderás muchas cosas sobre esto. El aprendizaje en el segundo piso se concentra en la visión (aclararla), en la integridad (qué estás dispuesto a hacer para conseguir tu visión), en el propósito (qué es lo que intentas conseguir) y en las expectativas (qué crees sobre lo que intentas conseguir), todo lo cual puede verse oscurecido o contaminado por la basura que hay en nuestra mente. *«¡Nunca consigo lo que quiero! ¡Todos los hombres buenos ya están casados! ¡Se me está haciendo tarde! ¡Haré bien en agarrar al primero que aparezca!»* Estas son las cosas que proyectamos, y sin embargo nos preguntamos por qué la imagen no se corresponde a lo que decimos que queremos experimentar.

En el segundo piso puedes meterte en un buen lío, porque resulta muy fácil y muy tentador querer algo y no seguir los pasos que producirán las cosas o las experiencias que persigues. Es peligroso creer que todo lo que aparece en tu vida es el camino hacia lo que quieres. Algunas cosas aparecen para ayudarte a aclarar tu visión. Otras aparecen para ayudarte a clarificar o curar tu propósito. Después, con bastante frecuencia surgen ocasiones en las que aparecen algunas cosas que siguen su camino hacia otra parte y tú crees equivocadamente que son tuyas. Tus expectativas no eran claras, de modo que empiezas a ajustar la imagen.

1. *¿Cuál es mi visión del amor? ¿Qué es lo que busco? ¿Qué es lo que miro? ¿Con qué lo miro?* Tu visión del amor es la suma total de tu experiencia, añadida a tus expectativas y dividida por tu deseo. Son muchas cosas, y quizá lleve su tiempo seleccionarlo todo. Responder a estas preguntas es la herramienta para hacer la limpieza a fondo de la casa del amor.

2. *¿Qué es lo que realmente espero del amor?* Cuando empiezas a extraer bloques de los cimientos, todo el edificio temblará. Las viejas costumbres, ideas y expectativas eran los bloques de tus cimientos. Has empezado a extraerlos de tu conciencia. Por desgracia, no los reemplazaste con nuevas ideas, costumbres o expectativas. Por consiguiente, quizá quieras algo nuevo, pero debes comprender que no lo conseguirás si utilizas el mismo *modus operandi*. Tal vez aquí exista algo de basura que quieras limpiar.

3. *¿Realmente creo que me merezco el amor?* Las expectativas son iguales a los resultados. Lo que crees en las cavidades más profundas de tu ser, se manifestará en forma de experiencia. Si te dejas algunos de tus desperdicios por el camino, pedirás una cosa y experimentarás otra distinta.

Todas éstas son preguntas del segundo piso, y cuando busquemos las respuestas, se manifestarán como experiencias del entretanto.

Recuerda que cuando te encuentras en el segundo piso, sabes cuál es el problema, pero no sabes qué hacer al respecto. Sabes qué quieres, pero no sabes cómo atraerlo a tu vida. El primer paso consiste en examinar tus expectativas y tu propósito. ¿Qué intentas conseguir? ¿Qué experiencia deseas tener? Cuando te encuentras en el entretanto en el segundo piso de la casa del amor, debes aprender a confiar: en ti mismo, en el proceso y sobre todo en el amor. El amor siempre te traerá la representación más elevada de tus propósitos y expectativas. ¡El miedo te traerá la peor pesadilla de tu vida! La confianza nace de la buena disposición, la lección que aprendiste en el sótano. A fin de llegar a dominar la confianza, debes estar dispuesto a renunciar a todo lo que crees y piensas que sabes para aprender algo diferente. Este aprendizaje ajustará el proyecto. Te ayudará a clarificar tu propósito.

A estas alturas, debes saber que la voz del Espíritu te habla. Esa

voz es tu Espíritu, tu *Yo.* Tu trabajo, a través de todas las experiencias del entretanto, en todos los pisos de la casa del amor, ha con-
sistido en escuchar y confiar en lo que escuchas. Es esta confianza
en ti mismo lo que te permite hacer elecciones claras y conscientes
sobre las experiencias que tienes y las que deseas tener. A algunos
de nosotros nos han dicho que esto es ser egoísta: es egoísta pensar
en uno mismo y en lo que uno quiere. Como consecuencia, creímos en la necesidad de preocuparnos siempre de lo que es bueno
para las personas que nos rodean. Confiar en ti y honrar lo que
sientes no es egoísta. Es la mejor cosa que puedes hacer para amarte a ti mismo. Esto no significa que te vuelvas insensible a los
demás o que los utilices para conseguir lo que necesitas y quieres.
Confiar en ti mismo, respetarte y amarte significa comprender que
tienes derecho a ser feliz. A la vez, si te honras a ti mismo, serás
capaz de apoyar y ayudar a los demás sin enfado, resentimiento ni
obligación. Lo haces con amor porque quieres hacerlo. Este es el
propósito de las relaciones, proporcionarnos una estructura en la
que nos apoyamos y nos ayudamos los unos a los otros a encontrar
y compartir la felicidad. Es un sistema de apoyo mutuo, no una
muleta. En el sótano aprendiste que utilizar las relaciones como si
fueran muletas es muy peligroso.

¿Dónde estoy?

Resulta bastante común que durante una experiencia del entretanto
en el segundo piso de la casa del amor te sientas confundido respecto al lugar en el que te encuentras en la vida. Tal vez tu pasado
ha estado tan cargado de dolor y confusión que te permites creer
que haces todo lo que puedes. Si llegas a esta conclusión, estás en
lo cierto y no lo estás: Es cierto que haces exactamente lo que necesitas hacer. No porque no puedas hacerlo mejor, sino porque todavía tienes más cosas que aprender. No estás en lo cierto porque en
el lugar en el que te encuentras tienes la posibilidad de elegir. Las
cosas que has hecho, las decisiones que has tomado, la visión que
tienes y el modo en que la persigues, es todo una cuestión de elección. Aunque quizá sea cierto que el olor de tu basura interior y
exterior ha tenido una influencia en tu elección, no es cierto que

las elecciones que has hecho fueran las únicas que tenías a tu disposición. Si deseas tener una nueva experiencia, si estás preparado para sacar la basura afuera y estás dispuesto a confiar en el proceso, un informe detallado del lugar exacto en el que te encuentras sería lo indicado.

Este proceso de información, evaluación y reflexión requiere que te hagas algunas penetrantes preguntas y que estés preparado para oírte a ti mismo. Este es un potente limpiador espiritual para la casa que lleva al punto de ebullición a los ingredientes del resto de los limpiadores. Cuando empiece el hervor, descubrirás que has pasado de la postura de prepararte a la de situarte. Primera pregunta: ¿Dónde estás? No geográficamente, sino en tu corazón y en tu mente. ¿Te sientes bien? ¿No necesitas nada pero quieres algo que pareces incapaz de conseguir? ¿Estás dispuesto a aprender e intentar crecer? ¿Te sientes cansado, frustrado o enfadado? ¿Estás solo y confundido? ¿Trabajas duro pero no llegas a ninguna parte? ¿Casi no trabajas y contemplas las bendiciones que se despliegan a tu alrededor? Quizá pienses en más preguntas que podrías hacerte, pero éstas te proporcionarán una buena base para empezar. He aquí cómo debes hacer las preguntas:

1. Quédate quieto. Concéntrate en tu respiración. Encuentra su ritmo y escúchala de tres a cinco minutos.
2. Haz surgir la presencia de la luz, el amor y el Espíritu mediante una oración o repitiendo una afirmación.
3. Pide que todas las voces de tu cabeza se acallen a fin de que puedas oír la voz del Espíritu.
4. Haz una pregunta.
5. Escucha la respuesta. Quizá quieras escribirla: eso significa escribir lo que aparece en tu mente. No lo censures, escríbelo. Una vez que lo hayas escrito, lee la respuesta.
6. Empieza de nuevo el proceso y haz otra pregunta.

Si no aparece nada en tu mente, no te hagas otra pregunta. Sigue con tu día o tu noche con una actitud receptiva, porque la respuesta llegará. Tal vez alguien te diga: «Pareces como si...». ¡Esa es la respuesta! Una canción puede evocar algunos sentimientos o recuerdos. ¡Esa es la respuesta! Puede ocurrir de muchas maneras distintas, pero en el transcurso del día o de los días siguientes aparecerá la respuesta. Cuando la obtengas, estarás preparado para la siguiente pregunta.

¿Cómo he llegado aquí?

Armado con la respuesta de la primera pregunta, puedes recibir la claridad que tal vez necesitas desesperadamente para la segunda pregunta: ¿Cómo he llegado aquí? Sigue el mismo proceso que utilizaste para conseguir la respuesta a la primera pregunta. Una advertencia: debes evitar la tentación de culpar a otras personas por el lugar en el que te encuentras en tu propia vida. Si la respuesta que recibes empieza: «Porque él o ella hizo...», no has respirado con suficiente profundidad. No has silenciado las voces. Tienes miedo. Te escondes. El Espíritu nunca culpa a nadie por las cosas que nos ocurren a nosotros, porque sabe que *no hay víctimas*. El Espíritu sólo reconoce la elección, la impresionante fuerza de la vida. Haz unas cuantas respiraciones profundas más y hazte de nuevo la pregunta, pero añade: «¿Cuáles fueron las elecciones que hice o dejé de hacer?». Ahora estás preparado para escuchar la respuesta. Cuando aparezca, escríbela. Estúdiala. Léela varias veces. Y cuando estés preparado, pasa a la siguiente pregunta.

¿Qué intentaba conseguir con esa elección?

En un seminario una vez me preguntaron: «Si fuese posible tener cualquier cosa que quisieses del mundo, algo que hiciese de tu vida todo lo que quieres que sea, ¿qué pedirías?». Esto fue mucho antes de que yo hubiese alcanzado la iluminación espiritual, de modo que dije: «Dinero». Tan pronto como lo pronuncié, sentí que toda la sala se encogía. Sin parpadear, la persona que dirigía el seminario me preguntó: «¿Quieres el dinero o las experiencias que crees que te aportará el dinero?». ¡Para freírse los sesos! Empecé a tartamudear. Finalmente dije: «Quiero la libertad que me aportaría el dinero». A lo cual aquella sensata persona me contestó: «Entonces, ¿por qué no pides la libertad y dejas que el universo te la conceda de la forma divina y más adecuada?». Nunca, en toda mi vida, se me había ocurrido pensarlo desde esa perspectiva.

En nuestra vida, con mucha frecuencia haremos o dejaremos de hacer cosas, pediremos cosas o nos resistiremos a pedirlas, porque creemos que la acción o la inacción creará el resultado esperado. La verdad de la cuestión es que, si nos concentramos en la experiencia, nos será proporcionada la manera adecuada de conseguirla. En las relaciones, incluso en la que tenemos con nosotros mismos, queremos una experiencia determinada y planeamos el método que creemos que creará esa experiencia. Compramos cosas a fin de conseguir el conocimiento. Decimos cosas para sentirnos aceptados. Nos callamos otras para no sentirnos rechazados. En la mayoría de los casos, nos concentramos precisamente en lo que no queremos, lo cual, de hecho, crea más de esa experiencia. Esta pregunta nos ayudará a identificar en qué nos hemos concentrado y las experiencias que intentábamos crear. Sigue el mismo proceso. Escribe la respuesta. Estúdiala. Te ayudará hacerte varias veces esta pregunta, porque por poco que te parezcas al resto de las personas, probablemente intentabas conseguir más de una cosa a la vez. Tómate tu tiempo. Este proceso puede durar varias semanas, pero merece la pena aclarar las ideas.

¿Qué es lo que realmente quiero?

Ésta es una pregunta fácil, porque la pregunta precedente ya te ha dado una o varias respuestas. El proceso es simple. Haz una lista. Escribe todas las respuestas que recibiste o comprendiste de la pregunta anterior y convierte cada respuesta en una afirmación: «Lo que realmente quiero es...». Limita tu respuesta: que no tenga más de cinco palabras. Por ejemplo: Lo que realmente quiero es experimentar la libertad de movimiento. Lo que realmente quiero es ser aceptado. Lo que realmente quiero es ser reconocido. Estudia la lista muy detenidamente a fin de asegurarte de que no has responsabilizado a nadie de lo que quieres. Me refiero a que evites afirmaciones como: «Lo que realmente quiero es ser reconocido por mi padre», o: «Lo que realmente quiero es ser amado por...». Puedes evitar este tipo de afirmaciones si las cortas cuando llegas a la palabra «por». La clave consiste en recordar que nadie puede darte lo que tú no puedes darte a ti mismo. Una vez que hayas completado tu lista y hayas asumido toda la responsabilidad de crear lo que quieres, puedes pasar a la siguiente pregunta.

¿Cómo puedo crear esta experiencia?

Si has utilizado la cantidad adecuada de este limpiador, ¡ya estás listo! Estás dispuesto y preparado para avanzar hacia un nuevo nivel, para amarte y ser amado por el resto del mundo. Tienes motivos para celebrarlo, porque esto no ha sido una hazaña pequeña. ¡Has eliminado mucha basura! Cuando llegas tan lejos, deberías tener una visión clara de lo que quieres y de la experiencia que persigues. Has demostrado tu capacidad para aceptar la verdad y que estás dispuesto a confiar. Has aprendido mucho sobre ti mismo y sobre tus relaciones con otras personas. Ahora puedes definir tus debilidades y tus fuerzas, tus miedos y tus manías. Estás abierto a las nuevas experiencias y en disposición de asumir tu responsabilidad por haberlas creado. Estás preparado para hacer mejores elecciones con un propósito más claro. Tus rodillas están dobladas, tu trasero está en el aire, tus pies están firmemente plantados en el suelo y estás preparado para hacer esta carrera como el campeón que eres. El siguiente movimiento es ¡perdonar!

No es posible avanzar con el corazón o la mente rebosante de «debería», «podría» o «querría». El único medio de aligerar tu peso para poder subir al tercer piso es mediante el perdón. Te has examinado a ti mismo y ahora eres muy consciente de las cosas que no hiciste demasiado bien. Sé que este proceso funciona, pero también sé que eres un ser humano, y por eso te vas a dar una paliza a ti mismo. ¡Detente! Te vas a analizar a ti mismo. Recuerda: ¡no puedes desquitarte contigo mismo! Quieres saber por qué lo hiciste o no lo hiciste, qué hiciste o qué no hiciste. No sabías qué hacer: ¡por esa razón hiciste lo que hiciste! Quieres saber cuál es el siguiente paso *correcto*. ¡Se suponía que debías renunciar a la necesidad de hacer lo correcto cuando estabas en el sótano! Quieres saber por qué él o ella salió impune (según tu percepción) y tú tuviste que sufrir y luchar. ¡Cuidado! Si culpas y señalas con el dedo, ¡puedes ser enviado de nuevo al sótano!

¡Yo también soy un ser humano, y estas son las cosas que siempre quiero saber! Tras remover mi propia basura, he descubierto que no importa cuánta parte de mi experiencia o cuánta cantidad de mi basura intento arrojar encima de otra persona, al final sólo estoy yo para ocuparme de ella. ¡Eso es, yo! Yo hice la elección o dejé de hacerla. No tenía claro lo que quería. No fui sincera o no tenía buena disposición. Salí afuera con extrañas expectativas, busqué problemas, ¡y los conseguí! Cuando me encuentro en este tipo de dilemas, los del entretanto del segundo piso, el perdón siempre me ayuda. Si estás dispuesto a admitir que eres igual que el resto de los seres humanos, entonces tal vez también tú debas perdonar.

Perdónate, no porque hicieses algo equivocado, sino porque, para empezar, *pensaste* que estabas equivocado. ¡Eso es, tú, ser humano! Probablemente pensaste que había algo malo en ti. Algo que no querías que nadie más supiera. De modo que te escondiste. Te cubriste con bonitas palabras, gestos agradables y extrañas excusas cuando lo más probable es que en lo más profundo de tu ser pensases: «Espero que no descubras que soy...». Este sentimiento en lo más profundo de tu corazón oscureció tu visión y gobernó tus actos, lo cual probablemente te apartó de la experiencia que buscabas. Perdónate, no por todas las señales que no reconociste o por todas las cosas que no pediste, sino porque no comprendiste que la única manera de descubrir qué es lo que quieres es pasar algún tiempo con lo que no quieres.

El siguiente ejercicio es muy simple. Cada mañana y cada noche, durante siete días consecutivos, escribe la siguiente afirmación treinta y cinco veces:

«Me perdono por pensar que alguna vez hice algo mal.»

Al hacer esta afirmación, asumes la responsabilidad de ti mismo y de tu vida. No importa qué o quién aparezca en tu mente, escribe esta afirmación. Si te resulta imposible deshacerte del impulso de considerar de qué modo ha contribuido alguien a crear cualquier cosa en tu vida, utiliza esta afirmación:

«Me perdono por pensar que _____ hizo alguna vez algo mal.»

De esta manera eliminarás la tentación de culpar. Fuese quien fuese, no hizo nada malo. Como tú, sencillamente descubrió lo que no quería para clarificar lo que quería.

¡Adelante!

Clarificar, examinar el propósito y las expectativas, aceptar sinceramente la experiencia que quieres y perdonarte por cargar con tanta basura es como si te arrancasen una muela del juicio: ¡puede tardar un tiempo en curarse! Lo bueno que tiene es que este proceso de curación funcionará independientemente de las cuestiones a las que te enfrentes en el entretanto. Podría tratarse de un problema familiar o un asunto relacionado con el trabajo, o también podría muy bien tratarse de una relación. Sea cual sea la cuestión, pasar por este proceso te aportará claridad. Si estás solo y no tienes una relación, probablemente te resultará muy fácil: cuando estás solo tienes mucho tiempo para trabajar en ti mismo.

Para aquellas personas que mantienen una relación, existe un requisito adicional. Tendrás que encontrar tiempo para estar solo. Tendrás que encontrar un espacio para llevar a cabo los ejercicios de respiración y escritura. En el entretanto, la relación progresa. Aparecen cuestiones. Se dicen cosas y tú sientes la necesidad de responder. Tu trabajo consiste en utilizar cualquiera de los limpiadores espirituales que creas que pueda funcionar. Es decir, ¿qué podrías aplicar a la situación tal como es en este momento a fin de establecer la paz? Una breve revisión a los pisos previos te ayudará a determinar qué hacer. Recuerda: ¡empieza por el interior! Haz todas las preguntas y todas las afirmaciones desde tu propia perspectiva. ¡No señales a nadie con el dedo! ¡No culpes a nadie, ni siquiera a ti mismo! No acuses: en lugar de ello, acepta tu responsabilidad. Pídele a tu pareja que te conceda el tiempo y la oportunidad que necesitas para aclararte. Entre tanto, no te enfurruñes, no patalees, no dejes de hablar y, sobre todo, no te cierres en el proceso.

Todas las cosas deben tener lugar de un modo invisible antes de hacerse visibles. El entretanto es un tiempo de actividad. Aunque te sientas herido y enfadado, debes creer que cambias y creces.

¡Se está produciendo una curación! Que no puedas verla no significa que no suceda. Utiliza tu buena disposición, cúbrete de confianza, recuerda la verdad, quita un poco el polvo y responsabilízate. Encontrarte a ti mismo y hallar el amor requiere un trabajo, y debes estar dispuesto a hacerlo de un modo paciente y responsable. Puedes conseguirlo si mantienes clara tu visión y si tu propósito es honesto. Si estás herido, ¿qué limpiador debes utilizar? Si estás enfadado, ¿qué limpiador debes aplicar? Si te impacientas, recuérdate cuán lejos has llegado y cuánto te has curado.

En el entretanto, recuerda siempre que subes los peldaños de la casa del amor. Has de saber que se te guía y que la gente y la información que necesitas están al alcance de una oración. Habrá ocasiones en las que avanzarás a paso de niño pequeño y sentirás que el viaje es demasiado largo para intentar hacerlo solo. ¡Nunca estás solo! Los ángeles velan siempre por ti. También habrá otros momentos en los que darás pasos de gigante y querrás darte palmadas en la espalda. No te precipites en atribuirte el mérito de tu crecimiento y tu evolución. Dale el mérito a Dios, quien nunca, ni tan siquiera por un segundo, te abandonó. Quizá te encuentres en situaciones en las que sentirás la tentación de comportarte con una actitud propia del sótano. ¡No tengas miedo! Recuerda quién anda a tu lado. No puedes fallar. No tienes por qué perder el camino o equivocar los pasos. No hay razón para caer en el pensamiento negativo y las relaciones disfuncionales.

Entre el segundo y el tercer piso

Quieres ignorarlo, pero te resulta imposible: ¡es una vergüenza! Si tu madre lo viera, le daría un ataque y te daría una buena lección: para siempre. Hay montones de papeles. Algunos de ellos podrían ser importantes ¿Pero quién podría saberlo? ¡Hace semanas que no los has revisado! ¡Ah! ¡Ya entiendo! Tal vez no podías ver los papeles porque estaban bajo un montón de calcetines, los calcetines desemparejados que rescataste del monstruo de la secadora. Sí, los calcetines están limpios, ¿Pero quién lo diría si están arrugados sobre ese vaso sucio encima de la fuente para el pastel? Lo que había en la fuente *era* pastel, ¿no? ¡Pero qué importa eso! ¡Qué importancia tienen unos cuantos calcetines limpios sobre un montón de camisetas sucias!

¡Bien, sabes que si tu madre viese la cómoda, se tumbaría en las vías del tren y bebería whisky directamente de la botella! ¡También sabes que lo que te enseñó no era esto! ¡Limpia esa cómoda! ¡Ordena ese armario! ¡Organízate! Quizá quieras algo, ¡pero te resulta imposible encontrarlo porque te rodea un gran desorden!

9
Ordenar la cómoda

¡Estás en el período de comportarte como un tonto! Lo que tienes que decidir es cuántas veces vas a comportarte como un tonto. ¿Dos? ¿Seis? ¿Diez? Ponte un límite, pero no digas que no vas a comportarte como un tonto, porque sí vas a hacerlo, al menos una vez. La gente que evita las relaciones por miedo a hacer el tonto, necesita superarlo. Concédete un número limitado de veces, ¡y ve a por ello! Ya sé que tu madre te dijo: «¡*No seas tonto!*». En realidad te decía que escogieses qué clase de tonto querías ser, ¡que lo fueses y acabases con ello! No sé con cuánta gente he hablado cuya gran preocupación era: *¡No quiero que me hagan daño! ¡No quiero ser un tonto! ¡No quiero parecer débil! ¡No quiero parecer estúpido!* Eso va a ocurrir independientemente de lo que hagas, de modo que debes elegir. Una vez que comprendas que te has comportado como un tonto el número de veces que habías previsto, encontrarás el propósito de tu vida. Cuando alcances tu límite, te sucederá una de estas dos cosas: o bien dejarás de comportarte como un tonto, o bien te concederás unas cuantas oportunidades más.

El límite de Carol eran tres. Iba a comportarse como una tonta tres veces. Aumentó su límite hasta seis, pero decidió pararse cuando llegó la quinta vez. ¡Resultaba condenadamente doloroso! Y también vergonzoso. Siempre se sentía atraída por el mismo tipo de hombre, por la misma razón, y siempre acababa del mismo modo. No era sólo el dinero, sino cómo la hacía sentirse. Lo que ocurría era que, a fin de que la hicieran sentirse así, no podía ser ella misma. Tenía que ser una persona distinta. Tenía que ser encantadora, ocurrente, apasionada y sumisa. ¡Esa no era ella! Creía que debía ser así para conseguir el tipo de hombre que la hacía sentirse bien. Pero, ¿sabes qué? ¡Resultaba agotador! Estaba agotada, y decidió dejarlo antes de meterse en más problemas: antes de llegar a su límite y no ser capaz de detenerse.

John no tenía límites. Estaba despechado. La conoció en un restaurante. Empezaron a hablar de música y de cerveza. Aquella noche hablaron durante ocho horas. Es difícil encontrar una mujer a la que realmente le gusta la cerveza, y cuando encuentras una, quieres aprovechar la ocasión al máximo. Ella era comunicativa, endemoniadamente divertida, y tenía un cuerpo bonito de verdad. A él los cuerpos bellos lo atontaban. Se prestaban al misterio sexual. Sabía que iba a comportarse como un tonto de nuevo, pero necesitaba una relación con algo de energía. Su matrimonio, que se acababa, se había vuelto rancio. Llegaba a casa. ¿Qué tal el día? Bien. A mirar la televisión. A dormir. Buscaba a alguien que tuviese ambición, que se moviese e hiciese cosas positivas. Sabía que siempre se había sentido atraído por este tipo de mujeres, aunque no se había casado con una así. Eso fue una tontería. La primera oportunidad se iba por el desagüe, y la segunda estaba en el horizonte.

Faye no era una adicta a la lujuria, sino que estaba muy, muy necesitada. Quería ser la persona especial de alguien especial. Quería ser amada por alguien. En su mente, el sexo era lo que podía hacerla especial y proporcionarle el amor que tan desesperadamente necesitaba. Aunque éste era su motivo, era exigente. No se iba con cualquiera. Un candidato potencial tenía que hacer unas cosas muy concretas para tener la oportunidad de estar con ella. Eran las cosas que la hacían sentirse especial. Eran las cosas que ella se había convencido de que ningún hombre haría por una mujer a menos que la amase. ¡Resulta absolutamente sorprendente lo que puedes conseguir que haga una persona cuando utilizas el sexo como una zanahoria y la lujuria como la cuerda que la ata! Faye lo consideraba una ciencia, pero incluso a los científicos les falla algún experimento. Había veces en que se olvidaba de lo que hacía o de su objetivo y cambiaba las reglas del juego. En esas ocasiones, cuando se olvidaba, caía de cabeza y realmente dejaba a todo el mundo pasmado. Fue en esas siete u ocho ocasiones, durante los últimos doce años, en que utilizó todas las oportunidades que se le presentaron de comportarse como una tonta.

¿Y todo esto para qué?

¡Eso es! ¡Eso es lo que todos queremos! Queremos que nos amen tal como somos: total e incondicionalmente. Por desgracia, seguimos intentando sacar un «Excelente» en el curso del amor. ¡No es necesario que obtengas un «Excelente» ni una matrícula de honor! ¡Bastará con que apruebes! Lamentablemente, esto no es lo bastante bueno para la mayoría de nosotros. Queremos tener una relación eterna con alguien. En nuestro intento de conseguir el «Excelente», para hacerlo bien, para que sea por siempre jamás, recogemos bastantes desperdicios que creemos que nos llevarán directamente al corazón de la cuestión. No obstante, cuando entramos en el entretanto, nos enfrentamos cara a cara con esa porquería, con todo lo que hacemos y todo lo que hemos hecho en la búsqueda del amor. ¿Y sabes qué? ¡No nos gusta! ¡No nos gusta nada lo que vemos! No nos gusta lo que nos vemos hacer por el amor. No nos gusta lo que nos oímos decir para conseguir el amor. Nos hace parecer y sentirnos tontos.

Incluso cuando reconocemos que fuimos nosotros los que elegimos hacer o decir estas tonterías, culpamos a *los demás,* a las personas que creíamos amar. Cuando eso no funciona, intentamos comparar, comparar lo que nosotros hemos hecho con lo que los demás han hecho para determinar qué es peor. Cuando estás en el entretanto, debes comprender por qué: ¿por qué lo hiciste? ¿Por qué permitiste que se hiciera? ¿Por qué no dejas de hacerlo? ¿Por qué te sientes incapaz de hacerlo? Esta es la *cuestión,* éstas son las preguntas que debes responder, el tramo final de tu viaje a través de la casa del amor. ¡Has hecho mucho! ¡Tu progreso ha sido fenomenal! Has examinado una buena cantidad de cuestiones, pero todavía te queda algo de trabajo por hacer.

El amor es la emoción más grande que un ser vivo es capaz de sentir, y no está limitado a la experiencia de los seres humanos. Tras ver cientos de documentales en el Discovery Channel, he llegado a la conclusión de que los animales aman a sus crías y también se aman entre ellos. También he sido testigo, tanto en el reino animal como en el humano, de la inmensa devastación que origina la falta de amor. El amor es el cordón espiritual que nos conecta a cada uno de nosotros con todos los demás. No siempre somos conscientes de la conexión o del hecho de que cada experiencia de la vida está diseñada para que cobremos conciencia. En el entretanto, mientras nos reconectamos al milagro del amor, pasamos una buena parte del tiempo asustados y enfadados. Esto es lo que conduce a la devastación y produce un dolor abrumador en nuestras relaciones. Esto es lo que debes limpiar antes de que puedas encontrar el camino hacia el tercer piso.

¡Haz sólo una cosa a la vez!

Dominar algunas *cuestiones* no significa que ya lo domines todo. Tampoco significa que no puedas avanzar en el proceso de aprendizaje y de curación con las *cuestiones* que todavía tienes por resolver. ¿Puedo decirte algo? A menos que tu nombre sea Jesús, Buda, Gandhi o Madre Teresa, ¡te morirás con algunas *cuestiones* por resolver! Debes comprender esto. Debes aprender a dejar algunas *cuestiones* pendientes. Sabes que están ahí, que necesitas trabajar en ellas, pero también debes saber que no es preciso hacerlo todo en esta vida. Haz algo, deja algo, crece algo. Haz un poco más, crece un poco más. Si hacemos lo que podemos, bastará para impulsarnos hacia delante. Continuamos el trabajo en nosotros mismos porque creemos que debemos hacerlo todo ¡en este mismo instante! Con nuestras relaciones hacemos lo mismo. Nos convencemos de que algo no funciona y tenemos que solucionarlo de inmediato. ¡Tiene que ser perfecto ahora mismo! Las cosas a veces están en armonía y otras veces no a medida que el mundo gira. ¡Relájate! Aprende a dejar algunas cosas colgadas. No te morderán. No te matarán. Déjalas exactamente donde están; ya sabes que podrás volver después a ellas.

De hecho, algunas de estas cuestiones pueden resultarte útiles mientras aprendes la lección primordial, la de dar un amor incondicional. Por eso avanzas hacia el tercer piso. Quieres ser capaz de dar y recibir amor incondicional en todo momento. Cuando miras hacia atrás, hacia los harapientos fragmentos de tu vida que se rompieron en tus relaciones, el amor incondicional es el limpiador espiritual que te ayudará a comprender que no fue *tan malo*. Con el amor, llegas a comprender que, hasta ahora, la vida ha sido un guión escrito por ti mismo, y que aquellas personas que actuaron en la representación de tus propias *cuestiones* eran, de hecho, aquellas que tú pediste que actuaran. Siempre se ha tratado de ti y de tus *cuestiones*, eso es lo que ha convertido la *cuestión* amorosa en algo tan confuso y a veces difícil de comprender: ¡porque tú mirabas las cuestiones de los demás! ¡Elige cómo vas a responder a las *cuestiones*! Las tuyas y las de otras personas. En el pasado, la mayor parte de las cuestiones que surgieron en tu vida fueron bastante comunes. Tu vida se ha desplegado, has crecido: todo ha sido bastante normal. Por lo general es nuestra respuesta a estas cuestiones lo que crea el problema. Debemos aprender que no porque algo suceda o no suceda en nuestra vida, tenemos que responder.

También existen otras *cuestiones* que merece la pena mencionar aquí porque resulta demasiado fácil pasarlas por alto en el proceso de curación. Si no las comprendemos bien, podemos perder el camino o atascarnos en algún armario oscuro y profundo. Resulta difícil encontrar la salida del armario cuando tienes *cuestiones* inacabadas o no detectadas en el camino. Cuando subes los peldaños que van del segundo al tercer piso y te acercas más al amor incondicional, tienes que utilizar limpiadores potentes a fin de eliminar las cuestiones que se han formado a consecuencia de tu mala fortuna en las relaciones amorosas: la *elección* es un limpiador, y la *claridad*, el otro.

¡Deja de meterte contigo!

¡Cuando piensas que no lo haces bien o que no sigues la dirección adecuada, la delimitación te enloquecerá! La delimitación tiene lugar cuando empiezas a decir: «*¡Tengo que arreglar esto!*» «*Tengo que hacer aquello!*» «*¡Tengo que cambiar esto otro!*» Cuando empiezas a delimitar, también corres el riego de pensar que tienes que hacerlo todo y arreglarlo todo de inmediato. Si te atascas en este nivel y no dejas de meterte contigo mismo, no te aclararás nunca. Invariablemente llegarás al punto en el que pensarás: «¡A mí *nunca me va a funcionar!*». La delimitación es la razón por la que decimos: «He hecho todo este trabajo y todavía no funciona». Lo que has hecho o estás haciendo no es el problema. El problema es que antes de aclararte, delimitaste cómo debía ser el trabajo y cómo debía hacerse. Respondiste a tus experiencias, a tus miedos, a tu sentimiento de incapacidad. Lo cierto es que, en realidad, no sabes qué hacer o cómo hacerlo. Sí, tienes algunas de tus cuestiones muy claras. Éstas son las cuestiones sobre las que puedes trabajar. Puedes aplicar los principios. Puedes ajustar las actitudes. Puedes alterar el comportamiento. Pero la base sigue siendo que existen algunas cosas que no van a funcionar del modo que crees que deberían hacerlo. Esto es algo que debes tener claro.

También debes permanecer abierto y dispuesto a hacer todo lo que sea necesario, cuando sea necesario, una cosa a la vez. Cuando veas que surgen tus cuestiones no resueltas, utiliza todo lo que sabes, todo lo que te ayuda a limpiarlas. ¡No te resistas! ¡No lo reprimas! Deja que aparezca en tu conciencia a fin de que, al menos, seas consciente de lo que sucede. Una vez que haya aparecido en tu conciencia y seas consciente de ello, elige qué es lo que vas a aplicar y hazlo. La elección es de gran importancia en este caso. Si te abres paso a través de tus miedos, pero sabes que tienes algunas cuestiones no resueltas sobre tu valor personal, escoge una y trabaja en ella. Si sabes que quieres una relación, pero también sabes que tienes algunas cuestiones no resueltas sobre tu incapacidad, escoge una para trabajar en ella, y hazlo. Si eliges trabajar en una cuestión y aparece otra distinta, siempre puedes cambiarla. Pero si intentas trabajar en una cosa mientras limpias otra, ¡te vas a poner enfermo! ¡Enfermo de ti mismo! ¡Enfermo de trabajar! ¡Enfermo de limpiar las cuestiones! Céntrate en la experiencia que quieres tener. Deja que el sentimiento de esa experiencia aparezca en tu cuerpo sin juzgarla como adecuada o inadecuada. Resiste la tentación de delimitarla diciéndote cosas como: *tiene que ser* de esta manera o de la otra. Aprende a expresar el sentimiento que buscas a fin de que el universo pueda responderte. Recuerda que cualquier cosa que piensas que quieres es sólo una fracción de lo que Dios quiere darte.

El amor no te pide que te niegues o que maltrates a tu «yo» a fin de abrazar al amor. Por el contrario: el amor te pide que lleves cada parte de ti —esas partes rotas y laceradas, esas partes pulidas y brillantes, esas partes que adquiriste y esas que te fueron concedidas— al tercer piso de su casa. El amor te da la bienvenida, a ti y a todo lo que llevas contigo, para ser curado con su presencia. El amor quiere recomponer tus partes y hacerte uno de nuevo. Uno con el Uno que te amaba entonces, te ama ahora y te amará siempre, sea cual sea la forma que presentes. El amor no te pide que des de ti más de lo que tienes para dar. Si sólo es posible que te ames a ti mismo, con eso bastará. Cuando seas capaz de darte amor a ti mismo, abrirás tu corazón para recibir el amor que está guardado en los demás para ti.

¡Es posible corregir cualquier error!

Conocí a una joven que estaba tan convencida de que había tantas cosas inadecuadas en ella que se había resignado a vivir sola el resto de su vida. Había perdido al único hombre que creía que amaría siempre. Había perdido un trabajo que realmente adoraba. Estaba a punto de perder su coche porque ya no tenía trabajo. ¡Estaba hecha un lío! En medio de todo esto decidió, milagrosamente, que iba a trabajar en sí misma. Esto es lo que ocurre cuando realmente dominas las lecciones del primer y el segundo piso. ¡Tal vez pierdas el paso, pero no te pierdes! Como había trabajado en el campo del marketing, decidió aplicar lo que había aprendido en su profesión a su vida personal y amorosa. Lo llamaba las Cuatro Pes: producto, precio, paquete y promoción. Tras determinar que ella era el producto, reconoció la necesidad de desarrollarse. Tenía que aclarar totalmente quién era y qué quería. Comprendió que era un ser humano polifacético. Como una cebolla, se desplegaba capa a capa, trozo a trozo. Había hecho mucho trabajo, pero descubría que cada vez que surgía una nueva capa, tenía que hacer de nuevo el mismo trabajo en un plano más profundo.

Si quieres que tu producto sea bien recibido en el mercado, pensó, debes ser capaz de describirlo, definirlo y explicarlo claramente a los demás, a las personas que lo comprarán, explicar con exactitud qué es y qué hace. Este es un elemento vital de la autoestima y la confianza en uno mismo. Saber quién eres, lo bueno y lo que no es tan bueno, es el primer paso. Aprender a reconocer tus pautas de comportamiento adictivas y destructivas a fin de desmantelarlas es el segundo gran paso. Una pauta es una pauta. Todos las tenemos. Sin embargo, cuando tenemos la valentía de admitir que la pauta es una adicción o que es destructiva, ¡es un golpe maestro del desarrollo! A fin de conseguirlo, no puedes juzgarte ni criticarte. Al contrario, debes tomar conciencia de las elecciones que haces, momento a momento. ¿Cómo? Escuchando las conversaciones que mantienes contigo mismo e interrumpiendo los mensajes negativos. Esto es posible conseguirlo si reemplazas la necesidad por el deseo, la desesperación por la receptividad. Lo haces cuando sustituyes las obsesiones por la determinación. Esta determinación receptiva no debe basarse en encontrar a alguien. Debe basarse en el amor por ti mismo. El tiempo que pases solo en el entretanto te ayudará a aclarar quién eres y cuáles son los patrones de comportamiento que están en conflicto con tu identidad.

Ten la disposición de compartir la información de que dispones sobre tu producto abierta y sinceramente, primero contigo mismo y después con los demás. ¡Demasiadas personas con la misión de encontrar amor se meten en una falsa publicidad! En algunas ocasiones, lo que ocurre es que no conocemos la verdad. En otras sí la conocemos, pero elegimos no revelarla. Al final, cuando el comprador nos «lleva a casa» y descubre la verdad, nos devuelve a la estantería con prontitud. Si no quieres que tu producto tenga una corta vida, desarrollarlo es crucial. Tu crecimiento interno, emocional y espiritual, y tu capacidad de reconocerte, aceptarte y amarte, resultan esenciales para encontrar el amor que quieres. Aprender a amarte es de una importancia capital, aparezca o no un amante.

A través de tus experiencias en el sótano, y en el primer y segundo pisos, comprendiste de forma indirecta que el amor puede ser una situación en la que sólo es posible ganar. En el viaje hacia el tercer piso, ése es tu objetivo. Ahora debes trabajar a fin de comprender que es posible dar amor, o cualquier otra cosa, sin perder nada a cambio. Puedes elegir conscientemente compartir tu tiempo, tus recursos o tu vida con alguien porque la supervivencia no es un problema. Cuando eliges esto de un modo consciente, no puedes perder. Creces. Una relación puede finalizar sin mermarte. Has aprendido qué es lo que funciona y lo que no funciona para ti. Ahora comprendes que el beneficio de todas y cada una de tus experiencias pasadas significa la aceptación total de tu persona. Ahora puedes aceptarte tal como eres y aceptar las elecciones que haces porque sabes que es posible elegir y volver a hacerlo de nuevo hasta que estés satisfecho. ¡Éste es un descubrimiento muy valioso! La brújula está ahora en perfecto funcionamiento. Tu viaje exploratorio a través de la casa del amor te ha traído hasta este punto. Quizá no haya sido fácil, ¡pero lo has conseguido!

¡Recibes aquello por lo que has pagado!

El precio. ¿Cuánto vale tu producto? ¿Qué precio aceptará el mercado? Cuando ya tienes una idea definitiva sobre cuál es tu producto, debes decidir cómo ponerle un precio. En el reino del desarrollo personal, el precio está en relación con la capacidad de explicar con claridad qué es lo que quieres. Es una función del valor personal. Es necesario que sepas que no tienes por qué aceptar cualquier cosa que aparezca por tu edad o por tus antecedentes o por la cantidad de pelos que brotan de tu barbilla. Tienes criterios determinados de cuál es el trato que quieres recibir y de lo que esperas de ti mismo y para ti. Algunos de estos criterios son, por supuesto, negociables, pero otros no.

Ahora que conoces tu producto, tus puntos fuertes y tus debilidades, y no tienes miedo de reconocerlos, tu valor ha aumentado tremendamente. Las cosas que has hecho ya no son un secreto que debas esforzarte en mantener oculto. Tus deslices, tus caídas o tus pasos en falso no pueden ser unas muletas en las que apoyarte cuando las cosas no van como habías planeado. ¡No te compadezcas más de ti mismo! ¡No te castigues más! Eres un producto valioso, que merece la pena, lleno de amor y que hace sus elecciones de un modo consciente. Tienes plena confianza en tu producto. De modo que: ¿le vas a poner un precio para los cazadores de gangas? ¿O le vas a poner un precio como si fuera un producto de diseño? El valor y el precio que te marques determinarán el tipo de personas que atraerás. Aquellas que compran productos de precio elevado saben exactamente lo que quieren y cómo tratarlo una vez que lo consiguen. Reconocen una obra de arte cuando la ven y no les da miedo pararse todas las veces que sea necesario para admirarla. Los cazadores de gangas del sótano no tienen las cosas tan claras o no son tan conscientes. Un cazador de gangas podría tener una obra de arte excepcional y ni tan siquiera reconocerla. Cuando quites las últimas motas de polvo que queden en tu conciencia respecto a las dudas sobre ti mismo, serás capaz de ponerle un precio a tu producto según su verdadero valor.

Estás yendo del segundo al tercer piso de la casa del amor. ¡Este es el mejor entretanto de todos! Has aprendido a escucharte a ti mismo y a confiar en lo que escuchas. ¡Ahora comprendes que las dificultades llegan para pasar, no para quedarse! ¡Comprendes que un retraso no es una negación! Eres plenamente consciente de que todas las experiencias de la vida son temporales. También comprendes que aunque una experiencia temporal del entretanto pueda durar uno, diez o veinte años, estás dispuesto a continuar avanzando, haciendo y creciendo al máximo según tus posibilidades. Tienes un cubo lleno de principios —buena disposición, confianza, verdad, responsabilidad, elección, rendición y desprendimiento— que puedes utilizar para quitar el polvo a cualquier situación temporal, aunque desafiante, que te presente la vida. También deberías comprender que incluso cuando ocurre algo que precisa de un trabajo, eres capaz de tomarte el tiempo necesario para clarificar de qué se trata antes de dar un paso y hacer algo absurdo.

¿Cómo distribuirás tu producto? ¿En qué mercados lo colocarás? Esto puede resultar algo difícil. Tengo la firme convicción de que, cuando estás preparado, el amor te encuentra. El amor por ti mismo y la confianza que has desarrollado en ti, magnetizará tu alma y atraerá a lo semejante. Por otra parte, me doy cuenta de que resulta muy fácil que un imán atraiga fragmentos metálicos u objetos astutamente disfrazados de plata u oro. ¡No hay que preocuparse! Tienes tus criterios. Eres claro. Reconocerás fácilmente las cosas que no son puras o sólidas. Esa es la bendición por todo lo que has pasado durante este viaje. Has obtenido destrezas y capacidades que te ayudarán cuando las necesites. ¡La clave consiste en no convencerte a ti mismo de que puedes convertir el metal de las latas en platino! Se trata de una vieja costumbre: la de llamar a algo por otro nombre que no le corresponde. Ya te has curado de ese mal.

Sitúate en un entorno amoroso y que te alimente, incluso cuando no suceda nada que sea muy excitante. Una advertencia: no vayas a esos lugares en búsqueda del amor, sino para disfrutar. Acude a distintos sitios y haz cosas por el simple placer de hacerlas. Divertirse es una excelente manera de distribuir tu producto. Cuando persigues la diversión, la alegría te encuentra. Cuando no busques la manera de protegerte de la soledad, experiencias agradables ocuparán tu mente. Cuando elimines la esencia de la desesperación que ha obstruido tu aura, encontrarás muchas actividades placenteras y divertidas con las que ocupar tu tiempo. Como fruto de la diversión, alimentarás el alma, la mente o el cuerpo, además de avivar tu espíritu. En el entretanto, mientras creces, aprendes y te curas, asegúrate de situar tu producto en un mercado lleno de alegría, amor, apoyo y diversión.

La promoción del producto incluye el empaquetado y la publicidad. El empaquetado resulta esencial en el entretanto. En ausencia de una relación o cuando en ésta hay problemas, siempre existe la tentación de ser excesivamente indulgente con otras cosas: comida, alcohol y un sinnúmero de tentaciones sedentarias. ¡Cuidado! ¡En el entretanto, es posible arruinar el empaquetado! Una promoción efectiva del producto significa mantenerlo en perfectas condiciones. Medita. Haz ejercicio. Reza. Escribe un diario con tus pensamientos. Todas estas actividades, hechas individualmente o combinadas de un modo coherente, ayudan a crear y mantener una mente y un cuerpo bien definidos. Acude a clases, participa en alguna organización de ayuda a la comunidad, haz algún trabajo voluntario. Estos son grandes métodos para hacer publicidad del producto y promocionar su disponibilidad en los mercados apropiados. Además también es un medio muy eficaz para evitar la autocompasión y los estragos del entretanto.

Otro aspecto crucial de la promoción es saber cómo vas a llegar a aquellas personas a las que deseas atraer con tu producto. Esto no está tan relacionado con el lugar hacia el que te diriges sino con quién eres, cómo te sientes y qué piensas. Los ejercicios para aclararte, liberarte y reforzarte no sólo servirán para evitar que el empaquetado se deteriore. También realzarán la presentación del producto. La gente sabe cuándo te sientes mal, cuándo estás enfadado o te sientes frustrado. La gente tiene una percepción sensorial que captará tus vibraciones de angustia emocional. Nosotros, los seres humanos, realmente tenemos un radar emocional. Además de eso, la gente advertirá con toda seguridad los quilos que se acumulan, los cabellos descuidados y los círculos oscuros bajo tus ojos. Cuando te lo mencionan, te enfadas. Sin embargo, te advierten de que tu promoción y tu publicidad fallan.

Sarah, la joven que me habló de las cuatro Pes, lo hizo todo. Dejó de buscar y de consumirse por el hecho de no tener una relación a fin de empezar a trabajar en sí misma. Se mudó a otra ciudad. Cambió de trabajo. Compró una casa. Empezó a ir a una iglesia y sólo tenía un objetivo en su mente: encontrarse y arreglarse a sí misma. Sí, quería tener una relación. Sí, tuvo citas durante el entretanto. Sí, pasó algunos días y algunas noches en que se sintió sola y deprimida y en que se preguntaba si había tomado la decisión adecuada. Se preguntaba si alguna vez llegaría a lograr su objetivo. Lo que no hizo fue dejar de trabajar en sí misma, día a día. Lo que no hizo fue reemplazar el sexo con galletas. No llamó a su ex para intentar creerse o que él creyese que podía funcionar. Un día, todo el trabajo y todas las lágrimas tuvieron su recompensa. Un galante caballero le hizo llegar una nota desde un banco situado en el otro extremo de la iglesia. ¡Eso es! La nota pasó a través de más de veinte personas. Había escrito su nombre y su número de teléfono y le pedía que, si quería salir a cenar con él, le llamase. Ella tardó dos semanas en responderle. Todavía no se ha sentido decepcionada.

Las cuatro Pes constituyen un método excelente para subir del primer piso, donde no sabes qué es lo que no funciona, al segundo, donde no sabes qué hacer respecto a las cosas que no funcionan. Son unas herramientas muy útiles que te ayudarán a abrirte paso entre todas las cuestiones que te impiden subir del segundo al tercer piso. Si de verdad aplicas las cuatro Pes a tu vida y tu persona, la potencia de todos los limpiadores espirituales que has recogido durante el camino se incrementará. Aprenderás a responsabilizarte todavía más de ti mismo y de las experiencias que deseas tener en la vida. Aprenderás a renunciar aún más al pasado a fin de vivir plenamente el presente. Estos cuatro principios son como un limpiador antibacteriano que te ayuda a seleccionar y ordenar tus cuestiones no resueltas con tal rapidez que tu ascenso al tercer piso está garantizado. Utilizar estas herramientas en una experiencia del entretanto es como contratar a una ama de llaves, una que sabe qué hay que hacer y lo hace con unos resultados abrumadoramente satisfactorios.

¿Puedo decirte un secreto? Todos tenemos el mismo problema. Todos creemos que estamos separados los unos de los otros. También creemos que estamos separados de Dios. Mientras estemos en un cuerpo, creeremos que tú estás allí y yo estoy aquí. Tú tienes tus cosas allí y aquí están las mías. A causa de nuestro cuerpo, no somos capaces de ver la interacción de las almas. No somos conscientes de la comunión en el Espíritu. Nuestras experiencias han sido variadas y diferentes. A cada uno de nosotros la vida se nos ha revelado de diferente manera debido a nuestras experiencias. Quizá no hayamos experimentado las mismas cosas exactamente, pero todos hemos oído lo mismo, dicho por personas distintas, de diferentes maneras. Todos hemos oído: «Estamos tú y yo contra el mundo» y «Somos nosotros o ellos». Todos hemos oído: «¡No tiene nada que ver conmigo!». Estos son los detalles menores en los que se apoya la creencia en la separación.

Sin embargo, nuestra alma sabe la verdad. Las almas desean unirse, y ese es el motivo por el cual intentamos corregir las cuestiones referentes a las relaciones. En las relaciones, las fuerzas más elevadas nos llaman para que nos unamos, para que aprendamos a ser uno. Cuando alcanzamos el tercer piso de la casa del amor, estamos preparados para satisfacer el impulso de nuestra alma, el de ser uno con el amor. Ahora, tenemos tan claro qué hacer y qué no hacer que ya no es necesario ni pensarlo. Este es un ingrediente esencial que a la mayoría nos pasa inadvertido. La gente siempre pregunta: «¿Cómo lo sabré? ¿Cómo sabré cuándo es auténtico? ¿Cómo sabré que estoy en el camino correcto?». Si tienes que preguntarlo, entonces significa que no lo tienes claro y que no puedes saberlo. ¡Esta es una lección que aprendimos en el primer piso! La mejor manera de describir la bendición que representa el dominio de tus cuestiones hasta el grado de que sabrás reconocer al amor cuando lo veas, es decirte: «*Las ovejas siempre conocen la voz del pastor*».

A medida que te acerques al tercer piso, el amor te hablará. Te susurrará delicadamente al corazón y te recordará la grandiosa visión que Dios tiene de ti y para ti. El amor cantará canciones suaves y melódicas en tu mente. La letra preguntará: «¿Cómo le habla el amante a la amada?». El estribillo será: «Encontraré un modo que honre nuestra identidad y nuestra igualdad». Cuando el amor habla o canta, debes escucharle; si no lo haces, no oirás su delicada voz. Si te pasa inadvertida, tus pensamientos se preocuparán con las muchas cosas que crees que no son amor y que no lo ofrecen. El amor quiere que conozcas y oigas su voz por encima del clamor de tus ideas llenas de temor sobre él. Debes comprender, sin embargo, que no discutirá contigo. Debes aprender a escuchar y reconocer su voz y a confiar en ella. En el entretanto, mientras aprendas a escuchar, no pierdas el tiempo con sentimientos de temor, soledad o duda.

10
Limpiar el armario

La suya había sido una larga relación: treinta y dos años, para ser exactos. Esos años, aunque a veces habían sido una prueba, un desafío, habían sido unos años indudablemente buenos. Habían conseguido bastantes cosas, entre ellas una bonita casa y dos hijos que ahora ya eran adultos y se desenvolvían razonablemente bien. También tenían un negocio prometedor que compartían a partes iguales. Jeri tenía dos títulos universitarios. Willie siempre amenazaba con volver a estudiar, pero nunca llegó a hacerlo. Eran como dos turistas que habían emprendido un crucero por la vida y que aceptaban los altibajos y los momentos intermedios, los intervalos, sin perder la calma. Como cualquier pareja que había compartido tantos años, se conocían muy bien, en ocasiones se irritaban mutuamente, y en los momentos de apuro siempre se apoyaban. No obstante, ocurrió algo. Hacia el final del trigésimo segundo año, Jeri empezó a cambiar.

La gente desarrolla hábitos. Hace algunas cosas de una manera determinada, no porque sea la única forma posible de hacerlas. Actúa de una manera determinada porque los seres humanos somos animales de hábitos. Aceptémoslo, se nos adiestra con mucha facilidad, somos criaturas de hábitos que nos sentimos cómodas cuando hacemos las cosas de una manera determinada. Si queremos ser sinceros, deberíamos admitir que solemos hacer las cosas de un modo determinado con la intención de evitar el dolor, la molestia y lo desconocido, y no necesariamente porque persigamos la mejor manera o la más correcta, si es que existe algo así. Si tomamos esto en consideración, diremos sinceramente que, como seres humanos, no siempre hacemos lo más adecuado. Tomamos atajos. Decimos pequeñas mentiras. Hacemos lo que creemos que debemos hacer a fin de salvarnos. Reaccionamos con miedo frente a muchas situaciones de la vida, con una respuesta de miedo. Esto es común y cierto para la mayor parte de los seres humanos. Era común y cierto para Jeri y Willie.

Jeri había estado explorando la espiritualidad y los temas espirituales desde hacía mucho tiempo. Willie observaba sin intervenir. Siempre que Jeri sugería una información o una práctica que parecía útil, estaba de acuerdo con ella. Cuando los resultados eran favorables, aceptaba estas ideas un poco mejor; sin convencimiento, pero un poco mejor. Por el contrario, Jeri se inclinaba cada vez más hacia una forma de vida espiritual. No me refiero únicamente a la meditación, la oración o alguna otra fase por la que pudiese pasar. Me refiero a la utilización de los principios y los conceptos espirituales, que tiene el efecto de alterar tu modo de verte a ti mismo y de ver la vida. Jeri empezó a cuestionarse la vida, su significado y su papel en ella. Comenzó a buscar un propósito y la manera de aplicarlo a cada aspecto de su vida. Willie, que todavía la observaba sin implicarse, la apoyaba, pero con escepticismo. Sin embargo, cuando los cambios se volvieron tan profundos que llegaron a afectar a la manera en la que hacían las cosas, se preocupó. Más que preocuparse, se asustó.

Jeri, que amaba profundamente a Willie, hablaba de una manera abierta sobre un nuevo enfoque de la vida y señalaba que habían atravesado épocas críticas, caóticas y dramáticas a causa de sus decisiones y elecciones. Aunque admitía que lo habían superado «bien», estaba convencida de que no tenía por qué ser siempre del mismo modo. La vida es una función de tus deseos, multiplicada por tus expectativas y dividida por tus elecciones. Willie pensó que, obviamente, esto era algo que Jeri había leído en algún libro espiritual. Ella insistió en que era la voz de su guía interior que la impulsaba a que explorasen un nuevo camino. Jeri quería el apoyo de Willie para alejarse del miedo y, como ella decía, «alcanzar un plano más elevado del ser y de la conciencia». A Willie, a quien le gustaba la vieja manera de vivir y hacer las cosas, no le parecía que fuese necesario realizar ningún cambio. Habían llegado bastante lejos, razonaba. No eran criminales. Nunca le habían hecho daño a nadie, así que, ¿por qué tenían que cambiar las cosas? Jeri no podía explicarlo. «Porque, sencillamente, cambian», era su respuesta habitual. A medida que utilizaba esta respuesta con mayor frecuencia, empezaron los problemas.

Jeri lo hacía todo de una manera nueva, una manera que no era, en modo alguno, familiar. De hecho, esta nueva manera era tan nueva, que ella no dejaba de decir: «Tiene que salir de mi interior». Empezó a dedicar más tiempo a la lectura de libros sobre temas espirituales, a asistir a clases, cursos y seminarios, a escuchar su voz interior y a seguir su guía interna. A veces Willie la acompañaba, pero si se negaba, Jeri iba sola. Tras un año así, Willie empezó a «funcionar mal» y a expresar con sus actos lo que sentía, y se peleaba con Jeri por cualquier cosa y en todo momento. Jeri comenzó a moverse con más lentitud: quería estudiar todas sus decisiones más de cerca, examinar todas sus posibilidades; se negaba a rendirse al miedo y buscaba una nueva manera de hacer las mismas cosas que habían hecho siempre. ¡Willie se había puesto como una fiera! ¡Esto era una amenaza para su vida! Cuando la vida que has construido se ve confrontada con la posibilidad del cambio, significa, de hecho, que la vieja vida y las viejas costumbres deben morir. ¡Willie empezó una lucha directa por su vida!

Dominar algunas cuestiones más

Esto no tenía nada que ver con el amor. No había ninguna duda de que se amaban mutuamente. No tenía nada que ver con la infidelidad, ni con otros miembros de la familia, ni tan siquiera con una diferencia de opinión. Esas son las cosas normales a las que la gente se enfrenta en las relaciones. Pero aquí se trataba de un poderoso cambio de dirección de la conciencia: cómo conseguir que ocurra, qué sería preciso hacer en respuesta a él y cómo reaccionaría la gente que te rodea. Tenía que ver con la identidad, con quién es uno y con la forma de responder a ese conocimiento. Tenía que ver con el amor por uno mismo, el autoconocimiento y la realización personal. Tal como lo expresa el Ejército de Estados Unidos, tenía que ver con ser todo lo que puedes ser... Tenía que ver con el intento de descubrir quién eres cuando otra persona te dice cómo debes ser.

Jeri y Willie se enfrentaban a algunos temas bastante apremiantes sobre su propia personalidad y su relación. Son aspectos a los que todos debemos hacer frente cuando nos dirigimos del segundo al tercer piso de la casa del amor. Tengas o no una relación, si te tomas seriamente el crecimiento espiritual, debes abrirte paso a través de estas cuestiones de tu propio carácter: cuestiones relativas a tu nacimiento, cuestiones aprendidas y cuestiones que sientes que te refrenan, que te impiden avanzar. Te verás forzado a examinar las cosas que te limitan en tu pensamiento y en la vida, a fin de determinar si estas limitaciones son reales o imaginarias y si eliges continuar con ellas o no. A medida que te abras paso a través de estas cuestiones, que tomes decisiones y hagas elecciones, aprenderás a no ceder, a mantenerte firmemente asentado sobre tus pies. Esto significa que debes creer en ti mismo y en lo que haces. Si tienes una relación, esto no tendrá nada que ver con confiar en tu pareja; tendrá que ver con aprender a confiar en ti mismo. Sólo existe un pequeño desafío para el cual debes prepararte: no hay ninguna garantía de que lo que hagas vaya a funcionar para la relación. Debes enfrentarte al hecho de que cuando tú avanzas, creces espiritualmente y estableces un cambio en tu conciencia, no hay ninguna garantía de que tu pareja estará siempre allí, al otro lado, al otro lado de como son ahora las cosas. Jeri lo comprendió y Willie también.

Si alguna vez quieres poner a prueba la solidez de una relación, ¡deja caer alguna cuestión monetaria de importancia en la mezcla! El dinero saca a relucir lo peor de la gente. ¡Activa las cuestiones no resueltas hasta tal punto que la persona con la que has vivido durante la mayor parte de tu vida puede volverse irreconocible! Lo que la gente hace con el dinero, la forma en que responde a los asuntos monetarios, lo que harían por el dinero, habla más de qué paño están hechos que cualquier otro aspecto de la vida. La noción que tenemos del dinero está en relación directa con la noción que tenemos de nuestro valor y nuestro mérito personal. La vida estaba lista para poner a prueba a Jeri y Willie, y lo hizo mediante una cuestión monetaria. Bajo circunstancias normales, tal como hacían las cosas en los tiempos pasados, se hubieran sentado y hubieran encontrado la forma más apropiada de salir de la situación con el menor daño posible. Si eso significaba pedir un préstamo, lo hubieran hecho. Si significaba decir una pequeña mentira para conseguir más tiempo, se hubiesen puesto de acuerdo sobre qué mentira decir y la hubieran dicho. Si para salir de la situación hubiese sido necesario esconderse, no contestar al teléfono y que otras personas mintiesen en su nombre, hubieran hecho eso y mucho más a fin de ponerse a salvo de la crisis percibida.

En medio de todo esto, el procedimiento normal hubiese sido corretear como dos gallinas sin cabeza, culparse mutuamente y después sentirse fatal al respecto. Hubiesen hecho promesas de que cambiarían, que habrían tenido la misma duración que la crisis. Hubiesen llamado a sus amigos, les hubiesen explicado la triste y larga historia, se hubiesen justificado y hubiesen aceptado cualquier tipo de ayuda que les hubieran ofrecido. Esto también significa que, si no les hubiesen ofrecido ayuda, se habrían enfadado. Al final se hubiesen pedido disculpas mutuamente y hubiesen seguido adelante sin hacer demasiados cambios. En los treinta y dos años que hacía que duraba su relación, habían desarrollado una lista inconsciente de la ropa para lavar, es decir, de las cosas que hubieran hecho en circunstancias normales a fin de aliviar el dolor de una crisis financiera. Sin embargo, estas no eran circunstancias normales.

Jeri se había ralentizado hasta casi pararse, y quería estudiar la situación desde todos los ángulos. Willie quería avanzar, atacar el problema con todos los medios necesarios. Jeri empezó a orar: antes de hacer una llamada telefónica, oraba; antes de contestar a una pregunta, oraba. ¡Willie, entre tanto, estaba absolutamente fuera de sus casillas! ¡No tenía el menor sentido dejar de pensar para rezar!, decía. ¡Ninguna oración podía evitar que el mundo se desmoronase, que los acreedores llamasen a la puerta o que el proveedor recuperase su género! Jeri tenía una buena respuesta a las objeciones de Willie: «Las cosas no están muy sincronizadas, pero eso no quiere decir que debas desorientarte». Willie pensó que eso era lo más ridículo que alguien podía decir, y así se lo dijo a Jeri mediante unas pocas palabras escogidas. En respuesta a ello, Jeri rezó.

Cuanto más rezaba, peor parecían ir las cosas. La gente iba a la oficina para entregarles documentos legales que exigían esto u aquello, o cualquier otra cosa. Willie se encerraba en su despacho y se negaba a salir de él para hablar con quien fuese. Jeri les decía lo mismo a todos: «En estos momentos no podemos hacer nada. Por favor, ¿podemos ponernos en contacto con ustedes dentro de unos días?». La situación había afectado tanto a Willie que ni siquiera advertía que todos hacían exactamente lo que se les pedía: se iban sin protestar. «¡¡¡¿Qué es lo que vas a hacer dentro de unos días?!!! ¡¡¡¿Qué es lo que vas a decirles cuando vuelvan?!!!» Jeri admitía que de momento no tenía una respuesta, pero confiaba en que, cuando la necesitase, le sería proporcionada. «¿Por quién?», preguntaba Willie. «Por el Espíritu», respondía Jeri. «He entregado mi vida y esta situación al *Espíritu*.»

¡Sabe que lo sabes!

Hagamos una rápida revisión. En el sótano, no sabías que tenías un problema. En el primer piso, sabías que tenías un problema y averiguaste su naturaleza, pero no sabías qué hacer al respecto. En el segundo piso, aprendiste qué debías hacer para solucionar el problema. Ahora, a fin de subir hasta el tercer piso, debes aprender a hacer lo que ya sabes. ¿Cómo se aprende a ser responsable? Ésa era la lección del primer piso. Te responsabilizas de tu persona a través de la verdad absoluta. Una vez que dices la verdad, ¿qué haces? Te rindes. Dejas de luchar, dejas de intentar resolver las cosas. Dejas de actuar como si no sintieses lo que sientes. A esto se lo llama *desprendimiento*. Te desprendes del resultado, te permites sentir lo que sientes e intentas encontrar la manera apropiada de expresarlo. A fin de expresar tus sentimientos, debes tener las cosas claras. Debes tener una visión que seas capaz de explicar. También debes tener expectativas, no de los demás, sino de ti mismo, entre ellas la expectativa de que sobrevivirás. Debes saber que superarás cualquier situación a la que tengas que hacer frente en el momento. Jeri había aprendido estas cosas en su viaje a través de la casa del amor. Cuando estás armado con esta información teórica, la vida te presentará las situaciones y experiencias necesarias para que puedas practicar lo que has aprendido.

¡Practica lo que sabes! Este es el mayor desafío, el que te capacita para subir del segundo al tercer piso de la casa del amor. Aquí tienes la teoría. Cuando *sabes* una cosa, la haces. Si *sabes* una cosa, intentas ponerla en práctica. Tienes un conocimiento de primera mano sobre cómo poner en práctica lo que sabes y obtener los resultados deseados. Cuando conoces algo, que es lo mismo que saberlo, eso significa que tienes un conocimiento intelectual. Has leído al respecto, has oído hablar de ello y todos tus conocimientos están contenidos en el lugar de la mente que les corresponde. Sin embargo, no tienes experiencia en llevar a la práctica lo que sabes. Eres, y perdona la expresión, ¡un espiritualista de sillón! ¡Es posible que hables sobre el tema, pero en realidad no has andado el camino! En nuestras relaciones, igual que en los demás aspectos de nuestra vida, ¡esto es lo que nos vuelve locos! Sabemos lo que deberíamos hacer, pero cuando llega el momento, cuando tenemos el entretanto encima, no parecemos ser capaces de poner en práctica lo que sabemos. Sabemos que, en una relación, siempre debemos brindar nuestro apoyo y tratar amorosamente a nuestra pareja. No obstante, cuando estamos asustados, cuando parece que las cosas o las personas están fuera de control y actúan de un modo que no comprendemos, nos resulta difícil ofrecer nuestro apoyo. Nos resulta difícil poner en práctica toda la teoría que hemos estudiado.

Jeri ponía en práctica la teoría en medio de una crisis financiera. Practicaba cómo actuar conforme a su verdad. Respetaba lo que sentía y lo que sabía. No era insensible a Willie; sencillamente, no permitía que la apartase de su propia verdad. No intentaba que viera las cosas como ella las veía. Lo que Willie eligiese hacer, estaba bien. Jeri seguía el rumbo que había elegido para sí misma. Esto es algo que resulta muy difícil hacer: en particular cuando llevas treinta y dos años haciendo las cosas de una determinada manera. Jeri estaba tan asustada y se sentía tan insegura como Willie. La diferencia estribaba en que ella había llegado al compromiso de cambiar en su interior y en su exterior. También estaba dispuesta a renunciar a la relación, si era necesario, a fin de hacer ese cambio. Por el contrario, Willie se aferraba a su querida vida conocida: lo familiar, lo confortable, lo conveniente y no siempre lo que resultaba mejor o lo más adecuado.

Willie empezó a sabotear las acciones de Jeri, quiero decir a sabotear conscientemente las cosas. Adquiría compromisos que a Jeri no le quedaría otro remedio que mantener. Decía cosas a la gente que Jeri tendría que desdecir. Por supuesto, esto generó una gran tensión en la relación. Era una batalla de voluntades, una lucha crítica. Willie no quería cambiar. Resultaba demasiado aterrador, demasiado nuevo, demasiado desconocido. Tal vez las cosas no habían ido siempre bien, pero siempre habían conseguido superarlas y salir adelante. Tenía que admitir que tal vez había una manera mejor y más fácil de vivir, pero eso significaba trabajo: un trabajo duro y aterrador. Además, ¿quién podía decir que las cosas irían mejor? No tenían ninguna prueba, sólo teoría, teoría espiritual. Willie era muy consciente de que esta teoría hacía que algunos aspectos y partes de Jeri desapareciesen. Jeri se volvía distante y estaba menos dispuesta a atenerse a razones, las razones de Willie para que las cosas continuasen como siempre. Ya no estaba ni tan siquiera dispuesta a pelear o discutir más. Afirmaba algo, pedía apoyo, y sin importarle lo que Willie dijese, sonreía, rezaba y continuaba. Era demasiado. Esto tenía que ser un enfrentamiento decisivo. Un enfrentamiento definitivo. Si Jeri ni tan siquiera se avenía a considerar el punto de vista de Willie, el final resultaba inevitable.

¡Piénsalo y ya está hecho!

¡Ten cuidado con lo que pides! Aún más importante, ¡ten cuidado con lo que piensas! Basta con que pienses que necesitas un cambio para que las fuerzas del universo escuchen tu petición y pongan en funcionamiento el engranaje. Antes de que Willie pudiese decir una palabra, Jeri le entregó una carta. Willie pensó que se trataba de algo relacionado con su crisis financiera, la abrió y la leyó. Decía:

> Willie:
> *Te escribo esta carta para agradecerte todo lo que has sido para mí. Te doy las gracias por todo lo que has sido en mi vida y por las muy distintas maneras en las que me has servido y apoyado. Hemos pasado muy buenos momentos, y aunque nuestra relación era afectuosa y sana en el pasado, ahora siento que ya no me sirve, ni para*

lo que deseo ni para el propósito que creo que Dios tiene previsto para mí. Siento que ahora tenemos una relación profana con la que ya no quiero proseguir. Por consiguiente, te libero de todos los acuerdos conscientes e inconscientes que hicimos en el pasado para continuar nuestra relación. Ahora te perdono total e incondicionalmente por todos aquellos actos que has llevado a cabo y que tuvieron un impacto desagradable o nocivo en mi vida y por las veces en que no me has apoyado. Y también te pido perdón por haber hecho cualquiera de estas cosas en tu vida. Ahora eres libre para alcanzar tu bien más grande y más elevado. Y yo soy libre para alcanzar mi bien más grande y más elevado. Te deseo amor, luz, paz y abundancia de todo lo bueno que existe en el reino de Dios. Te libero. Renuncio a tu energía, la libero de mi ser y pido que todos los restos que de ti queden en mí se transformen en una energía útil y productiva, según el plan perfecto de Dios para mi vida. Te doy las gracias. Te amo. Jeri.

Cuando Willie leyó la carta, Jeri cogió una vieja foto de sí misma y la puso en una caja de zapatos; luego sacó la caja afuera, al patio trasero, y rezó una pequeña oración antes de enterrarla. ¿Sabes? Willie y Jeri eran la misma persona. Wilhelmina Jermaine Johnson, de casi treinta y tres años de edad, estaba en camino de descubrirse a sí misma, estaba en camino de amarse a sí misma. Comprendió que su viejo yo y su nuevo yo, la persona que una vez fue y la que quería ser, existían a la vez en el mismo cuerpo. Su viejo yo, el que estaba asustado, estaba programado para hacer las cosas de una manera determinada. Sin importarle cuán ridículas o poco productivas acabasen siendo, Willie las hacía una vez tras otra. Atraía el mismo tipo de relaciones, insatisfactorias y evasivas. Atraía el mismo tipo de crisis y caos a su vida. Cada vez que su nuevo yo, su yo consciente, intentaba establecer un cambio, su viejo yo saboteaba sus esfuerzos y volvía a las viejas maneras de hacer las cosas, las viejas maneras de pensar sobre las cosas.

Willie era Wilhelmina, la niña pequeña asustadiza que creció en un hogar problemático en el que el amor parecía ser una confusión y estaba comprobado que causaba dolor. Jeri era Jermaine, la brillante joven que estaba dispuesta a romper con los viejos patrones familiares a fin de amarse y respetarse a sí misma. Como la mayoría de nosotros, libraba una feroz batalla consigo misma: quería cambiar y no sabía cómo. Necesitaba hacer las cosas de una forma distinta, pero tenía miedo de que no funcionase. Esperaba más de sí misma, quería conseguir algo más y comprendía que sus viejos patrones no le permitían alcanzar lo que quería, pero tenía un miedo permanente a no saber manejar una nueva manera de hacer las cosas. Necesitaba la aprobación y el apoyo de la gente que quería, y a la vez se daba cuenta de que ésta prefería a su viejo yo y temía al nuevo. Como nos sucede a todos, a Jeri le llegó el momento en el que hay que decidir entre quedarse o marcharse, entre permanecer igual o arriesgarse a convertirse en una nueva persona. Es una experiencia que altera el alma, y para atravesarla, sólo es posible confiar en el amor. El amor de Dios.

Jeri decidió cambiar. Cambió su nombre a fin de indicar que se había producido un cambio en su conciencia. Optó por el amor, aunque sabía que significaba renunciar a todo lo que conocía, a todo lo que le era familiar, incluso a su nombre. Éstos eran sus patrones, sus respuestas inconscientes a la vida. Debes conocer tus patrones y ser capaz de reconocer cuándo los activas antes de pretender cambiarlos. Jeri reconoció los patrones que seguía en sus relaciones, cuándo atraía a los hombres, dónde los atraía, cómo se sentía cuando aparecían, y, lo más importante, qué estaba dispuesta a hacer para conservarlos. Comprendió que lo que hacía no la había hecho feliz. Tomó conciencia de sus patrones con el dinero: cómo lo utilizaba, qué pensaba sobre él, cómo se sentía cuando tenía dinero y de qué forma influía en la opinión que tenía sobre sí misma cuando no lo tenía. ¿Por qué el amor y el dinero? Porque ambos están regidos por la misma vibración planetaria. El amor y el dinero están gobernados por la misma ley universal, la ley de causa y efecto, que dice que lo que pones es la causa y lo que obtienes es el efecto. Cuando das amor, obtienes amor, y la opinión que tienes de ti, la causa, se manifiesta en tu balance bancario, ¡el efecto!

Jeri quería un matrimonio en el que pudiese confiar y sentirse amada, en el que pudiese tener y criar hijos, sus propios hijos. Quería una pareja afectuosa y espiritual que estuviese dispuesta a crecer. También comprendió que hasta que ella no *fuese* el amor que quería, no lo recibiría jamás. Jeri había pasado por el proceso de «lo que no es amor» tantas veces que era una experta. Un día, cuando sentía que tenía el corazón partido, cuando estaba en medio de un entretanto muy difícil, comprendió que sólo había un elemento clave y estable en todas sus relaciones. Aparecía al margen de lo que hiciese o de con quién lo hiciese. Ella era el elemento.

El elemento eres tú. Tú eres el ingrediente clave de todas las relaciones de tu vida. Aquí llega la parte más dura, la parte que siempre nos resulta difícil de aceptar. En nuestras relaciones, particularmente en nuestras relaciones amorosas, aquello con lo que nos peleamos refleja —con mucha claridad, añadiría— nuestro propio conflicto interior. El porqué y el quién en tu casa, tu familia y tu trabajo es siempre el mismo. Por desgracia, muy a menudo no comprendemos que los problemas con los que nos enfrentamos en la vida son nuestros. No lo comprendemos porque miramos hacia fuera en lugar de hacerlo hacia nuestro interior.

¡Empezar de nuevo!

Todo esto tiene sus raíces en la creencia y el concepto erróneo de la falta de amor. Las dificultades y los desafíos a los que tenemos que hacer frente en la vida, en particular en nuestras relaciones, son consecuencia de los conceptos erróneos que tenemos sobre el propósito del amor y la falta de amor por nosotros mismos, lo cual, finalmente, determina la intensidad con que suprimimos partes nuestras. La parte asustada. La parte que creemos que no tiene valor. La parte que ha sido rechazada, abandonada y maltratada en el pasado. La energía que suprimimos —en forma de pensamientos, sentimientos y creencias— vuelve a nosotros con gran fuerza a través de la gente y las experiencias. Podemos ponernos una máscara y vestirnos de la forma que queramos, pero volverán a llamar a la puerta y preguntarán: «¿Qué va a costarte hacerle frente a esto? ¿Cuánto va a costarte que te ocupes de esta parte de mí?».

Personalmente, me he visto envuelta en relaciones con personas que nunca habían hecho daño a una mosca, y sin embargo, su vida estaba en un estado permanente de desorganización y caos. ¡De hecho, yo he sido una de ellas! He sido una de esas personas que siempre decían: «Nunca he tenido suerte con las relaciones». ¡Creía que todos los hombres buenos estaban casados o muertos!

He sido criticada, evitada, afrentada y maltratada por lo que, a mi parecer, no tenía ninguna razón de ser. Creía que la causa de mis dilemas estaba muy clara. Ellos eran despreciables. Estaban locos. Tenían un problema conmigo por alguna razón desconocida. Me contentaba con salir del paso sin saber cómo, esquivaba los golpes y sonreía delante de todo esto. Hasta que un día, un amigo me dijo: «No hay nada en tu mundo, en tu experiencia, salvo tú y Dios. ¡Si el que falla no es Dios, eres tú!».

Jeri comprendió que había fallado otra vez. Se había comportado como una neurótica de nuevo. Comprendió que no se sentía bien consigo misma ni con su vida. Comprendió que su forma de comportarse en las relaciones no la hacía sentirse bien. Había responsabilizado a sus parejas de todo lo que ella no había hecho o no se había concedido a sí misma. Había pasado demasiado tiempo estableciendo las condiciones sobre cómo debería ser el amor cuando, en realidad, tenía que admitir que no lo sabía. Jeri no tenía la menor idea de la apariencia que tenía o cómo se sentía uno cuando experimentaba el amor puro, divino e incondicional, porque no se lo había concedido a sí misma. Ahora estaba preparada. Estaba preparada para ver y recibir las cosas de una manera diferente. Sus experiencias le habían enseñado que ahora estaba preparada para aplicar lo que había aprendido. A fin de llevarlo a cabo, tenía que enterrar a Willie. Cuando lo hizo, entró en el entretanto. Fue un entretanto que duró tres años y medio.

Cuando hablas de acabar con partes y fragmentos de tu conciencia, consideras un cambio radical. Esto no es para los débiles de corazón. Necesitas algo más que un compromiso, algo más que dedicación. Es preciso tener una confianza plena y absoluta en uno mismo. No tendrás ninguna guía para seguir. Tal vez encuentres ayuda o apoyo en las personas que ya hayan hecho el camino antes que tú, pero ellas no llevaban puestos tus zapatos. Es posible que no conozcan lo intrincado de tus pequeños detalles o tu *modus operandi*. No conocen la profundidad de tu dolor, de tu confusión o de tu deseo. Únicamente tú lo conoces, y esa es la razón por la cual debes apoyarte durante todo el proceso. Y sólo tú sabes si puedes confiar en ti. Tu viejo yo aparecerá en tu mente y te dirá: «¡Oh, no! ¡Otra vez no! ¡¡¡¿Vamos a pasar por otra de esas fases de nuevo?!!! ¿Por qué molestarse? ¿Qué sentido tiene?». Sentirás la tentación, quiero decir que vas a sentir realmente la tentación de volver a tu vieja forma de pensar y de sentir. Debes confiar suficientemente en ti para apoyarte durante todo el proceso, ocurra lo que ocurra.

Jeri se sentía tan comprometida que resultaba increíble. Empezó una resuelta campaña para encontrarse y amarse a sí misma y atraer a su compañero divino. Lo estaba haciendo muy, muy bien. Desechaba las viejas pautas. Probaba cosas nuevas. Respondía a su vida de un modo muy distinto. Entonces llegó la prueba. Era una prueba con dos piernas. Jeri conocía lo que era el amor por sí misma. Sin embargo, llegó el momento en que tuvo que poner a prueba ese conocimiento sobre el amor por uno mismo. Se encontró con su prueba un día caluroso en Washington. Andaba por la calle, sin fijarse en nada más que en sus propios asuntos, en sus pensamientos sobre el amor y todo el resto. Se cruzó con su prueba y ella admiró, en su interior, su cara y su aspecto físico. Había dejado a su prueba unos tres metros atrás cuando oyó: «¡Hola! ¿Cómo te llamas?». Jeri respondió sin decir Wilhelmina. Él sonrió, afirmó con la cabeza y dijo: «Estoy muy contento de haberte conocido, porque eres mi mujer». ¡Jeri se quedó atónita! ¡Estaba entusiasmada! Era un acercamiento muy directo. Interesante, por lo menos. Sentía una gran curiosidad.

¡Él lo tenía todo! La apariencia física, la personalidad, la filosofía, la conducta y un cuerpo para morir por él (borra eso, para vivir por él). ¡Lo tenía todo! Empezaron a hablar, a pasear, a comer juntos; lo hacían todo menos el amor. Jeri se sentía muy tentada y él estaba deseoso, pero ella tenía muy claro lo que hacía y lo que quería. ¡Nada de sexo! ¡Nada! ¡Cero! Ahora dime, ¿qué crees que este hombre le pidió a Jeri al menos 35 millones de veces durante los tres primeros meses de su relación? ¡Has acertado! Sexo. No era molesto, pero era muy persistente. «Ven a pasar la noche conmigo. Déjame que te lleve fuera este fin de semana. ¿Puedo pasar la noche contigo? ¿Hay algo que no funciona en mí? ¿Hay algo que no funciona en ti? ¿Cómo quieres que me case contigo si no te conozco de un modo íntimo?» La temperatura subió, el ambiente se hizo pesado, pero Jeri, que Dios la bendiga, no le entregaba nada, salvo su tiempo.

Cuando empieces a trabajar en ti mismo, en tu yo espiritual, atraerás una energía correspondiente. No la misma energía, sino una energía correspondiente. Una persona espiritual atraerá a una persona no espiritual, alguien que cree que la espiritualidad es una bazofia. ¡Una persona que esté a régimen atraerá a alguien a quien le gustan las personas regordetas y que le dirá el buen aspecto que tiene y cómo le gusta chupar los huesos cuando come! Estás en búsqueda de tus músculos espirituales, y lo que desarrolla los músculos es la resistencia. Lo más importante es recordar que no debes dejarte atrapar por el programa de otra persona. ¡No cedas! ¡Sigue tu rumbo! Acepta y abraza a los demás, pero recuerda lo que haces. Reza mientras él o ella mira la televisión. Deja que te lleve a cenar fuera, pero pide una ensalada. El hecho de que no siga el camino que tu sigues no significa que no podáis estar juntos. Lo que te desarrollará los músculos es aprender a abrirte paso poco a poco a través de la resistencia.

¡El enemigo está en ti!

Mientras desarrollaba su resistencia física, Jeri luchaba contra una tentación mental. Willie gritaba en su cabeza: «¡Dale un poco de sexo! ¡Dale un poco! ¡Demuéstrale cuánto te gusta!». Jeri se inclinó, pero no se quebró. Willie cambió de táctica: «*Es el primer tipo decente que has encontrado en mucho tiempo. Fíjate, está dispuesto a esperar. Te ofrece llevarte de viaje. Cuando salís a cenar siempre paga. ¿No quieres probarlo?*». ¡NO!, se decía Jeri. De hecho, basta ya. ¡Cierra la boca y déjalo estar en este mismo momento! ¡En ocasiones tienes que hablar contigo mismo! Debes hablar sobre el miedo y la debilidad. Debes acordarte de la visión y del objetivo. Tienes que abrirte paso a través de la resistencia de tu viejo yo. Has de mantener las expectativas que tienes sobre ti y para ti. Debes permanecer en una actitud vigilante a fin de descubrir el resurgimiento de las viejas pautas, las pautas del pasado que te impidieron conseguir los resultados que deseabas.

Seamos claros: no hablo de castigarte a ti mismo ni a la otra persona. Hablo de tomarte el tiempo que necesites, de permanecer en contacto con tu cuerpo, de sentir lo que sientes y expresarlo de un modo apropiado. Es imposible hacerlo si avanzas demasiado deprisa. La mejor manera de avanzar en cualquier proceso es hacerlo paso a paso. Siempre es posible hacer una cosa que te brindará la oportunidad de aclarar lo que te sucede a ti y lo que le pasa a la otra persona, y esto consiste en ir más despacio. El tiempo lo revela todo, y en realidad tienes todo el tiempo que necesites para sentirte seguro. No *creer* que estás seguro, sino *sentir* que lo estás. Tu cuerpo no te mentirá jamás, a menos que te muevas demasiado deprisa. Cuando avanzas con más lentitud y sientes lo que sientes, es más difícil que caigas en la trampa de tus viejas pautas.

No nos gusta movernos con lentitud. Vivimos en un mundo en que todo es instantáneo, y queremos un amor instantáneo. En las relaciones nos herimos y nos magullamos porque nos movemos demasiado deprisa. Conoces a una persona y a las dos semanas tienes relaciones sexuales con ella, le das la llave de tu casa, le dejas el coche, le confías el número secreto de tu tarjeta de crédito, y antes de que sepas si esta persona tiene un segundo nombre, tu corazón está roto. Incluso cuando las campanas y los silbatos suenan en nuestra mente, seguimos adelante. Desconoces si estas campanas y estos silbatos son debidos a las viejas pautas, sospechas y neurosis, o si son verdaderas señales de advertencia. ¡Escucha siempre las campanas y los silbatos porque son tus dispositivos protectores internos! A esto se lo llama *intuición*. A fin de oírlos, debes dedicar un tiempo a identificar lo que sientes. Si identificas que las campanas son viejos recelos que vuelven a aparecer, entonces necesitas abrirte paso entre ellos. Necesitas trabajar en la confianza. Necesitas avanzar a pequeños pasos hasta que sientas que estás en paz de nuevo. Si identificas que esto forma parte de tu neurosis, trabaja en ella.

¿Qué es lo que pienso sobre esto? ¿Qué es lo que hago? ¿Qué es lo que quiero? Tómate el tiempo necesario para recibir las respuestas antes de actuar. Asegúrate de que sientes que lo que haces te permitirá alcanzar lo que quieres. Lo peor que puede ocurrirte cuando dedicas un tiempo a reflexionar es descubrir que esta persona es, en realidad, alguien vulgar que se sumerge en la ciénaga. Sin embargo, el tiempo te da la oportunidad de retirarte antes de recibir golpes o magulladuras emocionales.

No obstante, no estarás solo en este tipo de situaciones. Las relaciones conciernen a dos personas, de modo que lo más probable es que tu prueba o tu verdadero amor aparezca con dos piernas, dos pies y un nombre. Si te parece que la otra persona va demasiado deprisa, dile sencillamente: «*Hay algunas campanas y silbatos que resuenan en mi cabeza y que no tienen absolutamente nada que ver contigo. Tengo que ir más despacio. Debo respetar lo que siento para tener la seguridad de saber lo que es correcto para mí*». No pongas tus cuestiones encima de la otra persona. Determina tu propio programa y acepta la responsabilidad de ti mismo. Si esta persona no es una verdadera maestra que ha llegado a tu vida para ayudarte en tu curación con su amor, expresar la verdad hará que desaparezca. Se irá con tal rapidez que creerás que todo fue un sueño. Si esto es lo que ocurre, puedes decir: «*Bueno, ya tenemos otra relación más que tampoco ha funcionado*». También puedes decir: «*¡Gracias, Dios mío! Sé que me enviarás al maestro adecuado y una relación que me ayudará a trabajar en mi persona*». A fin de hacer este trabajo, debes estar dispuesto a moverte con lentitud y a deshacerte de algunos tiburones que atrapaste con tu anzuelo. Jeri estaba dispuesta. Le habló de las campanas y los silbatos. Él se rió.

¡Presta atención a las señales!

Reírse no es lo mismo que desaparecer, pero algunas pruebas pueden resultar confusas. Jeri siguió adelante, despacio. No dejaron de verse, y un día ella fue un poco lejos. Dejó que él la besara. Sí, eso es, ¡cuatro meses y medio sin tan siquiera un beso! La chica estaba haciendo un verdadero trabajo de curación y él parecía ser un doctor dispuesto a ayudar. Estaban sentados en el coche cuando, repentinamente, pero con delicadeza, él se acercó, la abrazó y le plantó un gran beso, largo y apasionado, en los labios. ¡En el mismo instante en que sus labios se encontraron, el cerebro de Jeri se quedó en blanco! Su cuerpo no daba ninguna señal de vida. Se quedó sin respiración. Se quedó sin nombre. ¡Bueno, esto fue tras treinta y nueve meses de no haber recibido un beso! Durante este beso, las campanas y los silbatos sonaron en su cabeza. ¡Peligro! ¡Atención! ¡Haz marcha atrás! ¡Ahora mismo! Fue sólo por la gracia de Dios que no se escurrió y salió por la ventana porque para abrir la puerta hubiese tardado demasiado. En algún lugar profundo de su alma sabía que iba a meterse en graves problemas.

Inmediatamente después de que él la besara, Jeri dijo: «¡No! Todavía no». Él volvió a reírse, pero puso el coche en marcha. Nada más haber dicho esto, Jeri comprendió que había mantenido el acuerdo consigo misma. Él no se *sentía* bien, y ella confiaba en su intuición. Representaba un riesgo, un gran riesgo, pero Jeri estaba dispuesta a correrlo. ¿Sabes qué ocurrió? Toda la fealdad que pueda existir en un ser humano empezó a manifestarse en este hombre. ¡Tenía todas las actitudes y los hábitos más detestables que un ser humano pueda poseer! Para Jeri era un misterio cómo se podía permitir que alguien así respirase el oxígeno de la atmósfera. La relación duró tres semanas más. ¿Y sabes qué? Cuando Jeri se dijo a sí misma, no a él, sino a sí misma: «¡Lo dejo!», él desapareció. No la llamó más y nunca supo nada más de él.

Cuando todo estuvo dicho y hecho, Jeri había roto otra pauta. Había evitado que el miedo a estar sola dirigiese su vida. No lo habló con sus amigas, no gimió ni se lamentó durante la noche, no salió para comprarse el pastel de chocolate más grande y suculento que pudiese encontrar. En lugar de ello, se puso a trabajar en sí misma. Se permitió sentir tristeza, pero se sentía bien respecto a su forma de actuar. No le echó la culpa a él. Ni tan siquiera habló de él. Reflexionó, volvió sobre sus pasos, y se sintió muy, muy agradecida. Comprendió que si no se hubiesen besado, tal vez la fealdad hubiera tardado más tiempo en manifestarse. También comprendió que si hubiera ido más allá del beso, quizá hubiese llegado demasiado lejos para librarse de él. Jeri continuó el trabajo sobre su neurosis: sus sentimientos de incapacidad y necesidad, su autocrítica, su opinión sobre sí misma. Trabajó en su carrera. ¡Finalmente llegó a la conclusión de que, si se tomaba el tiempo que necesitaba, si permanecía centrada en su cuerpo y respetaba sus sentimientos, no podía perder! Si trabajas en el proceso y sigues los principios, es imposible perder, y además, al final te sientes mucho mejor.

¡Si quieres saber el final, mira el principio!

Es una verdadera lástima que nuestra vida no empiece con la conciencia de esto: «Soy un ser íntegro, completo y perfecto». Somos todo esto y más. Sin embargo, por desgracia, una vez que nacemos no recordamos todo lo que somos. El lapso de memoria se convierte en una miríada de inseguridades: miedo a ser abandonados, a ser rechazados, a no ser lo bastante buenos. Una inseguridad es un fragmento de información que se ha olvidado. No es más que eso. Cuando la inseguridad es miedo, en realidad se trata del miedo a haber olvidado algo que resulta de suma importancia. Cuando la inseguridad es una sospecha, sospechas que volverás a tomar una decisión equivocada o a elegir algo inadecuado como hiciste en el pasado. Como hemos olvidado la verdad, creemos que de alguna manera, o de muchas maneras, estamos confundidos. Esto es, más que nada, lo que llevamos a las relaciones. En las relaciones evocamos todo lo que creemos que no funciona en nosotros para apoyar la creencia de que no somos dignos de amor. Hacemos surgir las personas, situaciones y experiencias que tienen el propósito de ayudarnos a recordarlo. Lamentablemente, lo único que conseguimos es enfurecernos con ellas y perder la posibilidad de curarnos.

Las cosas que están escondidas en los armarios de tu mente y de tu corazón continuarán apareciendo en tu vida, porque el amor quiere curarte. Aparecerán en tus relaciones amorosas o cada vez que invoques el poder o la presencia del amor. Quizá las llames *pruebas*, pero en realidad son los aspectos de tu conciencia que precisan una curación. Son las cosas que te impiden experimentar la experiencia más plena del amor. ¿Por qué cometemos los mismos errores una y otra vez en nuestras relaciones? Porque respondemos a la gente que nos intenta ayudar a recordar que somos completos, sanos y perfectos. Son la respuesta a nuestra petición de recordar todo lo que hay que saber sobre el amor. Tan pronto como empieces a recordar, comenzarán a aparecer nuevas personas y situaciones que te brindarán la oportunidad de demostrar que progresas y que eres capaz de recordar un poco más. Esta es la razón por la cual es tan importante que no te enfades ni sientas resentimiento hacia las personas que representan un papel en tu drama curativo. Dios no siempre te envía lo que tú crees que quieres. Dios te envía lo que necesitas para curarte. Esto sucederá en diferentes momentos, con personajes distintos, y cada vez evocará un sentimiento diferente. Tu tarea consiste en recordar la verdad.

Establecemos una relación en busca de alguien que quiera lo mismo que nosotros. Queremos a alguien a quien le gusten las mismas cosas que a nosotros. Queremos a alguien que vaya en la misma dirección en la que vamos nosotros. En algún lugar recóndito de nuestra mente, creemos: «Si ahí afuera hay alguien como yo, no es posible que yo sea tan malo». Sin ser conscientes de ello, salimos afuera a fin de buscarnos a nosotros mismos; creemos que si somos capaces de encontrarnos, seremos felices. La cuestión es que no siempre nos gusta quienes somos, porque hemos olvidado la verdad. Creemos que necesitamos un arreglo: no una curación, sino un arreglo. Hay una gran diferencia. En consecuencia, cuando nos vemos reflejados en otras personas (en nuestra pareja, en los miembros de nuestra familia, en nuestros amigos), nos ocupamos de arreglarlas a ellas en lugar de centrarnos en nuestra curación. También existe la cuestión del equilibrio. El amor quiere que curemos nuestro concepto del equilibrio y de la integridad.

El principio universal de la polaridad que explica el concepto del equilibrio afirma que todas las cosas son duales. Todo tiene un polo opuesto. Todo tiene su par complementario. Lo semejante y lo distinto tienen la misma naturaleza, aunque en un grado diferente. Los extremos se tocan. El equilibrio consiste en tener dos cosas diferentes en los dos extremos opuestos de la balanza cuya apariencia y cuyo modo de actuar son distintos, pero que, de hecho, son los extremos de una misma cosa. Los extremos son necesarios para la integridad. Por ejemplo, si siempre eres puntual, lo más probable es que atraigas a alguien que ni siquiera utilice reloj, que nunca sea capaz de llegar a ninguna parte a la hora. Eso es el equilibrio. Si observas las leyes universales, lo que encuentras es luz y oscuridad, arriba y abajo, bueno y malo, macho y hembra. Todos son complementarios. Todos son necesarios para la integridad y la compleción.

¡Si tienes a alguien en un extremo de la balanza que quiere hacer el amor tres veces al día, y otra persona en el otro extremo que quiere hacer el amor tres veces al día, estas dos personas acabarían con su vida! Nunca llegarían a hacer nada. El equilibrio requiere que una persona en un extremo de la balanza sea la que adora el sexo y que la que está en el otro extremo de la balanza piense que el sexo es espantoso y que sólo debe utilizarse con el fin de procrear. La lección aquí consiste en la aceptación, la tolerancia y la armonía. No creas que porque te guste o no te guste el sexo hay algo que está mal en ti. Limpia tu armario del sentimiento de incapacidad y del miedo. Aprende a trabajar con la otra persona. De eso trata el amor. No pretendas crear una copia de ti mismo. Eso no es equilibrio.

Proseguimos con nuestra búsqueda de similitud cuando la curación requiere tolerancia, aceptación y un amor incondicional por la diferencia complementaria. Si una persona puntual se casa con alguien que siempre llega tarde, a ambos se les presenta la oportunidad de enseñarse y curarse mutuamente. La persona puntual tiene la oportunidad de enseñar: *«¡Oye, tienes que ser responsable! ¡Tienes que ser formal! ¡Tienes que respetar el tiempo de los demás!»*. La persona que siempre llega tarde puede enseñar: *«Mira, tienes que relajarte, porque la vida es demasiado corta. ¡No te pongas histérico! ¡Llegarás cuando llegues!»*. Si ambas trabajan juntas, es posible que salgan con algo parecido a esto: *«¡Vamos a hacer un esfuerzo para llegar a tiempo, pero si no lo conseguimos, no vamos a discutir por eso! ¡No voy a darte un rapapolvo! ¡No vas a enfadarte! ¡No voy a dejar de hablarte! ¡No vas a hacerme una mala jugada!»*. Ambos extremos se enseñan, ambos lados aprenden a crear el equilibrio curativo necesario para el amor incondicional. La igualdad no cura. Nos permite ocultar en el armario las cosas que pensamos y sentimos sobre nosotros mismos.

En algún lugar entre el segundo y el tercer piso de la casa del amor, debes aprender a amar independientemente de lo que la gente haga. Deja de golpearte la cabeza contra la mesa y de gritar que no eres capaz de hacerlo. ¡Puedes hacerlo! ¡Debes hacerlo! Debes aprender a aceptar y perdonar a la gente a fin de curarte a ti mismo. Este es un paso muy grande, enorme. Requiere estar dispuesto a ver a los demás como Dios los ve: como inocentes niños pequeños que intentan encontrar el camino hacia su casa. Significa que debes examinar lo que tú haces, no lo que te han hecho a ti. Significa examinar qué es lo que te hace responder a la gente y a las situaciones de la forma en que lo haces: es decir, qué sientes y por qué lo sientes. Con esa información, comprendes que toda experiencia —junto con su resultado— fue, sencillamente, una oportunidad de recrear la forma en que respondes. Esta revelación contiene tu curación. Esta revelación iniciará la ceremonia del entierro de tu viejo yo.

Cuando tu viejo yo ha desaparecido y el nuevo ha emergido, cuando te encuentras en una situación similar a otra que ya viviste en el pasado, puedes crear una nueva respuesta. Eso es lo que hizo Jeri. Creó una respuesta de amor por sí misma porque comprendió que, por mal que la gente se comportase, expresaba sus propias cuestiones (las de Jeri). La gente hará lo mismo por ti con la intención de ayudarte a limpiar y vaciar el armario. Debes amar a los demás por ello. Ama a aquellas personas que aparecen para revolcarse en tus cuestiones contigo. Cuando las ames, serás capaz de perdonarte. Perdonarte por ponerte las cosas tan difíciles. Perdonarte por haber tenido tan malos sentimientos hacia la gente que ha intentado ayudarte. Perdonarte por haber pedido a otras personas que te ayudaran a hacerte daño, o por habérselo permitido. Esta es la demostración final de la responsabilidad y lo único que necesitarás para impulsarte hasta el tercer piso.

P.S.: Jeri se casó con un pastor. Ahora tienen dos hijos y viven en el tercer piso.

El tercer piso

¡Ya sabes que no era necesario hacerlo todo a la vez! ¡No tenías que vaciar todos los cajones y los armarios; poner a lavar todas las cortinas en la bañera; desconectar la nevera para descongelarla y que dejase charcos de agua por todas partes; arrojar toda la ropa sucia en medio del suelo; hacer explotar una bomba contra las cucarachas! No era necesario ponerte las cosas tan difíciles, pero lo hiciste. ¡Y no sólo lo hiciste, sino que también lo conseguiste! Has limpiado toda la casa. Has hecho la colada. Has eliminado todo el polvo. Has colgado las cortinas recién lavadas. Has ordenado toda la ropa y has tirado veinte bolsas de basura. ¡Felicidades! ¡Deberías sentir una gran satisfacción! Pero antes de que te sientes a descansar, volvamos a repasarlo todo a fin de asegurarnos de que todo está en orden.

11
Sube las persianas y deja que entre el sol

Habían sido novios desde la adolescencia. Crecieron juntos. Probablemente Karen y Stan deberían haber sido siempre sólo amigos, pero una vez que el sexo entra en una relación, hace que ésta tome otra dirección. Karen era como una hija para la familia de Stan, y él era como un hijo para la familia de ella. Aunque las dos familias no se conocían, lo sabían todo de todos. Todos estaban enredados los unos con los otros. A medida que la relación entre Karen y Stan se desarrollaba, también iban creciendo los enredos familiares. Tras finalizar la enseñanza secundaria, Karen fue a la universidad. Stan se puso a trabajar. Cuando la familia de Karen se mudó al campo, Stan se fue con ellos. Cuando Karen regresaba de la universidad, él estaba allí, esperándola: vivía en casa de la madre de ella. El hecho de vivir juntos en casa de la madre de Karen no parecía extraño, porque todos pensaban que cualquier día se casarían.

No mucho después de acabar la carrera, Karen se quedó embarazada de su primer hijo. Fue entonces cuando le dijo a su madre: «No me casaré nunca con Stan, porque no estoy enamorada de él. Le quiero, pero no estoy enamorada de él. Sé que es una buena persona, pero no está motivado. Hace promesas que no mantiene. Cree que todos tienen problemas excepto él. Tiene mucho talento y muchas cualidades, pero se niega a aplicarlos en sí mismo. Creí que sería diferente cuando acabase mis estudios, pero no es así». ¡La madre se puso histérica! Vivir con un hombre con el que no estás casada y tener un hijo de él sin estar enamorada era más de lo que una madre anticuada podía asimilar. Intentó hacerlo con la siguiente pregunta: «*Si no es lo bastante bueno para que te cases con él, ¡¿cómo puede ser bastante bueno para ser el padre de tus hijos?!*». Karen nunca respondió a esa pregunta. No era capaz de hacerlo. La pregunta era demasiado sensata.

El bebé nació; era una niña preciosa por la que Karen lo hizo todo. La cuidó, pagó todas las facturas, lo hizo todo. Nunca pidió ayuda a Stan y él nunca se la ofreció. Bien, entiéndeme, él adoraba a su hija. Hubiera hecho cualquier cosa por ella. Pero la cuestión es que, si querías que Stan hiciese algo, tenías que pedírselo. Cuando se lo pedías, solía hacerlo. Si no se lo pedías, no se movía. No tenía ni una pizca de energía. Cuando la niña tenía alrededor de dos años, Karen decidió que ya no quería mantener por más tiempo esa relación. No es que estuviese cansada de Stan, exactamente, ¡estaba harta! Además de eso, le parecía que cada vez se sentía más sola en esa relación. Stan siempre prometía que iba a buscar un trabajo mejor, pero no lo hacía. Siempre hablaba de las cosas que quería hacer para crearse una vida mejor. Nunca hizo nada.

Lo que sí hacía era quejarse de los demás y de que nunca podía descansar. Decía que quería ser un padre mejor, pero casi nunca se ofrecía para hacer lo que era preciso. Más que cualquier otra cosa, Stan era muy temperamental. En realidad, taciturno sería una descripción mucho más apropiada. Karen no sabía qué decir, cómo actuar o qué pensar; no quería herir los sentimientos de Stan ni provocar en él una silenciosa diatriba que duraría varios días. Karen y Stan vivían juntos más como una pareja de hermanos que crían a una hermana pequeña que como un marido y una mujer que crían a su hija. Tal vez esa era la razón por la que no estaban casados. Quizás era porque, pese a que estaban allí, ambos se encontraban ausentes en lo que se refería a su relación.

¡Di lo que quieres decir!

Karen creyó que había sido muy clara al decirle a Stan que todo se había acabado y que estaba lista para seguir su camino. Stan tenía muy claro que él quería continuar con la relación, y le dijo que iba a hacer todo lo que estuviera en sus manos para conservarla. Karen pensó que era como todas las otras veces que había dicho que iba a hacer algo, y lo único que podía pensar de ello era: «¡Sí, claro!». ¡De repente, se hizo un rayo de luz! Con gran satisfacción y sorpresa, Karen advirtió que Stan empezó a ayudar un poco más en la casa. Ayudaba un poco más con el cuidado de la niña. Hacía todas las cosas que él creía que la complacerían. En un momento de debilidad —sí, todavía se tienen momentos de debilidad en el tercer piso—, Karen dejó de resistirse y dijo que lo intentaría otra vez. El intento duró tres semanas y culminó con el anuncio de Karen de que ella y su hija abandonaban la casa de su madre. «¿Y qué hay de mí?», preguntó Stan. «¿Y qué hay de ti?», contestó Karen. Con toda la delicadeza y la gentileza posibles, le hizo saber que, desde ese momento, lo que él hiciese ya no le interesaba y no era asunto suyo. Es innecesario decir que Stan no se sentía demasiado complacido con ese anuncio ni con la situación. ¿Le dijo a Karen lo que sentía? No. ¿Le preguntó cómo iban a organizar el cuidado de la niña, las visitas y otras cosas por el estilo? No. ¡Lo que Stan hizo fue quedarse sin trabajo! Lo despidieron por gritarle a un supervisor.

Ahora su problema se había convertido en otro problema de familia: no tenía dinero. No podía mudarse. Vivían en casa de la madre de Karen. Ella se estaba preparando para marcharse, ¡y su madre estaba a punto de volverse loca! Pero, como una buena madre, mantuvo la boca cerrada. Karen estaba lista para irse a vivir sola; pero, ¿cómo podía dejar a Stan tirado en casa de su madre? Aunque no fuese otra cosa, era su amigo, y a los amigos siempre hay que ayudarlos. Karen le dijo a Stan que si quería podía acompañarla hasta que solucionase las cosas, encontrase un nuevo trabajo y fuese capaz de mantenerse. Él le respondió que no quería ser una carga. A Karen la atormentaba el hecho de sentirse tan responsable de Stan. Ella quería mudarse y empezar una nueva vida. Él no parecía muy interesado en ir en esa dirección. Como resultado, Karen intentó moverse sin pensar en Stan. Empezó a ahorrar dinero y a buscar una casa. Dejó un depósito para un lugar, pero después cambió de idea. Mientras tanto, Stan permanecía allí sentado, y con eso conseguía que ella se sintiese culpable. De hecho, hacía que Karen se sintiese tan culpable, que se llevó a Stan con ella sin discutir más sus planes ni su relación.

Cuando no dejas que alguien se responsabilice de sí mismo, entonces no asumirá su responsabilidad. Si haces por él lo que él debería hacer por sí mismo, créeme, te dejará hacerlo. Si tomas una decisión y no la llevas a cabo, lo que hayas decidido no se hará. Si no te respetas a ti, los demás tampoco lo harán. Si no respetas a los demás, sus elecciones y sus decisiones, te resultará muy difícil respetarte a ti. Hacernos responsables por los demás, no llevar a cabo nuestras decisiones, no respetarnos a nosotros mismos, no presentarnos frente a los demás de un modo en que ellos puedan respetarnos, nos conduce a la parálisis emocional: sabemos qué hacer, pero no sabemos cómo hacerlo. Esto es lo que hemos de aprender y practicar en el tercer piso.

Has trabajado muy duramente para llegar al lugar en que estás y has hecho un trabajo excelente. Quizá te sientas cansado, muy cansado. Era de esperar. Sin embargo, si te acuerdas de las lecciones del segundo piso, sabrás que para haber llegado hasta aquí, debes de ser un buen estudiante. Por consiguiente, sabes que los mejores estudiantes son los que tienen que pasar las pruebas más difíciles. En este piso de la casa del amor, tu tarea consiste en practicar lo que ya sabes, en llevar a cabo lo que ya sabes cómo hacer, siempre, en todas las situaciones, bajo cualquier circunstancia. Trabajas para alcanzar la maestría. Ahora que dominas el conocimiento, debes dominar también su práctica. Debes poner todos los limpiadores en el pote —tu mente—, y permitir que sean la fuerza que te guiará en la vida. Sí, ya has hecho la mayor parte de este trabajo en los otros pisos. No obstante, ahora lo harás en un plano diferente, desde un estado de conciencia más elevado. Lo harás desde la conciencia del amor: el amor por ti y el amor incondicional.

¡Tienes lo que te hace falta!

Vivir en el tercer piso será una tarea fácil porque ya tienes toda la información que puedas necesitar para abrirte paso en casi cualquier situación. Sabes que el amor lo cura todo, y mientras estés aquí, en el tercer piso, tu trabajo consistirá en dominar la aplicación del amor en todas las situaciones: en primer lugar el amor por ti mismo, y después el amor por todas las personas con las que te relaciones. Si por cualquier razón, en cualquier momento, no consigues aplicar el amor, te encontrarás emocionalmente paralizado. No serás capaz de avanzar. No serás capaz de tomar una decisión o no serás capaz de llevar a cabo las decisiones que has tomado. ¿Por qué? ¡Porque ya no puedes engañar más al amor! Cuando realmente te amas a ti mismo y amas a los demás, respetas tu palabra.

Estar en el tercer piso no significa que ya no tendrás reacciones normales, naturales y emocionales frente a la vida y las situaciones irritantes que a menudo la acompañan. Lo que significa es que te recuperarás con rapidez de los trastornos emocionales porque aplicarás el amor a la situación. ¿Qué haría el amor aquí? Ése es el mantra del tercer piso, la oración que recitarás cuando tengas que hacer frente a una adversidad. Ser capaz de aplicar amor a una situación no significa que seas débil, inferior o una persona fácil de dominar. Sencillamente significa que lo haces todo desde una conciencia del amor en lugar de hacerlo desde una conciencia del miedo, la cólera o la confusión. Si reflexionas un instante sobre tus tareas domésticas, sabes que la última, la tarea final para que la casa esté reluciente, es a menudo la que más te cuesta llevar a cabo. Has hecho tantas cosas y has tardado tanto que lo único que quieres es descansar. También sabes que si no lo haces ahora, no tendrás más remedio que hacerlo mañana, cuando tal vez te sientas peor de lo que te sientes en este instante. De modo que haz acopio de todas tus fuerzas, aborda este pequeño y último detalle y haz que entre la luz.

¡Deja que haya luz!

La luz es el conocimiento. Donde no hay conocimiento, hay oscuridad. La luz es la presencia del día, cuando es posible distinguir y apreciar las cosas. La luz es el poder de Dios, la presencia de la vida que sustenta y nutre. Cuando aprendes a poner en práctica todas las cosas que has aprendido en los otros pisos, traes la luz a aquellas personas que todavía no han empezado el viaje o a las que sólo están a mitad de camino. Cuando aplicas los principios a tu vida y ésta arranca en una nueva dirección, haces llegar una luz de esperanza a aquellos que te observan. Sin embargo, cuando permites que los viejos hábitos, pensamientos y miedos merodeen en ti y guíen tus acciones, ¡serás tú quien baile con la oscuridad! No quieres hacer eso. Si bailas con la oscuridad, puede que salgas despedido de un puntapié hacia el primer o segundo piso. ¡No quieres estar ahí! Quieres estar exactamente donde estás. Si es así, entonces debes, con toda la diligencia necesaria, practicar lo que sabes y no permitir que las viejas formas de hacer las cosas te paralicen.

Decir algo y no respaldarlo con una acción significa que, por una razón u otra, estás paralizado. Tal vez no hayas dicho toda la verdad. O quizá no lo tengas claro y hayas perdido de vista tu visión. Eso es lo que le ocurrió a Karen. No le dijo a Stan la verdad sobre lo que sentía por miedo a disgustarle. Se hizo responsable de él y de su vida sin decir toda la verdad: que la relación se le había quedado pequeña. Karen había hecho su trabajo y había avanzado en la casa del amor. Había seguido correctamente su camino hasta el tercer piso, pero tenía una relación con una persona que vivía en el sótano, que culpaba a los demás por su situación y que creía que el problema eran siempre los otros. ¿Es posible que una persona que vive en un piso superior tenga una buena relación con alguien que vive en un piso inferior, con alguien que no haya hecho todo su trabajo? Sin duda..., ¡pero sólo a veces!

Estira la mano y toca, ¡pero no te caigas!

En una relación entre dos personas que viven en pisos diferentes, la clave consistirá en la capacidad de permanecer centrado. ¿Serás capaz de seguir tu rumbo sin verte atrapado en las cuestiones no resueltas de tu pareja? Si el amor está verdaderamente presente, te ayudará a encontrar un espacio común, un terreno común en el que puedas mantenerte. Lo que te resultará más difícil es no hacer el intento de convencer a la otra persona de que debe hacer lo que tú haces. Lo que le resultará más difícil a ella es no sentirse amenazada por lo que tú haces. El amor te ayudará a equilibrar la situación. La resistencia te ayudará a desarrollar tus músculos espirituales. No obstante, debes estar vigilante para evitar que la diferencia no degenere en un conflicto. Por desgracia, Karen se vio atrapada en él. El resultado fue la parálisis.

Pedir a los demás que hagan algo que no son capaces de hacer no es un acto de amor. Sabes lo que una persona es capaz de hacer cuando observas lo que hace. Algunas personas pedirán ayuda. Admitirán fácilmente que no saben lo que deben hacer y que les gustaría recibir ayuda para deducirlo. Este sería el caso de una persona que se encuentra en el segundo piso. Es alguien que al menos demuestra algún interés en superarse. Que consiga hacerlo o no, es otra historia. La lección del sótano es la buena disposición. Existen algunas situaciones en las que eso bastará. Si tienes buena disposición, la vida y el universo te brindarán la ayuda que necesitas. Stan no pidió ni ayuda ni apoyo, una indicación clara de que no estaba dispuesto. Tal vez, como la mayoría de moradores del sótano, ni tan siquiera era consciente de que necesitaba ayuda. El acto más amoroso que Karen podía haber hecho era permanecer en constante contacto con Stan y revelarle de la mejor manera posible el qué, el porqué y el cuándo de sus verdaderos sentimientos. Ella necesitaba reconocer lo que sentía y expresárselo a él. Esto le hubiese permitido aclararse y hubiese prevenido la parálisis. Esto hubiera invocado el poder y la presencia del amor. Cuando vives en el tercer piso de la casa del amor, para aprender a practicar lo que sabes, debes reclamar el poder y la presencia del amor en todo momento. Si no lo haces, te encontrarás de nuevo en las escaleras entre el segundo y el tercer piso, mientras te abres paso entre algunas cuestiones no resueltas. Esto es, exactamente, lo que le ocurrió a Karen y lo que casi le ocurrió a Faye.

¡Eres libre de creer lo que decidas creer!

Tim era un médico. Faye era una enfermera. Así es como se conocieron. Ella era una enfermera muy competente y dedicada, y él era una estrella prometedora en el campo de la cirugía. A Tim le gustaba la forma de trabajar de Faye. Se concentraba. Era meticulosa. Trabajaban bien juntos, y él siempre pedía que se la asignaran cuando tenía que operar. Un día, tras casi un año de trabajar juntos, él la invitó a cenar. Fue maravilloso, de modo que lo repitieron una y otra vez. Tim siempre le gastaba bromas porque ella era muy callada. Sin embargo, a él eso le gustaba, porque era un gran hablador. Lo que Tim no sabía era que el silencio de Faye era un comportamiento aprendido. Había crecido en una familia en la que el padre dominaba por completo a la madre, y en algunas ocasiones incluso la maltrataba físicamente. Tim no sabía que te conviertes en lo que ves, y Faye no se atrevía a hablar de ello.

Faye había visto cómo su madre había pasado por años de maltrato mental, emocional, y en ocasiones, físico. Su padre trabajaba en un almacén de madera, miraba los partidos de béisbol y bebía cerveza. Para él, todo tenía que estar en orden. Exigía que las cosas se hiciesen de una manera determinada. Por desgracia, se olvidaba de decirle a su madre cuál era esa manera, y ella tenía demasiado miedo para preguntárselo. En muchas cosas, Faye se sentía así con Tim. Todo tenía que estar en orden, hacerse de una manera determinada para que estuviese bien. Faye tenía el mérito de haber deducido más o menos lo que a Tim le satisfacía. Aun así, sentía que él tenía el poder de imponerse sobre ella, un poder sobre el que no podía hablar y con respecto al cual no sabía qué debía hacer. De modo que, cuando le pidió que se casara con él, o más bien, cuando le dijo que iban a casarse, ella obedeció.

En cuanto volvieron de su luna de miel, Faye ya había empezado a preguntarse si había tomado la decisión adecuada. Todas sus amistades le decían que había hecho lo correcto. Su madre también. ¡Una cosita tan insignificante como ella casada con un genio de la cirugía! ¿Cómo podía haberse equivocado? Tuvieron una gran boda, preciosa, porque Tim y su familia se ocuparon de todos los gastos. ¿Cómo podía ser esto un error? Pero ella tenía este sentimiento en sus entrañas, y en su mente habían campanas que sonaban ligeramente. Al principio, Faye se resistió, pero cuando descubrió que se encerraba en sí misma, se permitió examinar qué era lo que sentía. A medida que pasaban los meses, el sentimiento se hacía más y más claro. Tim era más que dominante. La regañaba. Lo hacía de tal manera que ella necesitaba unos minutos para comprender que, de hecho, la estaba regañando. «*Siendo una enfermera tan buena, ¿cómo es que no seguiste estudiando? Podías haber hecho la carrera de medicina. Entonces, podríamos haber trabajado juntos de verdad.*» «*Tu cabello es bonito, pero si lo llevases más corto o tal vez si te hicieses unas mechas, te quedaría mucho mejor.*» Cosas por el estilo. Según Tim, Faye siempre estaba bien, pero no llegaba a ser suficientemente buena.

Su cerebro no captó que él no le hacía cumplidos para ayudarla a convertirse en una persona mejor. Aunque Tim decía con frecuencia: «Quiero ayudarte para que te conviertas en una persona mejor», Faye nunca llegó a comprender qué había de malo en la persona que era. No creía que estuviese equivocada, pero si su marido decía que debería hacerlo, tal vez debería hacerlo. La cuestión es que ella sabía lo que sus oídos oían. Su cerebro lo comprendía, pero su cuerpo gritaba: ¡Alerta Roja! Alerta Roja. Cuanto más intentaba ignorarla, más fuerte sonaba la alarma. La alarma interna de Faye sonaba tan fuerte, que empezó a sonar como un enjambre de abejas. Tu cuerpo no miente nunca. Te dirá exactamente lo que necesitas saber a cada paso de tu camino. En el tercer piso, debes escuchar. Debes investigar. Debes encontrar la causa de la alarma y responder a la información. Faye era nueva en el tercer piso y todavía no había comprendido todo esto.

¡No puedes ocultar la verdad!

Cuando llevaban tres años casados, Tim empezó a insistir en que Faye dejase de trabajar y tuviese hijos. Según su plan, era el momento de tener hijos. Cada vez que lo decía, las campanas y los silbatos empezaban a sonar en la cabeza de Faye. Ella estaba paralizada. No sabía por qué, pero sabía que no estaba preparada. Tim le quitó las píldoras anticonceptivas porque dijo que había llegado el momento. Como para Faye no era el momento, consiguió otra receta de otro médico y guardó las píldoras en su taquilla del trabajo. Se preguntaba cuánto tiempo tardaría Tim en descubrir que todavía tomaba la píldora. El enjambre de abejas aumentó y las campanas y los silbatos no cesaron de sonar. Pasaron cuatro meses antes de que él le hiciese frente. «¿Qué es lo que te pasa? ¿Por qué no te quedas embarazada?» Campanas, silbatos, luces y enjambres de abejas tomaron posesión de su cerebro antes de darle tiempo a pensar. No pensaba, las palabras salieron, de algún modo, de su boca. Fue como una ruidosa cascada: «No quiero tener hijos tuyos. ¡Ni tan siquiera me gustas! ¡Te pareces demasiado a mi padre!».

¡Tim se quedó atónito! No, ¡conmocionado! No, ¡se sentía herido! Borra eso, su ego era demasiado grande para que le pudiesen herir. ¡Estaba furioso! Las campanas y los silbatos habían cesado y Faye podía oír que el zumbido del enjambre de abejas se alejaba. Una vez que tienes el valor de decir lo que necesitas decir, el resto del valor necesario llega a ti. Tim le preguntó qué quería decir. ¡Si no quieres saber algo, no lo preguntes! Tim lo preguntó. Faye se lo dijo. Le dijo que la degradaba, que se creía superior a ella. También le dijo que era un egomaníaco. Y le informó de que sus insinuaciones y alusiones dirigidas a su mejora personal la sacaban de quicio. Aunque Tim estaba muy enfadado, la escuchó, la escuchó de verdad. Entonces le dijo que sufría de un desequilibrio hormonal, probablemente causado por haber dejado de golpe las píldoras anticonceptivas. Le dijo que le conseguiría una receta para que se tomase algo y que durante una temporada debería abstenerse de tomar azúcar blanco. Ella le miró como si le hubieran crecido dos cabezas, le dijo que era un idiota y salió de la habitación dando un portazo. En algún lugar recóndito de su mente, Tim pensó: «*Está embarazada, ¡Oh, Dios mío! ¡Está embarazada! ¡Por eso tiene estos cambios de humor!*». ¡En el camino que lleva al entretanto, algunas personas se quedan sordas!

Durante los dos días siguientes casi no se hablaron, lo cual significaba que Tim no intentó mejorar a Faye o su aspecto de ninguna manera. Pero el aire entre ellos era tan denso y había tantas cuestiones no resueltas que flotaban en él, que casi era posible verlo, tocarlo.

Tim empezaba a ponerse nervioso. Faye no era así, se quejaba a su madre. Él interpretaba de una manera muy diferente su pequeña confrontación, que también explicó a su madre. ¡Era propietario de un género deteriorado! ¡Ella no hacía nada por sí misma a menos que él le dijera cómo hacerlo! ¡Era muy lista, pero nunca había hecho nada por conseguir una posición más elevada, y nunca había conseguido nada que mereciese la pena mencionar! Sí, era una enfermera, pero las enfermeras sólo eran limpiadoras de desechos con pretensiones. Sí, su mujer era una enfermera especializada, pero debería ser cirujana. Tenía la capacidad suficiente para ser una cirujana bien pagada. Y en lugar de eso ella se contentaba con tener un papel secundario. ¿Se había equivocado él? ¡Sí! Hablaba tan fuerte que no había oído a Faye entrar en la habitación. Ése fue su primer error. El segundo fue decirle: «¡Hola, nena! ¿Quieres tomar algo?», cuando sabía que ella no le dirigía la palabra.

La madre de Tim era de ese tipo de madres a las que no les gustaba ver que su único hijo estaba disgustado. Era el tipo de madre a quien no le gustaba la idea de que una chica cuya boda había pagado ella, le causase disgustos a su único y brillante hijo. Supuso que ella y Faye necesitaban tener una conversación de mujer a mujer. En realidad, se dijo: «¡Voy a ajustarle las cuentas a esa mocosa!». Por supuesto, no le dijo a su hijo que iba a hablar con su mujer; imaginó que al hablar con ella, la haría entrar en razón. ¡Además, se estaba haciendo mayor y quería tener nietos con los que pasar algún tiempo antes de que se le cayeran todos los dientes!

¿Se había dado cuenta Faye del buen partido que había conseguido? La madre de Tim quería saberlo. Había cientos de miles de mujeres que se sentirían orgullosas de estar casadas con un brillante cirujano. Probablemente más del doble de esa cantidad sabrían cómo tratarlo. ¿Acaso no se daba cuenta de lo afortunada que era? ¿Comprendía lo bueno que él era con ella? Las campanas y los silbatos empezaron a sonar, y entonces se acallaron. Faye no estaba enfadada ni disgustada. Estaba segura. Muy, muy segura. Se sintió segura por primera vez desde hacía mucho tiempo, porque de verdad escuchó lo que la madre de Tim le dijo. Debes escuchar lo que la gente dice, no lo que tú oyes. Debes escuchar las palabras, no la inflexión de la voz. Debes escuchar las preguntas que la gente hace cuando se siente disgustada, porque te revelarán quién es esa persona, quién cree ella que eres tú, y quién crees tú que eres.

¡La maestría fortalece el corazón!

Faye escuchó. Oyó y vio. Comprendió que todavía no dominaba la autoaceptación ni el amor por sí misma. Por ello se había dejado avasallar y había permitido que la regañasen, la degradasen y la oprimiesen. Como nunca había tenido claro qué era lo que quería en una relación, aceptó lo primero que le ofrecieron sin saber realmente qué era. Había visto que esto era lo que habían hecho sus padres, y creyó que ella también tenía que hacerlo. Faye había vivido la mayor parte de su vida haciendo lo que los demás querían que hiciese. Finalmente, ahora cambiaba esa vieja pauta y la gente se disgustaba con ella. Esto es lo más maravilloso de subir hasta el tercer piso: estar en él no significa que no volverás a tener otro problema en la vida, contigo o en una relación; sin embargo, dado que aprendes cómo debes hacer las cosas, cuando surge una cuestión no resuelta en el tercer piso, sabes qué debes hacer y estás dispuesto a hacerlo. El cómo, que es lo que has venido a aprender, es con amor. Hazlo con amor ¡y hazlo de inmediato! Faye hizo las maletas y se marchó.

Sabía que había llegado el momento de dedicarse un tiempo a sí misma. Consciente de que vivía en la casa del amor, sabía que se había saltado algunos peldaños y que debía volver atrás y limpiar algunos desperdicios que habían quedado por el camino. Lo cierto es que esto no tenía nada que ver con Tim. Él sencillamente le había dicho lo que ella pensaba de sí misma. Faye lo sabía y lo aceptaba. En el tercer piso de la casa del amor, dominas la aceptación y estás dispuesto a practicarla. ¿Cómo lo haces? No te enfadas con la gente cuando te dice lo que ya sabes. No niegas la realidad ni crees que los demás no deberían decirte determinadas cosas. ¡La gente puede decir todo lo que quiera! La cuestión es cómo vas a responder tú. El modo de responder de Faye fue tomar medidas para corregirse a sí misma. Las Cuatro Pes. No estaba del todo segura de que quisiera acabar con su matrimonio, pero sabía que necesitaba un tiempo y un espacio para reflexionar sobre ello. Se tomó tres semanas. Durante ese tiempo, no fue a trabajar. No habló con Tim. Le dejaba un mensaje en el contestador cada día sólo para hacerle saber que se encontraba bien y que pronto hablarían.

Cuatro semanas después de la conversación de mujer a mujer, Faye habló con Tim. Lo primero que hizo fue pedirle perdón por haberse marchado de una forma tan abrupta. Ese es un excelente comportamiento del tercer piso: di la verdad, admite que has cometido un error. No te disculpes por haber hecho lo que necesitabas hacer, pero pide perdón por haberle causado cualquier dificultad a la otra persona. Después, Faye le explicó a Tim, con todo detalle, cómo se sentía. Le dijo exactamente lo que quería. Le dijo lo que pretendía hacer para conseguir lo que quería. Le dijo lo que esperaba de él en ese proceso, y le preguntó si estaba dispuesto a colaborar con ella. Le dijo que se había dado cuenta de que lo amaba, pero que también sabía que tenían mucho trabajo por hacer en su relación. Tim estuvo de acuerdo y le pidió su apoyo. Juntos trabajaron para hacer que su experiencia del tercer piso fuese una experiencia llena de amor.

Cuando un maestro hace un cambio, todo y todos los que estén a su alrededor cambiarán. En el tercer piso no te sientes disgustado por tener una experiencia del entretanto del tercer piso. Estás dispuesto a implicarte en las experiencias que tienes y no te abandonas a ellas. Reflexionas al instante sobre las situaciones en las que te sentías totalmente desbordado porque las cosas no tenían la apariencia que tú querías que tuviesen. Te acuerdas de tu reacción. Conoces la necesidad de concederte un tiempo para mirarte a ti mismo y examinar tus experiencias con una mente abierta, con el fin de no avanzar en lo que haces y en cómo lo haces sin comprender el dolor que te causas a ti mismo. Cuando llegas al tercer piso, has renunciado totalmente a tus tendencias pasivo-agresivas. Ahora tienes una conciencia receptiva y persigues de un modo activo un fin determinado, en ese orden.

La confianza es lo que hará que tu arrendamiento del tercer piso sea agradable y significativo. Es de esperar que, efectivamente, hayas aprendido a confiar en ti mismo, en Dios, en otras personas y en el proceso de la vida. Por consiguiente, tengas o no una relación, te sentirás bien. Tengas dinero o no, sabes que vas a ganarlo. Sabes que el péndulo de la vida oscila hacia ambos lados, y que más tarde o más temprano, sin duda oscilará en tu dirección.

En el entretanto, llegas, haces lo que puedes hacer y te sientes bien porque sabes que las cosas van a mejorar. A esto se lo llama *remar en tu barca*. Rema, rema, rema en tu barca. Haz lo que puedas hacer, avanza con suavidad por el río. No te disgustes. Experimenta tu experiencia. No luches contra la corriente. Alegremente, alegremente, alegremente, alegremente. Manténte en pie, mantén la armonía. La vida no es más que un sueño, y comprendes que tú eres el soñador. Como el soñador que eres, sabes que es posible cambiar el argumento siempre que lo desees. Cuando quieras cambiarlo, lo harás, y con toda la información que has reunido en tu viaje a través de la casa del amor, el cambio es inevitable.

¡La postergación es una ladrona!

Jean y Andy estaban definitivamente enamorados, no hay ninguna duda al respecto. Ambos eran jóvenes: ella tenía treinta y un años y él treinta y cinco. ¿Qué quieres decir con que eso no es ser joven? Por supuesto que lo es si consideras el hecho de que no eres realmente sensato hasta que cumples los treinta. Ambos habían estado muy ocupados en el desarrollo de su carrera profesional. Él trabajaba como director literario en una importante editorial. Ella era productora de una importante cadena de televisión. Se lo pasaban bien juntos. Tenían una buena comunicación entre sí, y un futuro brillante que ambos esperaban con ilusión. Posponían la fecha de la boda por cuestiones relacionadas con sus respectivas carreras profesionales. Además, no había ninguna prisa, ninguna clase de histeria. Sabían que querían casarse, pero sencillamente no les urgía.

Fue justo en medio de un telediario cuando Jean recibió la llamada. ¡¡¡¿Qué tipo de emergencia?!!! A Andy lo habían llevado al hospital. Le había dado un infarto. Para consternación de todos, unas pocas horas más tarde, este hombre joven y vibrante había muerto, a los treinta y cinco años. Jean estaba desolada. Más que eso, estaba muy, muy enfadada. Estaba enfadada consigo misma por no haber aprovechado la oportunidad cuando la tenía; estaba enfadada con Andy por haberse muerto; estaba enfadada con la vida por haberla timado, ¡y estaba muy enfadada con Dios por hacerle pasar por esto! Pasó por el funeral. Pasó por el apartamento de Andy. Revisó sus cosas. Volvió al trabajo una semana más tarde. Jean era muy eficiente. Su eficiencia era casi tan grande como su cólera.

Hay algunas cosas que resultan tan dolorosas, que cuando sientes que aparecen en tu cuerpo, crees que vas a morir. Crees que no es posible sobrevivir a la experiencia, salir de ella y conservar la mente o el corazón. Le tienes miedo a este tipo de dolor. Tienes miedo de lo que te pueda hacer. No puedes pensar en él. No eres capaz de hablar de él. Lo única lógico que puedes hacer cuando empiezas a sentir ese dolor es hartarlo. Jean hartó su dolor con comida.

Nueve meses después de la muerte de Andy, Jean había engordado más de veintinueve kilos. Ninguno de sus amigos se atrevía a decirle nada al respecto. Todos advirtieron cambios en su comportamiento. También notaron que estaba más malhumorada de lo habitual. Todos lo atribuyeron al hecho de que llevaba a cabo una gran adaptación: vivir sin Andy. Jean se dio cuenta de que se había vuelto letárgica. Lo atribuyó al hecho de que trabajaba muy duro. No empezó a oír las campanas y los silbatos que sonaban en su cabeza hasta que un hombre joven que trabajaba con ella la invitó a salir. Él era un nuevo productor ejecutivo que había sido transferido desde otro estudio y no conocía su historia. A nadie le sorprendió que lo rechazara y que casi le cortase la cabeza, porque todos los que trabajaban allí sabían lo que le había pasado. Todos lo sabían, pero nadie decía nada al respecto; no le dijeron nada a ella ni tampoco al joven productor. Jean todavía era una mujer atractiva a pesar de su peso. Todavía era una productora excelente. Nadie decía nada sobre su peso ni sobre su mordacidad porque sabían lo que había sucedido.

La tensión de Jean llegó hasta tal punto que explotaba a la mínima ocasión, de modo que todos se mantenían a distancia. Cuando ella pasaba por su lado bajaban la cabeza, y en cierta medida, se escapaban tan pronto como les era posible cuando entraba en el estudio. El pobre productor era demasiado nuevo para advertir nada de esto, de modo que siguió persiguiendo a Jean. Con el tiempo, empezaron a hablar, primero del trabajo, luego de ellos dos. Un día él se dio cuenta de que llevaba un anillo de compromiso en el dedo y le preguntó sobre él, pues pensó que esa era la razón por la cual no quería salir con él. De un modo u otro, Jean le gustaba y quería ser su amigo.

Nada más hacerle la pregunta, el dolor explotó en el cuerpo de Jean. Casi atacó al productor y dijo algunas cosas muy inapropiadas. Él se limitó a esperar a que ella acabase y entonces le preguntó: «¿Por qué estás tan enfadada?». Eso sí que provocó un buen estallido. Jean empezó a gritar que no estaba enfadada. Todo el mundo en el estudio se quedó inmóvil. El dolor había alcanzado el punto de ebullición y se había derramado por encima de la cabeza del productor; ella le pegó. Él se retiró y ella le pegó de nuevo. Él le asió las manos, la rodeó con sus brazos y no la dejó apartarse. En el estudio, todo el mundo se quedó sin respiración. Jean dejó de luchar. Apoyó su cabeza en el hombro del productor y lloró.

Lloró durante mucho tiempo porque era la primera vez que lloraba desde la muerte de Andy.

Ríndete a los sentimientos. Reconócelos y exprésalos. Si no lo haces de forma voluntaria, lo harás involuntariamente y a veces de un modo inapropiado. En el tercer piso, debes vivir con total honestidad. Debes decir toda la verdad sobre todas las cosas, siempre. Si eliges no hacerlo, si eliges la negación o el juicio, el dolor que sentirás en tu cuerpo será tan intenso que explotarás. Las experiencias del tercer piso no tienen nada que ver con lo correcto o lo incorrecto. Tienen que ver con la fuerza y el valor. No tienen que ver con el mantenimiento de la imagen o del ego. Tienen que ver con la vulnerabilidad. El amor incondicional te vuelve vulnerable a las experiencias y a la gente. A menos que seas vulnerable, no podrás estar abierto. Si no estás abierto, no podrás conocer el amor bajo las muchas formas que es capaz de adoptar. En el tercer piso, la esencia de todas tus experiencias se basará en aceptar el hecho de que cualquier cosa que hagas con amor será lo mejor que podrás hacer por el momento. Debes sentirte bien con esto, porque es la verdad absoluta.

12
Cambia de sitio los muebles

Stella tuvo una relación que duró siete años con Matt. Al final de esos siete años, era una madre soltera con dos hijos que, como tantas otras, había pasado unos buenos años con un hombre bastante decente. Cuando Matt se marchó, Stella dedicó su vida al cuidado de sus hijos. Creía fervientemente que si educas a un niño de forma adecuada, después no tendrás que arreglar a un adulto. Estaba determinada a darles lo mejor que pudiera darles. Durante este proceso, no permitió que ningún hombre entrase en su vida.

Cuando se separaron, Stella todavía era joven. Se dijo a sí misma que no quería darles un mal ejemplo a los niños con distintos hombres entrando y saliendo de su vida. La razón por la cual pensó que no sería capaz de encontrar a una pareja y formalizar la relación, no te la puedo decir. Por qué pensó que tenía que limitarse a relaciones de una noche es un misterio para mí. No sé dónde estaba ella cuando se explicaron las lecciones del segundo piso que enseñan que las expectativas se corresponden con los resultados. Tú y yo ya lo sabemos, pero Stella necesitaba aprenderlo. La verdad es que estaba enfadada. Iba a la iglesia enfadada. Iba a las reuniones del grupo de apoyo para madres solteras enfadada. Y a pesar de estar enfadada, tenía un papel muy activo en la vida de sus hijos. Se sumergió totalmente en el cuidado y el bienestar de los niños como si fuera un astuto disfraz que le permitía negar su enfado. En el entretanto, también se negaba a sí misma el placer, la alegría y la compañía de una relación de pareja que en realidad quería, pero que temía no ser capaz de tener.

Los niños no resultan muy buenos cónyuges. Son buena compañía, pero hay algunos aspectos de una relación amorosa que los niños no pueden proporcionar. Stella hizo de sus hijos su pareja y sus compañeros, y aunque aprendió muchas cosas sobre el amor incondicional y la paciencia, no aprendió lo suficiente para disipar la cólera con la que había cargado durante tanto tiempo. Fue mucho tiempo, aunque pasó muy rápido. Antes de que Stella se diera cuenta de que sus hijos ya eran adolescentes, una joven llamaba a su hijo. Él tenía diecisiete años. Se preparaba para entrar en la universidad. Era un buen chico que sacaba buenas notas y que nunca le dio a su madre ningún tipo de problema. No obstante, por alguna razón, Stella se sentía muy molesta por el nuevo interés de su hijo por el amor.

Una madre que se siente molesta puede hacer que tu vida sea muy difícil. En realidad, no es lo que ella pretende, pero lo hace. Stella empezó a controlar los movimientos de su hijo muy de cerca. Esto incluía restricciones durante el fin de semana, toques de queda durante la semana y un control estricto, sí, eso es, de sus llamadas telefónicas. Quince minutos al día, eso era todo. Si se excedía de los quince minutos, ese tiempo se restaba de los quince minutos del día siguiente. ¡Ya ves a qué me refiero! Stella se sentía muy molesta. ¡Con lo buen hijo que era! Él lo aguantó porque la quería y la respetaba de verdad. Al menos lo hizo hasta que ella no le permitió hacer una excursión que estaba totalmente supervisada para ir a esquiar. ¿Va a ir esa chica? Sí. ¡Bueno, pues entonces tú no puedes ir!

Incluso un buen hijo que saca buenas notas llega a su límite. Este chico de diecisiete años que ya tenía un pie fuera de la casa de su madre para entrar en la universidad, había llegado al suyo. «*¡Estás furiosa porque yo tengo a alguien y tú no! ¡Por eso no has tenido una sola cita en diez años! ¡Por eso no te arreglas ni sales nunca! ¡Por eso has consumido tu vida conmigo, pero yo no voy a estar aquí y tú estarás sola!*» ¡En el tercer piso la verdad te llegará de las fuentes más inverosímiles! Te saltará a la cara, te señalará con el dedo y sacará a la calle todos tus asuntos. Si has negado la verdad, se abrirá paso directamente a través de todas tus cuestiones no resueltas y te pinchará con tanta fuerza que querrás empezar a dar golpes, pero serás incapaz de hacerlo. Quizás incluso intentes responder con algo así como: *«¡No te atrevas a levantarme la voz!»*. ¡Eso es ineficaz y no impedirá que la verdad se te eche encima!

«Sencillamente estás celosa de nuestra relación con papá. Quieres que lo odiemos como tú lo odias. Estás furiosa porque él tiene una nueva vida y una nueva mujer. Incluso cuando él intenta ser tu amigo, no se lo permites. Si no dejas de estar furiosa con él, ¡vas a perderme a mí igual que lo perdiste a él!» Lo siento, pero ella lo había pedido.» Los hijos son tan claros, tienen tal percepción, que son capaces de ver a través de ti como un aparato de rayos X. Saben lo que haces, y en ocasiones por qué lo haces. Stella había educado a sus hijos para que fuesen pensadores independientes. Era una cualidad que le gustaba ver en ellos. Los había educado para que no desafiasen a la autoridad, pero dijesen la verdad cuando los que tenían la autoridad violaban los principios y la integridad. Se sentía orgullosa de esa cualidad de sus hijos. ¡Lo que no comprendió es que todo lo que les enseñó en relación con el mundo también se refería a ella!

Nunca había hablado mal de su padre, pero estaba metida en una batalla silenciosa con él por el afecto de sus hijos. Siempre que los niños iban a visitarle, regresaban con todo tipo de regalos y de cosas que Stella consideraba frivolidades y que ella no podía permitirse comprarles (coches con control remoto, tejanos de marca, aparatos de música y otras cosas por el estilo). Pensó que él compraba su amor mientras ella trabajaba duramente a fin de construir un hogar para ellos. Siempre que sucedía algo importante, aparecía papá. Decía una palabra y los niños se ponían a saltar de alegría. Cada vez que lo hacía, Stella se enfadaba porque él la había abandonado por una mujer más joven.

En su fuero interno, de algún modo Stella se sentía feliz porque tenían una relación amorosa con él. Siempre los había apoyado económicamente, aunque al principio esa ayuda fuese esporádica. Sin embargo, tan pronto como organizó su vida junto a *esa mujer*, Stella ya no tuvo que volver a pedirle el cheque. La verdad es que ella intentaba castigarle por haberla abandonado con dos niños. Había decidido que al dejarla de este modo, había arruinado su vida. Por ese motivo, decidió que debía recibir un castigo. Cada vez que él la veía, le decía lo mucho que trabajaba, lo dedicada que estaba a sus hijos, de qué modo su vida estaba absolutamente centrada en ellos. Stella rezaba para que él se sintiese culpable. Aparentemente, él no se sentía así.

¡Lo que das es lo que recibes! Cuando vivas en el tercer piso de la casa del amor, lo recibirás tan pronto que no te quedará otra opción que aceptar la responsabilidad plena y absoluta de tu persona y tus acciones. Ya no tienes el privilegio que te permitía culpar a los demás y ocultar o evitar tus cuestiones no resueltas. ¡El proyector te ilumina a ti! ¡Te hace sudar! ¡Te incomoda! Intentas recordar tu papel: el que quieres asumir desde este punto de tu vida. Sabes que te observan y quieres hacerlo bien. ¡Olvídate de eso! Estás en el entretanto. Incluso en el entretanto del tercer piso, nada es correcto y todo está bien, ¡aunque no lo parezca! Tienes que avanzar un poco más. Tienes que hacer sólo un pequeño trabajo de limpieza. Más importante aún, estás preparado para evaluar de nuevo si todavía quieres lo que en el pasado creíste que querías. Este es el comportamiento del tercer piso: permitir que tus cuestiones no resueltas salgan a la luz a fin de que puedas realizar los cambios necesarios con amor.

¿Por qué hago lo que hago?

Nos han enseñado que nuestra tarea en la vida consiste en salir a buscar a nuestra pareja perfecta, cuando, en realidad, nuestra tarea debe ser la de buscar la perfección en nosotros mismos. Por no saber lo perfecta que yo era, mi miedo era que la gente iba a abandonarme. Creía que si les abría mi corazón, cogerían lo que quisieran y me abandonarían. A través de las muchas experiencias que he tenido en todo tipo de relaciones, he aprendido que la gente no te abandona así como así. Debe tener una razón para hacerlo. Si no tiene una razón válida, se fabricará una, sólo para irse, para salir del camino del amor. Había una parte mía, una parte de mi propia psique, que decía: «si le das a la gente todo lo que quiere, no te abandonará como lo hizo tu madre!». Cuando lo probé, me convertí en una estúpida que sólo servía para complacer a la gente y que intentaba evitar el dolor de que la abandonasen. Hice todo lo que creía que era necesario para conservar a la gente conmigo, cerca de mí. A la larga, se irritaban conmigo y de todos modos me abandonaban. Yo creía que era amor. La gente creía que era ahogo. Al final, me rechazaban o me abandonaban. La gente tenía que escapar de las garras de mis necesidades astutamente disfrazadas de amor.

Algunas personas se lanzan al ruedo de una relación, pasan, recogen algo de dinero y nunca más se vuelve a saber nada de ellas. Después están las personas que han estado comprometidas dieciocho veces y nunca han llegado al altar. También están los que han hecho su trabajo espiritual, se han creado una vida con un significado y un propósito, han trabajado en sus cuestiones no resueltas, han hecho la limpieza y todavía no son capaces de encontrar o conservar una relación amorosa comprometida. ¡No hay garantías!

No existe ninguna garantía de que al final, tras todo el trabajo que has hecho, vayas a encontrar una pareja, tener una relación o bien salvar la que ya tienes. Lo que sucede en el tercer piso es que estas preocupaciones ya no te resultan cruciales. Tener una relación o estar enamorado ya no es un aspecto crucial de tu vida. Esto no significa que no quieras una relación. Significa que no vas a perder el sueño por no tenerla. Lo que sí es crucial para ti en el tercer piso es curarte a fin de servir y apoyar a tanta gente como te sea posible, de todas las maneras que puedas. Has transformado la atracción física, el necesitado y pegadizo «tengo que tenerte, ooh cariño, cariño» y todo ese tipo de conceptos erróneos propios del sótano en un amor que siempre está presente. El amor es lo que soy. El amor es lo que doy. El amor es lo que recibo. Lo ves todo como amor. Ves el dinero como amor. Ves los cumplidos como amor. Ves a la gente como amor. En el tercer piso, tu trabajo se centra en cómo tratar cada situación que aparece hasta que realmente encuentras a la pareja que te convierte en algo más de lo que ya eres.

Aquí tenemos un importante error que cometemos en algunas ocasiones. Creemos que podemos rezar y meditar tanto y con tanto esfuerzo que Dios nos enviará a alguien que nos ame. No podrás avanzar en el camino del autodescubrimiento y del amor por ti mismo, si sólo lo haces con el fin de encontrar y amar a otra persona. Debes hacerlo sólo por el puro placer de hacerlo. Debes amar, honrar y respetar por el puro placer de hacerlo: sin condiciones. Esto no hubiera tenido el menor sentido para ti en ningún otro lugar salvo en el tercer piso. En los niveles más bajos, todavía tenías que resolver demasiadas cuestiones. Ahora estás preparado. Preparado para transformar el amor condicional en amor incondicional. Ahora estás preparado para estar contigo mismo en lugar de estar solo. Has pasado por un proceso del entretanto en el que has adquirido un conocimiento de ti mismo y has hecho una introspección a fin de llevar a cabo unos cambios o transformaciones cuyo resultado será una evolución espiritual. Ya no buscas únicamente la satisfacción física, emocional o sexual. Quieres la verdadera y plena experiencia del amor. Si esto es lo que persigues, esto es lo que conseguirás.

¡La práctica lleva a la perfección!

Una cosa es estudiar la espiritualidad en un libro y otra es estar en un entorno de aprendizaje donde recibes apoyo y hay un maestro que te dice qué debes hacer y cómo debes hacerlo. En un entorno de aprendizaje, todas las personas reunidas tienen el mismo objetivo, el mismo propósito. Y esto es realmente maravilloso. Pero, ¿por qué recogemos información? ¿Por qué queremos aprender? Aprendemos a fin de practicar lo que sabemos. No vamos a practicarlo en la clase: ése es un entorno falso. En la clase, desarrollas la destreza. En el mundo, la pules. En el mundo exterior, donde la gente no es ni siquiera capaz de deletrear lo que tú has estudiado, vas a hacer algo más que aprender la teoría. En el mundo vas a tratar con gente que no tiene la menor idea de lo que hablas. ¿Significa eso que tu información es errónea? ¿Es una indicación fiable de que las teorías no funcionan? ¡En absoluto! Significa que debes continuar el viaje y poner en práctica todo lo que has aprendido. Con el tiempo, te encontrarás en una comunidad o en una experiencia en que todo el mundo quiera saber lo que tú sabes, o en que todas las personas sabrán lo que tú sabes y estarán dispuestas a ayudarte a conseguir un crecimiento todavía mayor.

¿Cómo puedes aplicar a todos los aspectos de tu vida lo que has aprendido sobre el amor y sobre la forma de amar? Debes estar dispuesto a responder a la resistencia con amor. Así es como pulirás tu destreza. Encuentra tu centro y permanece firmemente en él.

No intentes cambiar a los demás para que piensen como tú. Si descubres que eres la única persona en una habitación que tiene las ideas que tú tienes, eso no significa que haya algo incorrecto en lo que haces y en la forma en que lo haces. Significa que siempre que te encuentres con una resistencia tienes la oportunidad de fortalecer otro músculo del amor. No dudes de ti. No te cuestiones. Has de saber que la resistencia va a aparecer en distintos planos con diferentes personajes. Cada vez que te enfrentes con una resistencia, ésta evocará distintos sentimientos. Estos sentimientos son el desarrollo de tu aguante. Un día, muy pronto, el único sentimiento que cualquier experiencia evocará será el de la oportunidad de compartir, difundir, dar o recibir amor.

¡De repente ocurrió!

Ralph, que ya estaba en la mitad de los cincuentena, llevaba veinticinco años divorciado. Durante ese tiempo, tuvo varias relaciones duraderas que acabaron de forma amigable, y todavía mantiene una buena amistad con esas mujeres. Quiero decir que salen a cenar, se envían tarjetas de felicitación por los cumpleaños, pasan por sus respectivas casas en Navidades, etcétera. Tiene dos hijos de relaciones que tuvo cuando no estaba casado. Los conoce y ha participado plenamente, de la mejor manera que ha podido, en sus vidas. No siempre les ha proporcionado un gran apoyo económico, pero ellos nunca han dado un paso importante sin discutirlo antes con su padre.

Ralph y su hija tienen una excelente relación. Son verdaderamente buenos amigos. Pero Ralph tiene muchos amigos. Es imposible ir a ningún lugar del país donde no haya alguien que lo conozca. Y no sólo es que lo conozcan, sino que no oirías a nadie, ni a una sola persona, decir una palabra denigratoria sobre este hombre. Todo lo que hace es amar y servir a la gente. No importa quién seas; si hay algo que Ralph pueda hacer para ayudarte, lo hará, alegre y con buena disposición, sin ninguna condición. Puedes llamarle cuando sea, en cualquier momento en que le necesites; cualquier cosa que necesites, si él la tiene, te la dará. Pero tampoco actúa en su propio perjuicio. Si no lo tiene, no dudará en decirte: «Ahora no lo tengo, pero lo tendré en esta fecha. ¿Puedes esperar?». ¡Este hombre es el amor total, pleno e incondicional, con un nombre y dos piernas!

Detesto hablar y hablar de él, pero es que realmente quiero darte una imagen de la apariencia que tiene vivir en el tercer piso. Si Ralph se encuentra con algo que cree que podría gustarte o podría resultarte interesante, lo comprará y te lo enviará por correo. Teníamos una amiga cuya hija adolescente se había escapado de casa. La madre tenía una idea de dónde podría estar la chica, pero no tenía ningún medio de llegar hasta allí. Llamé a Ralph. Le pedí que intentase encontrar a la joven. Saltó al coche sin pensárselo dos veces. No la encontró, pero hizo el esfuerzo. El resultado de su capacidad de amar es que todo lo que Ralph necesita, llega a él de la manera más perfecta.

En el tercer piso de la casa del amor, te conviertes en un maestro. Ralph lo es. Enseña a los demás con la manera en que responde a sus experiencias. Utiliza el amor para demostrar que es posible solventar todas las cosas para el bien de todas las personas afectadas. Probablemente, esta es la razón por la cual ha tenido varias amigas que eran parejas potenciales, pero con las que él decidió no comprometerse. Podía haberlo hecho, pero no lo hizo. Eligió no intentar que determinadas relaciones funcionasen románticamente cuando tenía claro que ese no era su objetivo. ¿Cómo es que tenía las cosas tan claras? Hizo un meticuloso trabajo de limpieza de su casa en su camino hacia la buhardilla. Eliminó la urgencia, la necesidad y el apego. Aprendió a tener paciencia y a confiar en el proceso de la vida. Aprendió a escuchar a su cuerpo y a respetar lo que sentía sin poner excusas y sin evitar lo que sabía que era necesario hacer o decir en cualquier circunstancia.

Una vez tuvo un trabajo en el que su supervisora lo trataba como si fuera un sirviente. ¡Ella vivía un peldaño por debajo del sótano! Se comportaba de un modo perverso. Fíjate que no he dicho que fuera perversa, sino sólo que se comportaba de esa manera. Era, sin embargo, una mujer muy insegura que se sentía amenazada por todos y por todo. Ralph hizo todo lo que estaba en sus manos para que ella se sintiera cómoda. Fuese lo que fuese lo que ella le pedía, él lo hacía sin sentirse mal por ello. Siempre se decía: «¡Cualquiera que sea la lección que hay en esto, voy a aprenderla!». No importaba lo que ella hiciese, él le ofrecía la otra mejilla sin sentir ningún enfado ni resentimiento. A veces yo lo escuchaba con horror. Después, cuando conocí a la mujer, supe que lo que necesitaba era una bofetada. De acuerdo, ya sé que esto no es muy espiritual, pero todos tenemos nuestros momentos humanos. Ralph no tenía malicia. Sólo decía: «¡Voy a aprender la lección!».

Cuando viertes amor sobre algo, surge todo lo que no sea amoroso. Cuando pones paz en la mezcla, todo lo que no sea pacífico se ve más. ¡Ella no podía aceptarlo! No podía aceptar la alegre disposición de Ralph y el amor que ponía en el trabajo y en su relación con ella. Cuando hubo probado todo lo que podía probar para sacarle de quicio sin resultado, encontró una razón para despedirlo. Era una razón débil que en ningún caso habría sobrevivido a la menor demanda, pero Ralph decidió no pelear. Dijo: «Estamos en junio. Me tomaré el verano libre. Estoy convencido de que me saldrá algo en otoño».

Dos semanas después del despido, la supervisora le mencionó a alguien que había echado a Ralph y le explicó el motivo. Esta persona dijo de inmediato: «¡Eso no es verdad! No es eso lo que ocurrió. ¡Esto es lo que pasó!». Dicha persona, que sabía la verdad, se puso en contacto con Ralph, lo contrató y casi le dobló el salario. Además, no era preciso que empezase a trabajar hasta el otoño. La lección es que hay personas que arrojarán todas sus cuestiones no resueltas sobre ti. No puedes permitir que esto altere tu forma de ser ni lo que haces. Si sabes quién eres, una pequeña incomodidad no debería asustarte ni molestarte. Simplemente, no dejes de amarte a ti mismo ni de amar a los demás. Creo que es adecuado mencionar que, mientras Ralph estaba metido en una prueba del entretanto, conoció a una mujer maravillosa y que ahora transforman la vida juntos.

Todo forma parte del plan divino

El entretanto no es una cuestión de esperar hasta encontrar una relación. Es una cuestión de construir una mejor relación contigo mismo. Es un proceso de autorreflexión y de toma de conciencia. Es un proceso interior en el que debes trabajar si quieres ver los resultados. El entretanto es un medio a través del cual es posible aprender a reconocer que todas las relaciones son vehículos para alcanzar la curación espiritual y la transformación. Es una herramienta del amor, diseñada divinamente para afinar nuestro espíritu a la octava más elevada del amor. Cuando no tienes un empleo, debes amarte a ti mismo. Cuando tu hermana, tu madre o tu mejor amigo deja de hablarte, tienes que amarte a ti mismo. El amor es activo, y esto significa que, si te involucras en el proceso de amarte a ti mismo, avanzarás desde el lugar en el que te encuentras hasta llegar a aquel en el que quieres estar.

El entretanto es un proceso que produce movimiento y cambio. Es la transformación que te aportará iluminación espiritual, que te preparará para compartir tu vida desde una conciencia de equilibrio y armonía. El entretanto es lo que toda alma precisa para recordar su identidad divina. A fin de reconocer, aceptar y abrazar tu verdadera identidad, debes estar preparado. Debes estar preparado para ver las cosas desde una perspectiva diferente, para hacerlas con una conciencia diferente, para recibirlas con el corazón y la mente abiertos. Estar preparado es la indicación de que has aprendido algo de tus experiencias pasadas y estás dispuesto a aplicar lo que has aprendido. Lo que has aprendido y lo que no has aprendido sobre ti mismo —tus fuerzas, tus debilidades, tus interacciones con los demás— determinará la eficacia y la severidad de tus experiencias del entretanto.

Puedes encontrarte en el entretanto en cualquier área de tu vida. Cuando esto ocurre, la solución que necesitas quizá sea diferente, pero el proceso para sobrevivir al entretanto es siempre el mismo:

1. ¡Ámate a ti mismo suceda lo que suceda! Nunca permitas que lo que te ocurre o el miedo que te dé lo que podría ocurrir te robe tu capacidad de amarte a ti mismo. Comprende que tu entretanto creará confusión en tu mente. Sin embargo, también debes comprender que el lugar en el que te encuentras es exactamente aquel en el que necesitas estar. Se te está guiando hacia el amor, el amor por ti.

2. Siente lo que sientes y reconoce que lo sientes. Antes de moverte hacia el exterior a fin de evitar el dolor, muévete hacia tu interior y siéntelo. Siente cualquier padecimiento,

sufrimiento, confusión o debilidad. Siente tu vulnerabilidad y reconoce que te sientes vulnerable. Una vez que sientas lo que sucede en tu interior, hazte saber que está bien sentirlo. No te juzgues. No te digas que no deberías sentirlo. ¡Siéntelo! ¡Reconócelo! ¡Sopórtalo!

3. Expresa lo que sientes verbalmente o por escrito. Descubrirás que es del todo necesario que expreses tus sentimientos en el entretanto. Debes decirle a alguien lo que sientes. Si intentas guardártelo dentro, ¡te ahogará! Cuando esto ocurre, lo más probable es que lo que intentas guardar dentro de ti se derrame afuera de un modo muy inapropiado y también en el momento más inadecuado. Puedes ahorrarte una gran cantidad de estrés, y posiblemente algo de embarazo, sólo con elegir de qué modo vas a expresar lo que sientes. ¡Escríbelo! ¡Habla con un amigo! ¡Llama a un centro de ayuda¡ Pero, sea como sea, nunca intentes ignorar lo que sientes o actuar como si no existiera.

4. Clarifica lo que quieres. ¿Qué es lo que quieres hacer? ¿Cómo quieres sentirte? ¿Cómo puedes crear esa experiencia para ti? ¿Qué crees que te impide tenerla? ¿Qué estás dispuesto a hacer para obtener la versión más pacífica posible de esa experiencia? Sí, sé que no son más que preguntas, pero son las preguntas que debes hacerte si quieres salir del entretanto y permanecer fuera de él.

5. No busques ni esperes que alguien haga que tu entretanto sea mejor o menos doloroso. Necesitas pasar algún tiempo contigo mismo y reunir las pequeñas partes de ti que has descubierto. Si haces que otra persona entre en medio de este proceso para distraerte, muy probablemente, lo único que conseguirías es diagnosticar mal la causa de tus males.

Aunque las circunstancias que nos llevan a cada uno al entretanto son únicas e individuales, el proceso que conduce a entrar y permanecer en él es bastante universal.

No sabrás cuál es el problema. Después sabrás cuál es el problema, pero no sabrás qué hacer al respecto. Luego sabrás qué hacer al respecto, pero tus cuestiones no resueltas te impedirán hacerlo. Entonces, te verás obligado a examinar esas cuestiones y aclararlas a fin de llegar a una solución. Después ya sabrás qué hacer, pero no cómo hacerlo. Finalmente, las fuerzas de la vida te llamarán para que hagas lo que sabes que puedes y debes hacer en todo momento.

En el entretanto existen algunas preguntas muy específicas y directas que debes hacerte a ti mismo:

> *¿A qué respondo?*
> *¿Me he dicho la verdad a mí mismo? ¿Y a las demás personas implicadas?*
> *¿Cuál es mi visión?*
> *¿Qué es lo que espero de mí? ¿Y para mí mismo?*
> *¿Cuál es mi intención?*
> *¿Soy capaz de amarme a mí mismo en cualquier circunstancia?*
> *¿Soy capaz de amar a los demás hagan lo que hagan?*

En el entretanto, tus experiencias y tus lecciones están diseñadas para ayudarte a responder a estas preguntas de un modo claro y meditado. La razón por la cual el proceso y las preguntas son tan importantes en el entretanto es que te ayudarán a hacer una o varias de las siguientes cosas:

> Encontrar tu centro, tu *Yo,* y aprender a aceptarlo.
> Dejar de cometer los mismos errores en tus relaciones.
> Aprender a reconocer tus problemas recurrentes a través de las experiencias de las relaciones.
> Estar preparado para desmantelar tus fantasías sobre el amor.
> Descubrir el verdadero valor y significado del amor.

El entretanto no consiste en el intento de arreglar tus cuestiones no resueltas. Sí, pasarás mucho tiempo desmantelándolas, pero el objetivo no es arreglarlas. El objetivo es aprender a abrazar el amor. No hay nada que arreglar, porque Dios nos acepta a todos exactamente tal como somos. En el tercer piso, aprenderemos a hacer lo mismo. En lugar de pensar que tenemos que arreglar nuestras cuestiones no resueltas, utilizaremos el entretanto para reordenarlas. Esto lo haces cuando determinas quién decides ser en relación con tus experiencias. Si has sido una víctima y le diste a tu pasado el poder y la fuerza, esto puedes reordenarlo. Si has sido un enemigo de tus experiencias en el pasado, te has peleado o has forcejeado con ellas, te has resistido a ellas o las has negado, puedes reordenarlas. Si has sido un conspirador y has utilizado lo que te ha ocurrido como una barrera que impide el paso a nuevas experiencias, puedes reordenar lo que piensas sobre lo que has hecho y los lugares que has ocupado. Conviértete en un estudiante de tus experiencias y estudia lo que te han enseñado. Conviértete en un maestro de tus experiencias y comparte con los demás lo que has aprendido. Conviértete en un amante de tus experiencias y comprende que eres lo que eres porque lo construiste en el pasado.

Cuanto más capaz seas de incorporar lo que aprendiste en los niveles más bajos a lo que ahora haces, más cerca estarás de ser un verdadero ejemplo de la expresión del amor. Sin embargo, esto no significa que no tendrás las experiencias normales e irritantes a las que cualquier ser humano debe enfrentarse. No significa que flotarás o que te saldrán alas. ¡No significa que tendrás los dientes más blancos o un aliento más fresco! Incluso en el tercer piso, habrá ocasiones en las que llorarás. Pero podrás llorar con un orden del día, porque te acercarás al objetivo de recordar, en primer lugar, quién eres y por qué has llegado aquí. Todavía existirán aquellas experiencias en las que quieres agarrar a alguien por el cuello y poner punto final a sus días. ¡Pero no lo harás! Sabrás que debes perdonarte a ti mismo y perdonar a los demás. Aún existirán esos momentos en los que lo único que deseas hacer es sentarte, reflexionar, sentir y hacerte preguntas. ¡Esto será una buena señal! Cuanto más tiempo pases sentado en presencia de tu *Yo*, mayor será el aprecio que tendrás por el tiempo que pases en la buhardilla.

La buhardilla

Da un paso atrás. Mira a tu alrededor. Todo está en perfecto estado. Se ve bien. Tú te ves bien. ¡Lo has hecho bien! Has ascendido hasta el último piso —a la suite del *Dulce Amor*—. Hay dos mantras —oraciones, si lo prefieres— que puedes llevar contigo a esa suite. Provienen de un libro conmovedor titulado *Un curso de milagros*. Son: «Tengo derecho a los milagros» porque «Dios me creó para que fuese como soy». Eres un milagro, y por esa misma razón, todo el mundo también lo es.

13
¡Pon los pies en alto y relájate!

La buhardilla de la casa de la vida es la conciencia con la que viven los niños, totalmente confiada, totalmente libre, la conciencia que se acepta por completo a sí misma y acepta por completo la de los demás. Los niños no saben qué está mal hasta que alguien se lo dice y se lo hace creer. Los niños no saben que hay gente fea hasta que escuchan explicar a alguien su versión de lo que es ser feo. En la buhardilla de la casa de la vida, se vive con un corazón como el de un niño, que percibe lo bueno de todas las cosas, incluso después de que se le haya dicho lo contrario. Es aquí, en la buhardilla de la casa del amor, donde vemos, sentimos y aprendemos a reconocer la presencia de Dios en nuestra alma y en la de todo el mundo.

En la buhardilla, te has comprometido a transformar tu conciencia para que se encuentre en un estado de amor, de amor incondicional por ti mismo. Has comprendido que si no estás dispuesto a hacer este cambio, siempre querrás, esperarás y permanecerás en un limbo perpetuo, a la espera de ver si quien quieres o lo que quieres aparecerá alguna vez. Comprendes que, como el ser humano que eres, tienes tendencia a complacer a la gente, a danzar alrededor de la verdad, a dudar de ti mismo y a involucrarte en un sinnúmero de cosas que se enmascaran como si fueran amor. Al saber todo esto sobre ti, comprometes a todo tu ser en la eliminación de todas las cosas que te han retenido en un espacio de amor condicional mediante el examen de tus expectativas sobre el amor. Esto significa considerar qué quieres y qué crees que deberás hacer para conseguirlo. A medida que maduramos en la vida, debería producirse un cambio en nuestra conciencia, pero a veces no ocurre así. Llevamos nuestro programa de la infancia a nuestra búsqueda del amor. «¡Apártate de en medio!» *Esperas* que te empujen. «¡No repliques!» *Esperas* que no te escuchen. «¡¡¡¿No puedes esperar hasta que acabe?!!!» *Crees* que debes dar prioridad a las necesidades de los demás antes que a las tuyas. Examina tus experiencias. Recuerda las emociones que experimentaste. Reflexiona sobre lo que hiciste en el pasado. Exprésate esos sentimientos. Perdónate por no haberlos expresado en su momento. Crea una nueva respuesta. Desarrolla nuevas expectativas para ti mismo.

Durante tu viaje, has tenido experiencias de la buhardilla. Ha habido ocasiones en las que te has permitido ser totalmente abierto, totalmente vulnerable a la experiencia del amor. En esas ocasiones, no te preocupaba lo que pudiera ocurrir o lo que posiblemente te ocurriese. Estabas relajado. Tenías confianza. Entonces, tu «sustancia» humana entró a patadas y empezaste a tener miedo. Las relaciones hacen aparecer nuestros miedos más profundos: el miedo a fracasar, a ser abandonados, a que nos griten y a no ser lo bastante buenos para recibir amor. Estas expectativas, de las cuales somos por lo general totalmente inconscientes, forman el conflicto interno que experimentamos cuando queremos amor y sentimos miedo.

Se trata de la experiencia de querer algo y, a la vez, temer que no eres capaz de conseguirlo o conservarlo, de pedir algo y tener miedo de no merecerlo o no ser digno de tenerlo, de buscar algo y temer que, si lo consigues, te hará daño. Todo esto son estorbos que eliminarás cuando transformes tus percepciones y expectativas en amor incondicional. En la buhardilla de la casa del amor, haces el voto de no permitir nunca jamás que el miedo te robe la experiencia del amor.

¡La batalla no es tuya!

Cuando Pamela era joven, era gorda y patizamba y no era capaz de bailar ni de saltar a la comba. Los niños se metían con ella sin piedad. Continuó siendo gorda hasta la adolescencia, y eso significa que no conseguía una sola cita. Tenía unas pocas amigas, gente que no era lo bastante cruel como para expulsarla de la humanidad. A ellas les confiaba sus sentimientos más profundos, incluso el hecho de que le gustaba un chico. Era un chico guapo: alto, atlético, perfecto. ¡No es ningún crimen que te guste alguien! Somos libres de que nos guste la persona que queramos, en particular cuando se tienen dieciséis años. El crimen se comete cuando tus serviciales amigas intentan unirte a ese chico alto y atlético que piensa que eres una monstruosidad de la naturaleza.

¡El crimen fue brutal! ¡Fue perverso! Este chico no sólo se rió a carcajadas cuando lo oyó, sino que siguió a Pamela por todo el colegio y animó a los demás a reírse de ella con él. Bien, cuando eres incapaz de bailar o de saltar a la cuerda, ¡ciertamente no puedes correr! Cuando no eres capaz de correr, lo que haces es andar y pretender que no oyes los viles y crueles comentarios que te arroja la persona que es el objeto de tu afecto. Tus amigas intentan apartarlos, pero los atletas lo convierten todo en un deporte: incluso meterse con la gente que no les gusta. Andas tan rápido como puedes e intentas alejarte, pero tus rodillas no cooperan. Milagrosamente, la atención del atleta se ve distraída por un espécimen femenino más atractivo.

A Pamela dejó de gustarle ese chico casi de inmediato, pero no permitió que esa experiencia le impidiese que el resto de la gente le dejase de gustar. De vez en cuando, algún chico le llamaba la atención, pero nunca, nunca, le dijo nada a nadie. Lo retenía todo en su interior, porque creía que era fea y gorda, que no era digna de amor y todo el resto. Sin embargo, cuando tienes un buen corazón, la vida no te da la espalda. Un día, para gran sorpresa y satisfacción de Pamela, un valiente joven fue directo hacia ella y le pidió que saliese con él. ¡Para caerse al suelo y ponerse a gritar! ¡Pamela estaba entusiasmada! ¡Estaba conmocionada! Miró a ese joven y comprendió que tenía un gran problema. No era de la misma raza que Pamela. ¡Bueno, esto sí que era un verdadero dilema del entretanto! Si has esperado durante diecisiete años que alguien te invite a salir, ¿cuán exigente debes ser cuando, finalmente, alguien te lo pide? Pamela no era capaz de deducirlo, así que ni siquiera lo intentó. Entre tanto, tuvo una cita maravillosa.

Eso fue sólo el principio. Por alguna extraña razón, Pamela no conseguía atraer o mantener la atención de los hombres de su propia raza; sin embargo, otros hombres, de muchas nacionalidades, la encontraban agradable y atractiva. Cuando ya hubo pasado de los treinta, Pamela vagó por el territorio internacional de las citas. ¡Se divirtió mucho! Había aprendido muchas cosas sobre sí misma y sobre los demás. También viajó bastante. De vez en cuando, se preguntaba por qué los hombres de su propia etnia no estaban interesados en ella. Nunca encontró una respuesta plausible, de modo que salía con quien aparecía en su vida. Se enfrentaba a las mismas cuestiones y los mismos desafíos a los que se enfrentaban sus amigas que salían con hombres de su misma raza. Tenía que solventar las mismas dificultades en su interior. Finalmente, el entretanto de Pamela se convirtió en una eficaz lección sobre la aceptación y la tolerancia. Ha permanecido soltera, pero frecuenta todos los lugares que están a su disposición.

Los niños a los que no se les enseña a amarse a sí mismos y que no viven la experiencia de la aceptación, la tolerancia, la compasión y el perdón del amor, pueden importunarse y rechazarse unos a otros. Los niños que reciben esa crítica tendrán que pasar por una importante experiencia de curación. Deben aprender sobre el perdón y la compasión del amor. A pocos niños se les enseña cómo hacerlo. En lugar de ello, interpretan la crítica y el rechazo como la evidencia de que hay algo en ellos que está mal. Toda la cuestión estriba, sin importar quién seas, en la falta de amor. Enseñamos a nuestros niños a amar a sus padres. Les enseñamos a amar a los demás miembros de su familia. Les enseñamos a amar las cosas. Lo que no hacemos es enseñarles a amar a la gente. Intentamos enseñarles lo que está bien y lo que no está bien, pero no llegamos al núcleo, al amor que se fundamenta en el Espíritu.

Dado que vivimos en una sociedad que nos ofrece una visión de la perfección, rechazamos cualquier cosa que no se corresponda a ella. Eso lo aprendemos a una edad muy temprana. A los niños no se les enseña que el verdadero significado del amor está en el núcleo, que la verdadera esencia del amor es la conexión intangible del alma. Les enseñamos a leer los versículos de la Biblia y a memorizar los libros que la forman. Les enseñamos qué decir, cómo decirlo y cuándo decir todas las cosas que darán la impresión de que son niños adecuadamente educados. Lo que no les enseñamos son los principios. No les enseñamos las actitudes. No les enseñamos la actividad del amor. Nos oyen hablar, y cuando hablamos, criticamos, juzgamos, somos intolerantes y no aceptamos ni mostramos compasión, porque nosotros, los adultos, no recordamos la verdad sobre el amor.

¡Llevas a cabo una misión!

«¡Mi único propósito para estar en el planeta es despertar a mi Yo divino, celebrar la vida y hacer lo que me proporciona felicidad!» En el entretanto debemos aprender a vivir entre gente que no cree esta afirmación, a abrirnos paso a través de todo lo que hay en nuestro interior que nos impide creer esta afirmación, mientras tenemos la esperanza de que, con nuestro esfuerzo, descubriremos la luz en nuestra alma que nos ayudará a encarnar esta afirmación. Cuando hoy en día contemplas el mundo, resulta difícil creer que el amor es capaz de curar las enfermedades que nos infestan. ¿Cómo puede el amor curar el cáncer, las enfermedades del corazón o el sida? ¿Cómo puede el amor alimentar a los niños hambrientos? ¿O acabar con la violencia callejera? Suena tan simple decir que el amor es la clave para la curación... Quiero decir, ¿de qué modo puede el amor arreglar el déficit nacional? ¡En realidad, si somos sinceros, suena ridículo! No obstante, es igual de ridículo creer que lo que hemos hecho y seguimos haciendo producirá resultados distintos a los que ya hemos conseguido.

Casi hemos eliminado el concepto del amor de la esencia de la vida. Sí, enseñamos amor en la familia y en la iglesia, pero no nos atrevemos a enseñarlo en los colegios ni en los organismos estatales. En realidad, creemos que es posible separar el amor de todos los lugares y de cualquier actividad en la que intervenga la gente. Tal vez, la forma en que ignoramos selectivamente el concepto del amor es un reflejo de nuestro intento de ignorar a Dios. Nadie es tan osado como para admitir públicamente que deberíamos ignorar la Fuerza Creativa de la vida; sin embargo, hemos dejado muy claro que Dios debe quedar relegado a determinados terrenos, a determinados días, como si creyésemos, en realidad, que Dios no está relacionado —y no es posible que lo esté— con todas las cosas en todo momento. Resulta bastante obvia nuestra creencia de que es posible regular el amor. ¿Por qué no a Dios?

Después existe esta pequeña cuestión de que la mayoría de seres vivientes tienen conceptos muy distintos de lo que es el amor o de cómo debería ser. ¿Cómo llegar a un consenso? ¿Cómo encontrar un denominador común con el que podamos ponernos de acuerdo respecto a lo que es el amor y lo que es posible conseguir con él? ¡Estoy muy lejos de prescribir una fórmula curativa para el mundo! Sin embargo, me atrevo a decir que, si todos hacemos nuestro trabajo individual, si aclaramos nuestras propias cuestiones no resueltas y dejamos marchar nuestros miedos, el amor oirá la llamada y responderá. ¿Y dónde empezar mejor que en nuestras relaciones, en esas alianzas que formamos en un esfuerzo por dar y recibir amor? ¿Dónde invocar y practicar mejor los principios del amor: la verdad, la confianza, el perdón, la aceptación, la ausencia de juicios y la paz? En el entretanto, mientras intentamos alcanzar un consenso sobre el amor, podemos practicar sus principios. Todos podemos invocar la presencia del amor como el fundamento de todas las elecciones y decisiones que tomemos. Todos podemos hacer un intento consciente de revelar el amor en cada palabra que expresemos y en cada acción que emprendamos. Al hacerlo, despertaremos la verdad y el amor de Dios en nuestro corazón. Encontraremos más cosas por las que nos sentiremos alegres y que querremos celebrar. Viviremos con una perspectiva mucho más sencilla, pero yo no creo que este acercamiento a la vida sea ridículo. De hecho, sé que este es el objetivo de las experiencias del entretanto: nos enseñan a vivir y a abrazar la sencilla verdad sobre la vida y sobre Dios mientras alegremente nos glorificamos a nosotros mismos y a los demás. Este es el objetivo que debemos conservar en la mente a medida que avanzamos en la vida, la casa de Dios, hacia la buhardilla.

Cuando llegas a la suite del *Dulce Amor,* tienes una importante misión que cumplir. Enseñar el amor. Sí, ya has hecho algo de eso en el tercer piso, pero ahora debes dedicar tu vida a ello. Debes ponerte en acción, salir afuera y encontrar a la gente que necesita conocer el amor. Debes bañarte en amor. Debes cepillarte los dientes con él. Debes utilizarlo como si fuera colonia. Debes verter amor sobre las cosas y las personas, en tus pensamientos, palabras y acciones. Permíteme que lo repita. ¡Tus pensamientos! ¡Tus palabras! ¡Tus acciones! ¡En este nivel de tu desarrollo no puedes ni siquiera tener un pensamiento que no se fundamente en el amor! Así de eficaz te has vuelto. Has librado de tal manera tu mente subconsciente de las cuestiones no resueltas que, independientemente de lo que pienses, el amor se manifestará.

Piensa en el amor. Ve el amor. Invoca al amor desde la buhardilla de la vida. Sabes que estás en buena compañía. Recibes un gran apoyo y mucha ayuda. Aquí es donde vive Cristo. Aquí es donde vive Buda. Aquí es donde viven Krishna, Muktananda y los arcángeles Miguel, Ariel, Uriel y Gabriel. Aquí es donde viven las abuelas sabias, las mujeres chamán y los sanadores. Aquí es donde vive el ¡Águila Blanca. Este es el reino del Espíritu. Esta es la facultad más elevada de tu mente. Cuando superes todas tus cuestiones no resueltas y alcances este plano de conciencia, estarás en compañía de los maestros. Tú, cariño, te has convertido en la luz del mundo: la luz del amor. Te suplico que hagas todo lo que esté en tu poder para que brille tu luz.

Inner Visions Worldwide, Inc.

Donde creemos que...
"¡Hay un poder universal que busca una salida a través de ti!"

• TALLERES • CONFERENCIAS GRABADAS • MINISTERIO EN LA
PRISIÓN • CURSOS POR CORRESPONDENCIA • GRUPOS DE APOYO •
LÍNEA DE ORACIÓN DE 24 HORAS • CLASES y otras actividades •

Le invitamos a convertirse én miembro de la
Red de Mantenimiento de la Vida Espiritual
Reciba descuentos para miembros en actividades y productos
de Inner Visions
Cuotas anuales: US $37.50

❑ ¡SÍ! ¡QUISIERA SER UN MIEMBRO!

(POR FAVOR, ESCRIBA EN LETRA DE MOLDE LA INFORMACIÓN QUE SE LE PIDE)

Nombre: _____
Dirección: _____
Ciudad: _____ Estado: _____ Código postal (zip): _____
Teléfono: _____ FAX: _____
Forma de pago: ❑ Cheque/M.O. ❑ Discover ❑ Visa/MC ❑ American Express
Número de cuenta: _____ Fecha de vencimiento: _____
Nombre en la tarjeta: _____
Firma del dueño de la tarjeta: _____

❑ Tengo un amigo(a)/miembro de la familia a quien quisiera inscribir en el
MINISTERIO EN LA PRISIÓN DE INNER VISIONS.

(Los miembros reciben un folleto informativo mensual y material
de lectura suplementario.)

Nombre: _____
Institución correccional: _____
Número de identificación: _____
Dirección: _____
Ciudad: _____ Estado: _____ Código postal (zip): _____
Inscrito por: _____ Relación: _____

Por favor, pídale a la persona inscrita en el ministerio en la prisión que ponga a Inner Visions en la
lista de correos aprobada.

Visite nuestro sitio en el Web en: http//www.Innervisionsworldwide.com
926 Philadelphia Avenue, Silver Spring, MD 20910 • (301) 608-8750

*B*ENDICIÓNES Y SALUDOS

Red de Mantenimiento de la Vida Espiritual de Inner Visions Worldwide

¿QUÉ HACE USTED EN EL ENTRETANTO?

Hay cientos de miles de situaciones de entretanto en las cuales
usted puede encontrarse en cualquier momento.
Si usted está en el *Entretanto* entre empleos, entre relaciones,
entre el examen y sus resultados, entre el diagnóstico y el tratamiento,
¡queremos que usted sepa qué hacer!

Trabajando a través del entretanto: una guía de trabajo
Podemos ayudarle para aprender:
Qué hacer • Cómo hacerlo • Cuándo hacerlo • ¡Cuándo está usted
en el entretanto! • Rústica • 120 páginas • US $12.00

También le invitamos a que se convierta en un miembro de la
RED DE MANTENIMIENTO DE LA VIDA ESPIRITUAL
DE INNER VISIONS WORLDWIDE

- Aprenda a aplicar principios espirituales a su vida
- Aprenda a usar la oración afirmativa para crear un
  cambio en su conciencia
- Aprenda a iniciar y mantener un grupo de apoyo
- Aprenda a conectarse con gente que piensa egual que
  usted
- Reciba 10 comentarios anualmente
- Acceso de 24 horas a nuestra línea de oración
- Descuentos para miembros para todas las actividades
  y talleres de Inner Visions

Cuotas anuales: US $37.50

❑ POR FAVOR, ENVÍENME ***Trabajando a través del entretanto*** (US $12.00
+ US $2.00 manejo y envío)
❑ POR FAVOR, INSCRÍBANME COMO MIEMBRO (US $37.50 anual /
US $65.00 por dos años)

(POR FAVOR, ESCRIBA EN LETRA DE MOLDE LA INFORMACIÓN QUE SE LE PIDE)

Nombre: _____

Dirección: _____

Ciudad: _____ Estado: _____ Código postal (zip): _____

Teléfono: _____ FAX: _____

Forma de pago: ❑ Cheque/M.O. ❑ Discover ❑ Visa/MC ❑ American Express

Número de cuenta: _____ Fecha de vencimiento: _____

Nombre en la tarjeta: _____

Firma del dueño de la tarjeta: _____

Toda la información provista a la Red Mundial de Inner Visions se mantiene
en absoluta privacidad.
Siéntase libre de llamar antes de enviar su pedido.

Visite nuestro sitio en el Web en: http//www.Innervisionsworldwide.com

Post Office Box 3231, Silver Spring, MD 20918-0231 • (301) 608-8750